Der Beitrag der Prospect Theory zur Beschreibung und Erklärung von Servicequalitätsurteilen und Kundenzufriedenheit im Kontext von Versicherungsentscheidungen

Forschungsergebnisse der Wirtschaftsuniversität Wien

WIRTSCHAFTS
UNIVERSITÄT
WIEN VIENNA
UNIVERSITY OF
ECONOMICS
AND BUSINESS

Band 51

PETER LANG
Frankfurt am Main · Berlin · Bern · Bruxelles · New York · Oxford · Wien

BIRGIT GUSENBAUER

Der Beitrag der Prospect Theory zur Beschreibung und Erklärung von Servicequalitätsurteilen und Kundenzufriedenheit im Kontext von Versicherungsentscheidungen

PETER LANG
Internationaler Verlag der Wissenschaften

Bibliografische Information der Deutschen Nationalbibliothek
Die Deutsche Nationalbibliothek verzeichnet diese Publikation in der Deutschen Nationalbibliografie; detaillierte bibliografische Daten sind im Internet über http://dnb.d-nb.de abrufbar.

Gefördert durch die Wirtschaftsuniversität Wien.

Umschlaggestaltung:
Atelier Platen, nach einem Entwurf
von Werner Weißhappl.

Universitätslogo der Wirtschaftsuniversität Wien:
Abdruck mit freundlicher Genehmigung
der Wirtschaftsuniversität Wien.

Gedruckt auf alterungsbeständigem,
säurefreiem Papier.

ISSN 1613-3056
ISBN 978-3-631-61670-3

Inhaltsverzeichnis

Abbildungsverzeichnis

Tabellenverzeichnis

Abkürzungsverzeichnis

C/D-Paradigma	Confirmation/Disconfirmation Paradigma
EUT	Expected Utility Theory; deutsch: Erwartungs-Nutzen-Theorie
ES	Effektgröße
IHIP-Eigenschaften	Intangibilität, Heterogenität, Untrennbarkeit sowie die Vergänglichkeit stellen die Eigenschaften von Dienstleistungen dar
IPA	Importance-Performance-Analyse
m	Mittelwert
n	Stichprobengröße
ISO	International Organization for Standardization
PBZ	Parasuraman, Berry und Zeithaml
PZB	Parasuraman, Zeithaml und Berry
SERVPERF	terminus technicus für Service-Performance
SERVQUAL	terminus technicus für Service-Quality

1. Einleitung

„A piece of scientific research consists in handling a set of problems suggested either by a critical analysis of a fragment of knowledge or by an examination of fresh experience in the light of what is known or surmised.“ [1]

Der Untersuchungsbereich zum Thema Dienstleistungsqualität und Kundenzufriedenheit ist keineswegs neu. In den vergangenen drei Dekaden werden wissenschaftliche Diskussionen über die Qualität von Dienstleistungen und deren Einfluss auf die Kundenzufriedenheit in unterschiedlichen Branchen geführt. Die Dienstleistungsqualität von Versicherungsunternehmen und deren Einfluss auf die Kunden-zufriedenheit erfährt in der wissenschaftlichen Literatur jedoch kaum Berücksichtigung.[2]

Die vorliegende Arbeit verfolgt daher das Ziel, ein Messinstrument zur Beurteilung der Dienstleistungsqualität und Kundenzufriedenheit bei Versicherern zu identifizieren. In weiterer Folge ist von Interesse, wie sich der Zusammenhang von Dienstleistungsqualität und Kundenzufriedenheit darstellt und ob sich dieser Zusammenhang mit den Eigenschaften der Prospect Theory erklären und beschreiben lässt.

„Yet science starts only with problems."[3] Ohne Probleme in der Realität ist wissenschaftliches Arbeiten nicht möglich.[4] Daher erfolgt in der Einleitung zu dieser Arbeit die Erläuterung der Problemstellung auf denen im nächsten Abschnitt die Zielsetzungen aufgebaut werden. Im letzten Abschnitt wird dazu der inhaltliche Aufbau der vorliegenden Arbeit dargestellt.

1.1. Problemstellung

Produkte im Versicherungsunternehmen resultieren durch einen Faktoreinsatz- und Faktorkombinationsprozess hervorgehenden Wirtschaftsgütern. Darunter werden sowohl innerbetriebliche Leistungen verstanden, die einmalig oder mehrfach als Wiedereinsatzgüter für weitere Faktorenkombinationsprozesse genutzt werden, als auch Markt- bzw. Absatzleistungen, die zum Absatz an den Kunden bestimmt sind. Das Produkt ‚Versicherungsschutz' beinhaltet das Risikogeschäft, das Dienstleistungsgeschäft sowie das Spar- und Entspargeschäft.[5]

---

1 Bunge (1967), 164.

2 Vgl. etwa Anderson/Fornell/Rust (1997); Beloucif/Donaldson/Kazanci (2004); Bruhn (1999); Crosby/Stephens (1987).

3 Popper (2002b), 301.

4 Vgl. Laudan (1977), 11f.

5 Vgl. Farny (2006), 559.

Damit der ‚Versicherungsschutz' zu einem austauschfähigen Wirtschaftsgut wird, bedarf es zahlreicher Dienstleistungen eines Versicherers. Farny teilt die Dienst-leistungen eines Versicherers in Beratungs- und Abwicklungsdienstleistungen ein und bezeichnet sie gleichzeitig als Geschäftsprozesse. Beratungsleistungen betreffen das Risiko- und Spar/Entspargeschäft für den Kunden, indem die geeignete Bedarfsdeckung geklärt wird. Sie stehen in einem zeitlichen und sachlichen Zusammenhang sowohl mit dem Absatz als auch mit der Bearbeitung der Versicherungsverträge und der Schadensfälle. Durch Abwicklungsleistungen erfolgen die Abwicklung des Absatzes bis zum Vertragsschluss, die sich anschließende Erstbearbeitung, die Folgebearbeitung während der Laufzeit des Versicherungsvertrages sowie die Abwicklung eintretender Versicherungsfälle.[6]

Als ‚Service' hingegen bezeichnet Farny alle Leistungen eines Versicherers, die keine vertraglich vereinbarten Hauptleistungen des Versicherungsgeschäfts sind, sondern dem Versicherungsnehmer zusätzlich gewährt werden.[7] Im angloamerika-nischen Wortgebrauch wird der Begriff ‚Services' allgemein für Dienstleistungen benutzt, während im deutschsprachigen Raum dieser Begriff als Synonym für Zusatzdienstleistungen von Konsumgüter- und Industriegüterherstellern herangezogen wird.[8]

Um einer Verwechslung vorzubeugen, wird in der vorliegenden Arbeit der Begriff ‚Dienstleistungen' verwendet und darunter jene Leistungen verstanden, die vom Versicherungsgeber zusätzlich angeboten werden. In der Literatur wird argumentiert, dass sich eine Dienstleistung von einem physischen Produkt aufgrund seiner Immaterialität unterscheidet.[9] Diesen Umstand stellte Levitt bereits in einer seiner frühen Untersuchung fest:[10]

> „All products, whether they are services or goods, posses a certain amount of intangibility. Services like insurance and transportation, of course are nearly intangible."

Die Eigenschaft der Immaterialität ist bei Versicherungsprodukten zu finden, da der Versicherungsschutz ein immaterielles Wirtschaftsgut darstellt, dessen Lagerung oder Speicherung unmöglich ist.[11] Dahlby und West stellen zwar fest, dass „[...] *the insurance policy that we examine, third-party liability insurance, is homogeneous,*[...]"[12], das Versicherungsprodukt ist jedoch eine Dienstleis-

6 Vgl. Farny (2006), 55.
7 Vgl. Bruhn (1999), 114; Farny (2006), 755.
8 Vgl. Meffert/Bruhn (2009), 19.
9 Vgl. Bebko, (2000), 9; Maleri/Frietzsche (2008), 15, 31.
10 Levitt (1981), 94.
11 Vgl. Farny (2006) 560f.
12 Dahlby/West (1986), 419.

tung, deren Eigenschaften immer wichtiger werden und sich von Versicherer zu Versicherer unterscheide.[13] Auf die Eigenschaften von Versicherungsdienstleistungen wird in Kapitel 3.1.2 näher eingegangen.

Als mittlerweile anerkannt gilt in der wissenschaftlichen Literatur die kausale Reihenfolge, in der die Dienstleistungsqualität die Kundenzufriedenheit beeinflusst.[14] Obwohl hohe Dienstleistungsqualität den Wettbewerbsfaktor erhöht und signifikant die Profitabilität in Bezug auf Zinsspanne, Gesamtkapitalrentabilität, Gewinn pro Mitarbeiter sowie die Kapitalausstattung positiv beeinflusst[15], konzentrieren sich nur wenige Studien auf die Erfassung von Dienstleistungsqualität bei Versicherern.[16]

An dieser Stelle setzt die vorliegende Arbeit an: Sie verfolgt das Ziel, einen wissenschaftlichen Beitrag zum besseren Verständnis des Zusammenhangs von Dienstleistungsqualität und Kundenzufriedenheit im Versicherungskontext zu leisten. In der ersten Zielsetzung wird untersucht, ob sich SERVQUAL, terminus technicus für Service Qualität, als ein Messinstrument für die Erhebung der Dienstleistungsqualität und ein multidimensionales Zufriedenheitskonstrukt für KFZ-Versicherungen eignen. In der zweiten Zielsetzung wird versucht, mit den Eigenschaften der Prospect Theory den Zusammenhang der Messergebnisse zwischen den beiden Konstrukten zu bschreiben.

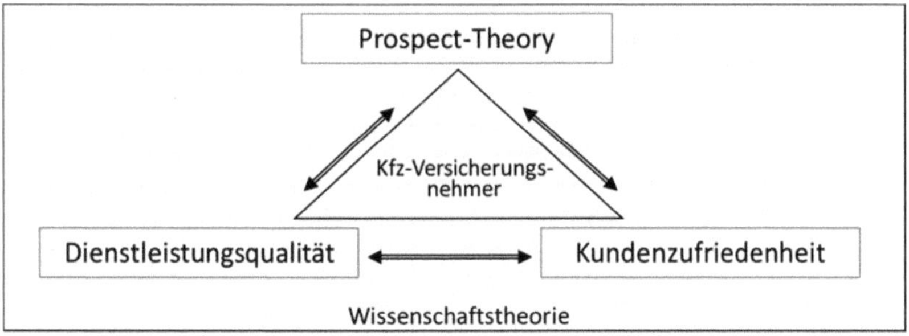

Abbildung 1-1: Überblick über die relevanten Themenbereiche der Dissertation

(Quelle: eigene Darstellung)

13 Vgl. Boshoff/Gray (2004), 27; Sachdev/Verma (2004), 95; Schlesinger/von der Schulenburg (1993), 594; Vilares/Coelho (2003), 1842; Zeithaml/Berry/Parasuraman (1996), 31.

14 Vgl. Cronin/Taylor (1992); Ishak et al. (2006); Mehmet/Okan (2007; Oliver (1997), Spreng/MacKoy (1996).

15 Vgl. Ladhari (2009), 70.

16 Vgl. Martínez/ Martínez (2010), 102f.

Als Untersuchungsobjekt dient die KFZ-Versicherung. Eine KFZ-Versicherung beinhaltet in der vorliegenden Untersuchung entweder eine Haftpflicht-, Teil- oder Vollkasko-Versicherung. Abbildung 1-1 veranschaulicht die Positionierung der vorliegenden Untersuchung, in welcher die Problemstellungen angesiedelt und intersubjektiv zu überprüfen sind. Die in Abbildung 1-1 verwendeten Pfeile stellen keine Implikation dar, sondern dienen zur Darstellung des Zusammenhangs der relevanten Themengebiete, die in den folgenden Kapiteln vorgestellt werden.

1.2. Zielsetzung

Wie die Ausführungen des einleitenden Abschnitts zeigen, wird in der wissenschaftlichen Literatur grundsätzlich davon ausgegangen, dass die Dienstleistungsqualität die Kundenzufriedenheit beeinflusst. Allerdings scheint die Einflussgröße der Dienstleistungsqualität auf die Kundenzufriedenheit in den unterschiedlichen Dienstleistungsbranchen zu variieren. Die Berücksichtigung der Extremwerte von den Beurteilungen der Dienstleistungsqualität und ihr Einfluss auf die Zufriedenheit in der Versicherungsbranche erhalten in der wissenschaftlichen Literatur bis dato nur geringe Aufmerksamkeit. Vor diesem Hintergrund lautet die übergreifende Forschungsfrage der vorliegenden Arbeit:

> ‚Welchen Beitrag leistet die Prospect Theory zur Beschreibung und Erklärung von Beurteilungen über Dienstleistungsqualität und Kunden-zufriedenheit im Kontext von Versicherungsentscheidungen?'

Unter ‚Erklärung' wird verstanden, inwiefern sich die Messergebnisse mit den Eigenschaften der Prospect Theory beschreiben lassen. So könnte beispielsweise der Zusammenhang von Dienstleistungsqualität und Kundenzufriedenheit mit den Eigenschaften der Prospect Theory erklärt werden, indem der Zusammenhang eine abnehmende Sensitivität aufweist. Das würde bedeuten, dass eine Einheit einer positiven (negativen) Beurteilung eines Merkmals einen kleineren (größeren) Einfluss auf die Gesamtzufriedenheit haben kann, als die korrespondierende negative (positive) Beurteilung.[17]

Die methodische Vorgehensweise der oben skizzierten Problematik wird im folgenden Abschnitt vorgestellt. Im dritten Abschnitt dieses Kapitels werden die Zielsetzungen und die damit zu prüfenden Basissätze beschrieben. Die Zielsetzungen sind geteilt in die Prüfung der Konstrukte und die Prüfung des Zusammenhangs der Konstrukte. Abschließend werden die theoreti-

17 Vgl. Mittal/Ross/Baldasare (1998), 34.

schen und die zu prüfenden Basissätze nochmals in einem Überblick zusammengefasst.

1.2.1. Methodische Vorgehensweise zur Problemlösung

Da diese Forschungsfrage aufgrund ihrer Komplexität nicht unmittelbar zu beantworten ist, müssen zunächst Problemstellungen entwickelt werden. Basierend auf den Problemstellungen erfolgt die Beantwortung der Forschungsfrage.[18] Ein Forschungsdesign ist so anzulegen, dass ein gezielter und kontrollierter Vergleich der empirisch feststellbaren Sachverhalte mit den ableitbaren Behauptungen über die empirische Realität möglich ist. Die grundlegenden Überlegungen beziehen sich also noch nicht auf die Wahl bestimmter Instrumente oder Methoden sondern auf eine spezifische Verfahrenslogik und einen bestimmten Argumentationstyp.[19]

Unter einem Argumentationstyp wird verstanden, dass zunächst aus der zu testenden Theorie deduktiv-logische Aussagenpaare derart abgeleitet werden, dass sie in der Realität beobachtbare Sachverhalte beschreiben.[20] Die in der vorliegenden Arbeit zu prüfenden Basissätze beziehen sich ausschließlich auf die Kfz-Sparte der Versicherungsbranche. Von einer empirischen Prüfung der allgemeinen Versicherungsbranche muss im Rahmen der vorliegenden Untersuchung jedoch abgesehen werden, um den Datenerhebungs- und Datenanalyseaufwand in einem angemessenen Rahmen zu halten. Die Basissätze sind in zwei Kategorien eingeteilt: Konstrukte und Theorie. Im Folgenden werden sie als hypothetische bzw. als theoretische Basissätze bezeichnet.

In der angewandten Forschung beschäftigt man sich wenig mit der Art von besonderen Sätzen oder mit der Form der Falsifizierbarkeit der Basissätze. Eine wissenschaftliche Arbeit erfordert jedoch, um den damit möglichen verbundenen Unklarheiten und Missverständnissen vorzubeugen, eine Diskussion der Basissätze.

Basissätze werden aus erkenntnistheoretischer Sicht benötigt, um entscheiden zu können, wann eine Theorie falsifizierbar bzw. empirisch genannt werden kann, aber auch zur Bewährung von falsifizierenden Basissätzen bzw. zur Falsifikation von Theorien. Ein Basissatz erfordert, dass

(a) aus einem allgemeinen Satz niemals ein Basissatz folgen kann und
(b) ein allgemeiner Satz mit Basissätzen in Widerspruch stehen kann.

---

18 Vgl. Bunge (1967), 225.
19 Vgl. Kromrey (2009), 82.
20 Vgl. Kromrey (2009), 82.

Das Kriterium (b) kann nur dann erfüllt sein, wenn die Negation der singulären Konsequenz aus dem falsifizierbaren Basissatz der Theorie ableitbar ist. Aus der Anforderung von Kriterium (a) und (b) nimmt der Basissatz die logische Form ein, sodass die Negation ihrerseits kein Basissatz sein kann.[21]

Zusätzlich müssen die Basissätze eine Forderung erfüllen, indem die Vorgänge ‚beobachtbare' Vorgänge sind. Das bedeutet, die Basissätze müssen durch Beobachtung intersubjektiv nachprüfbar sein. Da Basissätze singuläre Sätze sind, bezieht sich diese Forderung natürlich nur auf jene nachprüfbaren Subjekte, die sich in entsprechender raumzeitlicher Nähe befinden. In realistischer Ausdrucksweise sind Basissätze jene Sätze, die behaupten, dass sich in einem individuellen Raum-Zeit-Gebiet eine beobachtbare Begebenheit abspielt. [22]

Anschließend werden diese Basissätze mittels einer deduktiven Vorgehensweise mit Aussagen über reale und durch empirische Beobachtung festgestellte Situations-konstellationen verglichen.[23] Die Methode der Deduktion geht davon aus, dass mit Hilfe bestimmter Schlussregeln die in Frage kommenden Annahmen von einem allgemeinen Prinzip abgeleitet werden können. Stimmen die abgeleiteten Basissätze mit den Beobachtungsaussagen, also den empirischen Basissätzen, überein, so gilt der zu prüfende Basissatz als empirisch bestätigt, andernfalls als empirisch widerlegt. Mit anderen Worten wird diese Aussage in ihrem empirischen Geltungs-anspruch ‚erschüttert'.[24] Die deduktive Vorgehensweise wird in Kapitel 2.3.3 diskutiert.

Auf den ersten Blick mögen die oben angeführten Hinweise zur Verwendung der Wissenschaftstheorie in der vorliegenden Arbeit ausreichen. Ein zweiter Blick in die wissenschaftliche Marketing- oder ‚Consumer-Research'-Literatur führt zu der Feststellung, dass bei diesen Untersuchungen oftmals die Betrachtung aus einem wissenschaftstheoretischen Blickwinkel vernachlässigt wird. Dabei entsteht für Tadajewski der Eindruck, dass für die Forscher die Wissenschaftstheorie eher ein ‚esoterisches' Gebiet darstellt.[25]

Unter Berücksichtigung des fundamentalen Einflusses der Wissenschaftstheorie auf den Forschungsprozess kritisiert Bristor die mangelnde Verwendung der Wissenschaftstheorie in Untersuchungen von Konsumentenverhalten. Der Fehler, die Implikationen der Wissenschaftstheorie nicht zu berücksichtigen und die philosophischen Fundamente einer Theorie zu

21 Vgl. Popper (1989), 67.
22 Vgl. Popper (1989), 68.
23 Vgl. Kromrey (2009), 83.
24 Vgl. Kromrey (2009), 83.
25 Vgl. Tadajewski (2004), 307.

vernachlässigen, führt oft zu einer Verwirrung und erschwert die wissenschaftliche Diskussion.[26]

Wie auch Lutz feststellt, besteht jedoch die Notwendigkeit, in einem Forschungsprozess wissenschaftstheoretische Annahmen zu berücksichtigen.[27] Das Fundament eines Forschungsvorhabens ist die Wissenschaftstheorie, die sich durch bestimmte Haltungen gegenüber der Ontologie im jeweiligen Forschungsgebiet abgrenzt und einen Leitfaden vorgibt, wie das Forschungsvorhaben anhand der Epistemologie durchgeführt werden soll.[28]

Natürlich können in einer Untersuchung nicht alle denkbaren deduktiv ableitbaren Tatsachenbehauptungen empirisch überprüft werden, sondern lediglich nur eine gezielte Auswahl von ihnen.[29] Die Überprüfung, so lautet die Forderung der Wissenschaftstheorie, ist mit einer möglichst ‚strengen' empirischen Prüfungen durchzuführen.[30] Die Anforderung an die vorliegende Arbeit besteht darin, sowohl ‚spekulative' als auch ‚behutsame' Vermutungen aufzustellen, um diese durch ‚strenge' empirische Prüfungen falsifizieren zu können.

Dabei ist es ein Fehler, die Falsifikation von hochfalsifizierbaren Vermutungen als Gelegenheit zu betrachten, um bedeutende Fortschritte in der Wissenschaft zu erzielen. Dies wird deutlich durch die Betrachtung extremer Möglichkeiten. Das eine Extrem stellt Theorien dar, die gewagte Vermutungen anstellen, während das andere Extrem behutsame Vermutungen sind, mit denen ein belangloses Risiko eingegangen wird. Eine Vermutung hat sich bewährt, wenn eine Theorie derartigen Überprüfungen standhält. Erstere liefern einen wesentlichen Beitrag für die wissenschaftliche Erkenntnis, weil sie die Entdeckung von etwas bedeuten, von dem man zuvor nichts wusste, oder das man für unwahrscheinlich hielt. Letztere sind deshalb aufschlussreich, weil sie den Nachweis erbringen, dass das, was unproblematisch als Realität betrachtet wurde, in Wirklichkeit falsch ist.[31]

Der Grad der Bewährung einer Theorie ist dementsprechend eine rationale Richtschnur für die Praxis. Popper setzte zur Überprüfung die gesicherte Erkenntnis voraus, was für die logischen Empiristen noch als Zweck wissenschaftlicher Überlegungen diente:[32]

---

26 Vgl. Bristor (1985), 300.
27 Vgl. Lutz (1989), 1ff.
28 Vgl. Anderson (1986), 156.
29 Vgl. Kromrey (2009), 86.
30 Vgl. Chalmers (1986), 64f; Popper (1963), 218f.
31 Vgl. Chalmers (1986), 64f; Popper (1963), 218f.
32 Vgl. Popper (1994), 145, Hervorhebung im Original kursiv.

„Wir können zwar eine Theorie – oder genauer, unseren Glauben an ihre Wahrheit - nicht rational rechtfertigen; aber wir können es gelegentlich rechtfertigen, dass wir die eine Theorie einer anderen vorziehen; zum Beispiel, wenn ihr Grad der Bewährung größer ist."

Das bedeutet, dass sich Sternstunden der Wissenschaft nur dann einstellen, wenn kühne Vermutungen die strenge Prüfung überstehen. Dementsprechend ist Vermutungen mit geringer Anfangswahrscheinlichkeit der Vorrang zu geben.[33]

1.2.2. Überprüfung der Konstrukte

In den folgenden beiden Abschnitten werden die Konstrukte ‚Dienstleistungsqualität' und ‚Kundenzufriedenheit' dem Versicherungskontext zugeführt und daraus theoretische Basissätze abgeleitet.

1.2.2.1. Dienstleistungsqualität

Eine ‚behutsame Vermutung' ist beispielsweise die Überprüfung der SERVQUAL-Methodik im Kontext von Versicherungen. Für den SERVQUAL-Ansatz liegt ein breites Forschungsinteresse und die empirische Unterstützung vor. In der wissenschaftlichen Literatur stellt SERVQUAL das meist verwendete Instrument zur Messung von Dienstleistungsqualität dar und wird ab Kapitel 5.2 ausführlich diskutiert. Das SERVQUAL-Modell teilt das Konstrukt der Dienstleistungsqualität in fünf Dimensionen: Materielles, Zuverlässigkeit, Entgegenkommen, Souveränität und Einfühlung. Bei diesem Modell werden die Erwartungen der tatsächlichen Leistungswahrnehmung der Dienstleistung gegenübergestellt und die empirisch feststellbaren Eigenschaften erhoben. Die daraus resultierende Differenz zeigt schließlich gute und schlechte Dienstleistungsqualität.[34] Die Dienstleistungsqualität wird mit einem Fragebogen gemessen. Die Kriterien im Fragebogen verlangen die Auskunft über die Erwartungen, die relative Wichtigkeit der fünf Dimensionen sowie die Leistungswahrnehmung anhand der 22 SERVQUAL-Merkmale.[35]

Obwohl SERVQUAL in der Literatur umfangreiche empirische Unterstützung erhält, ist das Konstrukt mit Kritik behaftet. Die betreffenden Untersuchungen weisen großteils auf mangelnde Validität[36] und mangelnde Flexibili-

---

33 Vgl. Carrier (2008), 113.

34 Vgl. Parasruaman/Berry/Zeithaml (1991), 13ff.

35 Vgl. Parasuraman/Berry/Zeithaml (1991), 434.

36 Ein Überblick über die unterschiedlichen Validitätstypologien und deren Anforderungen geben etwa Shadish/Cook/Campbell (2010), 33ff.

tät des Skalenkonstrukts sowie die unzureichende Klärung der Erwartungskomponente hin.[37] Parasuraman, Zeithaml und Berry, im folgenden PZB genannt, führten mit einigen Kritikern einen wissenschaftlichen Diskurs in der Literatur. Die Gegenargumente waren jedoch nicht überzeugend genug, um SERVQUAL zu verwerfen.[38] Im Gegenteil, SERVQUAL stellt bis heute das einzige diagnostische und adaptierbare Messinstrument zur Erfassung von Dienstleistungsqualität dar.[39]

Die Entwicklung von SERVQUAL fand zwar unter anderem mit Kunden von Versicherungsunternehmen statt und wurde bereits erfolgreich in unterschiedlichen Branchen angewendet[40], trotzdem findet dieses Messinstrument in der Versicherungsbranche bisher nur eine limitierte Anwendung.[41] Daher muss in einem ersten Schritt, die Reliabilität und Validität von SERVQUAL im geplanten Untersuchungskontext geprüft werden, um darauf aufbauende Analysen durchführen zu können. Basierend auf einer deduktiven Überprüfung lässt sich die erste zu falsifizierende Annahme wie folgt formulieren:

$A1_0$: SERVQUAL ist kein zuverlässiges und valides Messinstrument zur Beurteilung der Dienstleistungsqualität von Kfz-Versicherern.

Das Negat der Annahme oder die Folgerung, die alternativ zu akzeptieren wäre, lautet:

$A1_1$: SERVQUAL ist ein zuverlässiges und valides Messinstrument zur Beurteilung der Dienstleistungsqualität von Kfz-Versicherern.

1.2.2.2. Kundenzufriedenheit

In der Literatur erhält die Diskussion, ob Zufriedenheit ein Prozess oder ein Resultat ist, besondere Aufmerksamkeit. Während Churchill und Suprenant Zufriedenheit als ein Resultat von Erfahrungen mit Konsum betrachten[42], resultiert für Hunt Zufriedenheit aus einer Beurteilung der Erfahrung im Vergleich zu den Erwartungen.[43] Obwohl beide Ansätze in der Literatur akzeptiert werden, scheint der prozessorientierte Ansatz von Hunt für Dienstleistungen angebrachter, da der prozessorientierte Ansatz auf dem Confirmation/Disconfirmation-Paradigma, in weiterer Folge C/D-Paradigma, basiert.

37 Vgl. Carman (1990); Cronin/Taylor (1992, 1994); Teas (1993).
38 Vgl. Parasuraman/Zeithaml/Berry (1994).
39 Vgl. Kalamas/Laroche/Cezard (2002), 297.
40 Vgl. Ueltschy et al. (2007), 411.
41 Vgl. dazu Abschnitt 5.2.3
42 Vgl. Churchill/Suprenant (1982), 491f.
43 Vgl. Hunt (1977), 455.

Beim C/D-Paradigma wird davon ausgegangen, dass die Erfahrung auf unterschiedlichen Wahrnehmungen sowie einem beurteilenden Prozess basiert, der zu Zufriedenheit führt. Das C/D-Paradigma liefert einen theoretischen Bezugsrahmen zur Erklärung von Kundenzufriedenheit und eine empirische Bestätigung sowohl für den Produkt- als auch im Dienstleistungsbereich.[44] Die Darstellung der einzelnen Komponenten des C/D-Paradigmas erfolgt in Kapitel 4.1.

Die inhärenten Eigenschaften von Dienstleistungen, wie beispielsweise die Immaterialität und ihre Untrennbarkeit vom Produkt, erfordert eine Unterscheidung zwischen einer transaktionsspezifischen Zufriedenheit und einer Gesamtzufriedenheit.[45] Frühe Konzepte der Literatur gehen von einer transaktionsspezifischen Zufriedenheit aus.[46] Diese theoretische Annahme wurde zum Großteil in den frühen Studien im Zusammenhang mit dem C/D-Paradigma untersucht.[47] Die aktuellere Literatur fügt folgende zwei Aspekte hinzu: Erstens wird dem von einem kognitiven Prozess ausgehenden traditionellen Ansatz eine affektive Komponente zur Erklärung von Kundenzufriedenheit hinzugefügt.[48] Zweitens wird argumentiert, dass Kundenzufriedenheit als eine kumulative oder als Gesamtzufriedenheit anstelle eines transaktionsspezifischen Prozesses betrachtet werden soll.[49]

Da das Ziel der vorliegenden Arbeit nicht darin besteht, Erkenntnisse über einzelne Serviceepisoden oder Kontaktpunkte zu erlangen, sondern vielmehr der Einfluss der Dienstleistungsqualität auf die Kundenzufriedenheit im Mittelpunkt steht, eignet sich hierfür das Konzept der Gesamtzufriedenheit.

In der wissenschaftlichen Literatur wird Zufriedenheit sowohl als ein eindimensionales[50] als auch ein multidimensionales Konstrukt[51] konzeptualisiert. Mit einem eindimensionalen Konstrukt wird die Gesamtzufriedenheit mit einer Dimension oder mit einer Variablen erhoben. Bei einem multidimensionalen Konstrukt beeinflussen mehrere Dimensionen die Gesamtzufriedenheit.

---

44 Vgl. etwa Bearden/Teel (1983); Cadotte/Woodruff/Jenkins (1987); LaBarbera/ Mazursky (1983); Oliver/DeSarbo (1988); Spreng/MacKenzie/Olshavsky (1996).

45 Vgl. Boshoff/Gray (2004), 28.

46 Vgl. Bearden/Teel (2001); Churchill/Suprenant (1982), Oliver (1980, 1981).

47 Vgl. etwa Olshavsky/Miller (1972).

48 Vgl. etwa Oliver (1997); Westbrook (1987), Westbrook/Oliver (1991).

49 Vgl. etwa Anderson/Fornell/Lehmann (1994); Boshoff/Gray (2004); Homburg/ Giering (2001).

50 Vgl. etwa Johns/Avci/Karatepe (2004); Aga/Safakli (2007).

51 Vgl. etwa Crosby/Evans/Cowles (1990); McGill/Iacobucci (1992); Ostrom/Iacobucci (1995), 18.

Johns, Avci und Karatepe sowie Aga und Safakli erheben die Gesamtzufriedenheit mit nur einer Variablen.[52] Ostrom und Iacobucci untersuchen beispielsweise vier Dimensionen, die die Gesamtzufriedenheit darstellen und beeinflussen: Preis, Qualität, Freundlichkeit und Standardisierung.[53] Hermann, Huber und Braunstein zogen ebenfalls vier Dimensionen heran: Relative Qualität, Produkt-Zufriedenheit, Innendienst-Zufriedenheit sowie die Außendienst-Zufriedenheit.[54] Während Ostrom und Iacobucci mehrere Dienstleistungsbranchen untersuchen, konzentrieren sich Hermann, Huber und Braunstein ausschließlich auf die KFZ-Versicherungsbranche. Die Gesamtzufriedenheit resultiert in ihrer Untersuchung somit aus mehreren Erfahrungen des Kunden, die durch vier Dimensionen bestimmt werden.

Das in der vorliegenden Untersuchung verwendete Messinstrument zur Erfassung von Kundenzufriedenheit lehnt sich an die Dimensionen von Hermann, Huber und Braunstein an. Die Auswahl für dieses Instrument begründet sich darin, dass damit sowohl auf die Gesamtzufriedenheit als auch auf vier Dimensionen Rücksicht genommen wird, durch die sich die Gesamtzufriedenheit erklären lässt. Anhand der Diskussion zur Zufriedenheit lassen sich dazu zwei theoretische Basissätze ableiten, die es zu überprüfen gilt. Der Unterschied der beiden Basissätze liegt darin, dass sich der erste Basissatz auf die Reliabilität und Validität des Messinstruments von Zufriedenheit konzentriert, während der zweite Basissatz überprüft, ob eine Multidimensionalität, wie sie von Hermann, Huber und Braunstein vorgeschlagen wird, in dieser Untersuchung zur Erklärung der Gesamtzufriedenheit vorliegt. Die zweite zu falsifizierende Annahme lautet daher folgendermaßen:

$A2_0$: Das Messinstrument zur Beurteilung der Zufriedenheit von KFZ-Versicherungsnehmern ist nicht zuverlässig und valide.

Das Negat der Annahme, das alternativ zu akzeptieren wäre, lautet:

$A2_1$: Das Messinstrument zur Beurteilung der Zufriedenheit von KFZ-Versicherungsnehmern ist zuverlässig und valide.

Der multidimensionale Charakter von Zufriedenheit wird mit folgender Annahme überprüft:

$A3_0$: Das Kundenzufriedenheitskonstrukt besitzt bei KFZ-Versicherung-en keinen mehrdimensionalen Charakter.

Das dazugehörende Negat der singulären Konsequenz lautet:

52 Vgl. etwa Johns/Avci/Karatepe (2004); Aga/Safakli (2007).
53 Vgl. etwa Ostrom/Iacobucci (1995), 18.
54 Vgl. Hermann/Huber/Braunstein (2000), 304.

A3₁: Das Kundenzufriedenheitskonstrukt besitzt bei KFZ-Versicherung-en einen mehrdimensionalen Charakter.

1.2.3. Überprüfung des Zusammenhangs der Konstrukte

‚Kühne Vermutungen' gemäß Popper sind in der zweiten Zielsetzung zu finden. Die zweite Zielsetzung der vorliegenden Arbeit besteht darin zu überprüfen, wie sich die Beurteilung der Dienstleistungsqualität auf die Kundenzufriedenheit auswirkt und ob sich dieser Einfluss mit den Eigenschaften der Wertefunktion der Prospect Theory beschreiben lässt.

1.2.3.1. Linearität versus Asymmetrie

Eskildsen et al. sowie Ueltschy et al. bestätigen einen signifikanten Einfluss von Dienstleistungsqualität auf die Kundenzufriedenheit.[55] In der wissenschaftlichen Literatur werden im Wesentlichen zwei verschiedene Zusammenhänge der beiden Konstrukte untersucht: linear und symmetrisch sowie nicht-linear und asymmetrisch. Der lineare symmetrische Zusammenhang impliziert, dass die Veränderung einer Leistungseinheit zu einer gleich großen Veränderung der Zufriedenheit führt, unabhängig davon, ob diese Veränderung im mittleren Bereich oder an den Extremen stattfindet. In der jüngeren Literatur konnte jedoch festgestellt werden, dass in den meisten Fällen der Zusammenhang nicht symmetrisch und linear, sondern nichtlinear und asymmetrisch ist.[56]

In der Literatur werden negativ asymmetrische[57] und positiv asymmetrische[58] Zusammenhänge beobachtet. Ein negativ asymmetrischer Zusammenhang bedeutet bei einer negativen Veränderung einer Leistungsdifferenz (beispielsweise von 4 auf 2) einen größeren Einfluss auf die Zufriedenheit als eine positive Veränderung (beispielsweise von 3 auf 5) im gleichen Ausmaß. Bei einem positiv asymmetrischen Zusammenhang bedeutet eine positive Veränderung einer Leistungsdifferenz (beispielsweise von 2 auf 4) einen größeren Einfluss auf die Zufriedenheit als eine negative Veränderung (beispielsweise von 5 auf 3) im gleichen Ausmaß. Durch die inhärente Nicht-Linearität weisen Leistungsveränderungen, die sich zum Achsen-ursprung

---

55 Vgl. Eskildsen et al. (2004), 864ff; Ueltschy et al. (2007), 414ff.

56 Vgl. dazu etwa die Untersuchung von Mittal/Ross/Baldasare (1998); Stan et al. (2007); Streukens/deRuyter (2004); van Doorn (2008).

57 Vgl. etwa dazu etwa die Untersuchung von Mittal/Ross/Baldasare (1998); Stan et al. (2007);

58 Vgl. etwa dazu etwa van Doorn (2008).

hinbewegen, einen größeren Einfluss auf die Zufriedenheit auf als jene, die sich an den Extremen befinden.[59]

Einen negativ asymmetrischen Zusammenhang von Leistungseigenschaften und Zufriedenheit bestätigen Mittal, Ross und Baldasare. Die Autoren führten dazu eine umfangreiche Studie in der Automobilbranche durch. Die Ergebnisse zeigen, dass negative Leistungsbeurteilungen einen größeren Einfluss auf die Kundenzufriedenheit haben als positive Leistungsbeurteilungen. Allerdings finden sie diesen negativ asymmetrischen Zusammenhang nur für fünf Attribute, während das sechste Attribut einen positiv asymmetrischen Zusammenhang aufweist. Die negative Leistungsbeurteilung von Bremsen, Motor, Leistung, Karosserie und Geräuschlevel zeigten einen größeren Einfluss auf die Zufriedenheit als die positiven Beurteilungen. Das sechste Merkmal hingegen, Geräumigkeit des Autos, zeigt bei positiven Beurteilungen einen größeren Einfluss auf die Zufriedenheit als die negativen Beurteilungen. Das bedeutet, dass das sechste Attribut ein komplett gegensätzliches Ergebnis liefert und nicht mit dem negativ asymmetrischen Verlauf der Wertefunktion der Prospect Theory erklärt werden kann.[60] Die Eigenschaften der Prospect Theory werden in Kapitel 4.3 erläutert.

Um einen asymmetrischen Zusammenhang theoretisch begründen zu können, verweisen die Autoren dieser Studien[61] großteils auf die Prospect Theory von Kahneman und Tversky. In der Prospect Theory weist die Wertefunktion im Verlustbereich einen steileren Verlauf auf als im positiven Bereich. Dadurch resultieren eine S-Form der Wertefunktion[62] und eine negative Asymmetrie.

Von Interesse in der vorliegenden Untersuchung ist daher, ob die Dienstleistungsqualität anhand der SERVQUAL-Merkmale bei KFZ-Versicherungen einen negativ asymmetrischen Einfluss auf die Zufriedenheit der Versicherungsnehmer gemäß der Prospect Theory aufweist.

Die Überprüfung der negativen Asymmetrie erfordert zwei Basissätze. Im ersten Basissatz muss zunächst überprüft werden, ob eine Linearität oder eine Asymmetrie vorliegt. Erst im zweiten Schritt kann eine negative oder positive Asymmetrie festgestellt werden. Dazu werden die absoluten Werte der Regressionskoeffizienten der negativen und positiven Abweichungen herangezogen. Der Unterschied liegt darin, dass im ersten Basissatz verglichen wird, ob sich die Regressionskoeffizienten der negativen und positiven

59 Vgl. Anderson/Mittal (2000), 109.
60 Vgl. Mittal/Ross/Baldasare (1998), 43.
61 Vgl. Kumar (2002); Mittal/Ross/Baldasare (1998); Stan et al. (2007); van Doorn (2008); White/Schneider (2000).
62 Vgl. Kahneman/Tversky (1979), 279f.

Abweichungen unterscheiden. Weisen die Regressions-koeffizienten eine Differenz auf, so ist ein asymmetrischer Zusammenhang festzustellen. Keine Differenz bedeutet hingegen einen linearen Zusammenhang.

Basierend auf einer deduktiven Überprüfung eines asymmetrischen Zusammen-hangs der beiden Konstrukte lässt sich die zu falsifizierende Annahme wie folgt formulieren:

$A4_0$: Die negativen und positiven Abweichungen eines bestimmten SERVQUAL-Merkmals weisen keinen negativ asymmetrischen Zusammenhang zur Erklärung der Gesamtzufriedenheit bei KFZ-Versicherungs-nehmern auf.

Wird diese Annahme durch die Empirie jedoch falsifiziert, ist das Negat der Annahme zu akzeptieren. Diese lautet:

$A4_1$: Die negativen und positiven Abweichungen eines bestimmten SERVQUAL-Merkmals weisen einen negativ asymmetrischen Zusammenhang zur Erklärung der Gesamtzufriedenheit bei KFZ-Versicherungsnehmern auf.

Um eine allgemeine Aussage zur negativen Asymmetrie gemäß der Wertefunktion der Prospect Theory treffen zu können, besteht die Notwendigkeit, die Eigenschaften der Prospect Theory anhand der einzelnen SERVQUAL-Merkmalen zu überprüfen. Daraus lässt sich zeigen, ob sich der Zusammenhang der Messergebnisse von Dienstleistungsqualität und Kundenzufriedenheit anhand der Prospect Theory beschreiben lässt. Die zu falsifizierende Annahme lautet hierzu:

$A5_0$: Der Zusammenhang zwischen den negativen Abweichungen der einzelnen SERVQUAL-Merkmale und der Zufriedenheit lassen sich nicht durch eine abnehmende Sensitivität gemäß der Prospect Theory beschreiben.

Das Negat der Annahme, das alternativ zu akzeptieren wäre, lässt sich folgendermaßen formulieren:

$A5_1$: Der Zusammenhang zwischen den negativen Abweichungen der einzelnen SERVQUAL-Merkmale und der Zufriedenheit lassen sich durch eine abnehmende Sensitivität gemäß der Prospect Theory beschreiben.

1.2.3.2. Extremwerte

Laut der Prospect Theory zeigt die Dienstleistungsqualität eine abnehmende Sensitivität gegenüber der Zufriedenheit. In der wissenschaftlichen Literatur herrscht jedoch Unklarheit, ob der Verlauf der Wertefunktion im negativen Bereich bei den Extremwerten einen risikoaversen oder einen lexikografischen Verlauf annimmt. Laughhunn, Payne und Crum sind der Meinung, extrem hohe Abweichungen vom Referenzwert nehmen einen lexikografischen Verlauf ein.[63]

Verläuft die Funktion ‚parallel' zur Abszisse, wird von einem lexikografischen Verlauf gesprochen. Verläuft der Wendepunkt ‚parallel' zur Ordinate, liegt ein risikoaverser Verlauf bei den Extremwerten vor. Eine fehlende abnehmende Sensitivität (=nicht ‚parallel' zur Abszisse) bedeutet noch nicht zwingend ‚parallel' zur Ordinate.

Dies bedeutet, dass eine extrem hohe Abweichung vom Referenzwert einen geringeren Einfluss auf die Kundenzufriedenheit hat. Ob der lexikografische oder der risikoaverse Verlauf die ‚richtige' Erklärung ist, ist dabei unerheblich. Entscheidend ist, ob die Messergebnisse zeigen, dass extrem hohe negative Abweichungen einen geringeren Einfluss auf die Kundenzufriedenheit haben.[64]

Der aus der Diskussion entstandene Zusammenhang führt zu folgender Annahme, die es zu falsifizieren gilt:

$A6_0$: Extrem hohe negative Abweichungen vom Referenzwert einzelner SERVQUAL-Merkmale und deren Einfluss auf die Kundenzufriedenheit nehmen keinen risikoaversen Verlauf bei der Wertefunktion der Prospect Theory ein.

Das korrespondierende Negat der singulären Annahme lautet dazu:

$A6_1$: Extrem hohe negative Abweichungen vom Referenzwert einzelner SERVQUAL-Merkmale und deren Einfluss auf die Kundenzufriedenheit nehmen einen risikoaversen Verlauf bei der Wertefunktion der Prospect Theory ein.

1.2.4. Überblick der zu prüfenden Basissätze

Die Tabelle 1-1 gibt nochmals einen Überblick über die zu prüfenden Basissätze der vorliegenden Arbeit. Die Tabelle ist geteilt in die Basissätze, die zur Überprüfung der Konstrukte dienen, und in jene Basissätze, mit denen der Zusammenhang mit den Eigenschaften der Prospect Theory beschrieben wird.

---

63 Vgl. Laughhunn/Payne/Crum (1980b), 1245f.

64 Vgl. MacCrimmon/Wehrung/Stanbury (1988), 113.

Tabelle 1-1: Überblick der zu prüfenden Annahmen

(Quelle: eigene Darstellung)

		theoretische Annahme	Negat der Annahme
Konstrukt	A_1	SERVQUAL ist *kein* zuverlässiges und valides Messinstrument zur Beurteilung der Dienstleistungsqualität von Kfz-Versicherern.	SERVQUAL ist *ein* zuverlässiges und valides Messinstrument zur Beurteilung der Dienstleistungsqualität von Kfz-Versicherern.
	A_2	Das Messinstrument zur Beurteilung der Zufriedenheit von Kfz-Versicherungsnehmern *ist nicht zuverlässig und valide.*	DasMessinstrument zur Beurteilung der Zufriedenheit von Kfz-Versicherungs-nehmern *ist zuverlässig und valide* .
	A_3	Das Kundenzufriedenheitskonstrukt besitzt bei Kfz-Versicherungen *keinen mehrdimensionalen Charakter* .	Das Kundenzufriedenheitskonstrukt besitzt bei Kfz-Versicherungen *einen mehrdimensionalen Charakter.*
Theorie	A_4	Die negativen und positiven Abweichungen eines bestimmten SERVQUAL-Merkmals weisen *keinen asymmetrischen Zusammenhang* zur Erklärung der Gesamtzufriedenheit bei Kfz-Versicherungsnehmern auf.	Die negativen und positiven Abweichungen eines bestimmten SERVQUAL-Merkmals weisen *einen asymmetrischen Zusammenhang* zur Erklärung der Gesamtzufriedenheit bei Kfz-Versicherungsnehmern auf.
	A_5	Der *Zusammenhang* zwischen den negativen Abweichungen der einzelnen SERVQUAL-Merkmale und der Zufriedenheit *läßt sich nicht durch eine abnehmende Sensitivität* gemäß der Prospect Theory beschreiben.	Der *Zusammenhang* zwischen den negativen Abweichungen der einzelnen SERVQUAL-Merkmale und der Zufriedenheit *läßt sich durch eine abnehmende Sensitivität* gemäß der Prospect Theory beschreiben.
	A_6	*Extrem hohe negative Abweichungen* vom Referenzwert einzelner SERVQUAL-Merkmale und deren Einfluss auf die Kundenzufriedenheit nehmen *keinen risikoaversen Verlauf* bei der Wertefunktion der Prospect Theory ein.	*Extrem hohe negative Abweichungen* vom Referenzwert einzelner SERVQUAL-Merkmale und deren Einfluss auf die Kundenzufriedenheit nehmen *einen risikoaversen Verlauf* bei der Wertefunktion der Prospect Theory ein.

1.3. Aufbau der Untersuchung

Die Untersuchung besteht aus zwei Teilen, die in Abbildung 1-2 dargestellt werden:

- die theoretischen Grundlagen und
- die empirische Erhebung.

Im ersten Kapitel werden die Problemstellung, die Zielsetzung und der Aufbau der Untersuchung dargestellt. Im zweiten Kapitel folgen die wissenschafts-theoretischen Grundlagen. Hier wird die Notwendigkeit der Berücksichtigung der Wissenschafts-theorie bei einer wissenschaftlichen Untersuchung zum Ausdruck gebracht, sowie die vorliegende Untersuchung in die Wissenschaftstheorie eingeordnet. Im dritten Kapitel werden die konzeptionellen Grundlagen für die Konstrukte der ‚Dienstleistungsqualität' und der ‚Kundenzufriedenheit' separat erarbeitet und abgegrenzt. Das vierte Kapitel widmet sich den modelltheoretischen Anknüpfungspunkten. Das Konstrukt ‚Kundenzufriedenheit' beruht auf dem C/D-Paradigma, das Konstrukt ‚Dienstleistungsqualität' auf dem GAP-Modell. Die Prospect Theory dient als Anknüpfungspunkt, wenn die Messergebnisse beider Konstrukte vorliegen. Im fünften Kapitel werden die Messinstrumente für ‚Kundenzufriedenheit' und ‚Dienstleistungsqualität' vorgestellt.

Der zweite Teil der vorliegenden Arbeit widmet sich der Empirie. Zunächst wird das Untersuchungsdesign vorgestellt. Hierzu werden die Vorbereitung der Erhebung, das Studentensample als Stichprobe und die Stichprobengröße beschrieben. Im siebten Kapitel werden die Untersuchungsergebnisse der Reliabilitätsanalyse, der Faktorenanalyse, der Mittelwerte, der Häufigkeiten sowie der Regressionsanalysen gezeigt. Im nächsten Kapitel werden die Untersuchungsergebnisse interpretiert, diskutiert und den theoretischen Basissätzen, die eingangs formuliert wurden, zugeführt. Das letzte Kapitel enthält die Schlussfolgerungen und gibt einen Ausblick für weitere Forschungsansätze auf Basis dieser Arbeit.

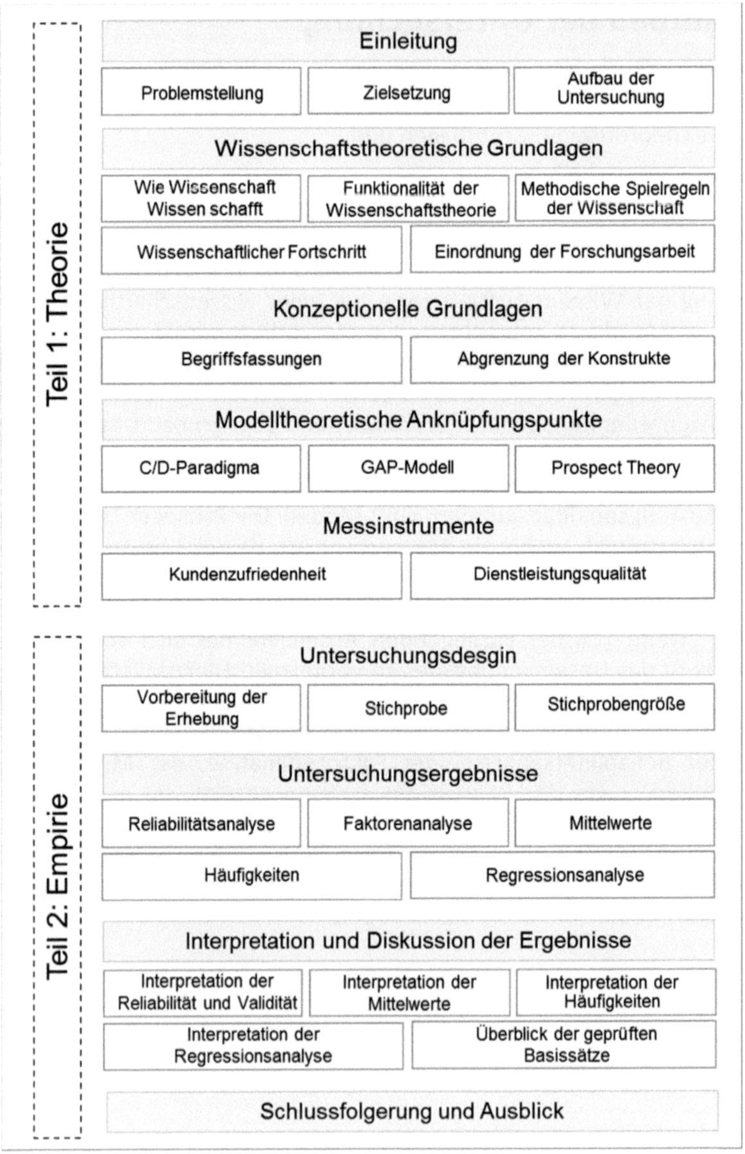

Abbildung 1-2: Aufbau der Untersuchung

(Quelle: eigene Darstellung)

2. Wissenschaftstheoretische Grundlagen

In Übereinstimmung mit Chmielewicz wird die Ansicht vertreten, dass sich auch und insbesondere die Betriebswirtschaft mit Wissenschaftstheorie auseinandersetzen muss, denn sie legt die grundlegenden Spielregeln für das wissenschaftliche Arbeiten fest. Die Wissenschaftstheorie zeigt, auf welchen rationalen Überlegungen die Arbeit beruht. Vor Beginn einer wissenschaftlichen Arbeit sind diese Grundregeln festzulegen, die die Basis für das weitere Forschungsdesign bilden. An dieser Stelle werden daher die Grundbegriffe der Wissenschaftstheorie beschrieben, damit die Forschungskonzeption der vorliegenden Arbeit eingeordnet werden kann. [65]

Im ersten Abschnitt wird das Ziel der Wissenschaftstheorie in der vorliegenden Arbeit erklärt. Anschließend wird die Funktionalität von Wissenschaftstheorie erläutert. Im dritten Abschnitt wird geklärt, welchen methodischen Spielregeln in der vorliegenden Arbeit gefolgt wird. Im nächsten Abschnitt wird der wissenschaftliche Fortschritt beschrieben. Das Kapitel schließt mit der Einordnung der vorliegenden Forschungsarbeit in die Wissenschaftstheorie.

2.1. Wie Wissenschaft Wissen schafft

Unter Wissenschaft wird die Erkenntnis der Wirklichkeit, die Enthüllung der Wahrheit, der ‚voraussetzungslosen' Wahrheit verstanden.[66] Damit soll die Wissenschaft der Natur ihre Geheimnisse entreißen, die Ursachen des Seins und Werdens aufdecken und ihnen einen allgemeingültigen Ausdruck geben. Der Forscher kümmert sich nicht darum, ob die Wahrheit schön oder hässlich, angenehm oder unangenehm, nützlich oder schädlich ist. Denn die Wissenschaft soll das unverhüllte tatsächliche Ineinandergreifen der Erscheinungen zum Ausdruck bringen.[67]

Unter Wissenschaft wird auch das Herausarbeiten möglichst vieler wesentlicher Alternativen verstanden, die auf einer höheren Ebene vereint werden können. Allerdings zeigt die Wissenschaftsgeschichte, dass Alternativen durchaus wieder vergessen werden oder eine lange Zeit auf eine Integration durch eine umfassende Theorie warten müssen.[68]

---

65 Vgl. Chmielewicz (1994), 5f.

66 Vgl. Essler/Labude/Ucsny (2000), 15.

67 Vgl. Gomberg (1978), 15.

68 Vgl. Kriz/Lück/Heidbrink (1996), 70.

Der dazu notwendige Wissensbestand stammt von gewonnen Erkenntnissen der Forschung, Lehre und der Literatur. Mit der Kennzeichnung der Wissenschaft wird das Ergebnis an einen Prozess geknüpft, der als Forschungs- und Erkenntnisarbeit nach bestimmten Methoden durchgeführt und selbst auch als Wissenschaft angesehen wird. [69]

Das Ziel der Wissenschaft und somit auch der vorliegenden Arbeit ist es, einen Erkenntnisfortschritt zu leisten und 'Wahrheit' im Sinne einer besseren Übereinstimmung mit den Tatsachen zu finden. [70]

2.2. Funktionalität der Wissenschaftstheorie

Die Wissenschaftstheorie wird als Teildisziplin der Philosophie betrachtet und ist die Lehre von den Grundlagen, Methoden, Begriffen, Aussagen, Zielen und Grenzen der Erkenntnis in den Einzelwissenschaften.[71] Während die Wissenschaftstheorie ihren Ursprung in der Erkenntnistheorie, also in der Philosophie hat, stammt die Wissenschaftsforschung im weitesten Sinne aus der Soziologie und bearbeitet die Wissenschaft zunächst empirisch. Eine schlichte Reduktion der Wirtschaftstheorie und der Wissenschaftsforschung auf die Herkunft ist jedoch falsch. Gemeinsam erheben sie den Anspruch, dass sie sich nicht auf ein Objekt der Natur, sondern auf die bereits strukturierte Natur beziehen.[72]

Das Ziel der Wissenschaftstheorie liegt in der Klärung der Frage, wie wissenschaftliche Forschungsergebnisse vorläufig begründet werden können. Liegen wissenschaftliche Ergebnisse vor, die Allgemeingültigkeit beanspruchen, erfolgt eine Reflexion, wie diese als wahr gezeigt werden können. In der Wissenschaftstheorie geht es nicht darum, die Praxis der Vorgehensweise der Einzelwissenschaften zu beschreiben, sondern sie widmet sich Fragen, die untrennbar von den Vorgehensweisen der jeweiligen Einzelwissenschaften sind.[73]

Bewusst oder unbewusst wird die Auswahl der wissenschaftlichen Methode durch die philosophische Perspektive des Forschers bestimmt.[74] Für die vorliegende Arbeit bedeutet eine bewusst ausgewählte wissenschaftliche Methode, dass sie mit einer vorhandenen Basis arbeitet und für eine wissenschaftliche Diskussion und entsprechenden Fortschritt sorgt. Diese

---

69 Vgl. Schweitzer (1978), 1.
70 Vgl. Schanz (1975), 26ff.
71 Vgl. Chmielewicz (1994),35ff.
72 Vgl. Wallner (2002), 52f, Kriz/Lück/Heidbrink (1996), 71ff.
73 Vgl. Mras o.J., 1.
74 Vgl. Lutz (1989), 4.

Basis erfordert eine adäquate und fundierte Beschreibung der grundlegenden Begriffe[75] und der verwendeten Methoden.[76]

2.3. Methodische Spielregeln der Wissenschaft

‚Methode' bezeichnet die Art und Weise eines wissenschaftlichen Vorgehens mit einer bestimmten Auswahl von Mitteln an Instrumenten, die zu einer Zielerreichung führen. ‚Wissenschaftliche Methoden' definieren Verfahrensregeln, ihre intersubjektive Nachvollziehbarkeit sowie ihre Prüfbarkeit.[77]

Als Methoden-Lehre ist die Wissenschaftstheorie eine Metadisziplin (‚Theorie der Theorien') und wird häufig im engeren Sinne als ‚Methodologie' bezeichnet.[78] In der betriebswirtschaftlichen Methodologie muss zunächst überprüft werden, ob die Forschungsmethoden und -ergebnisse geeignet sind, den Erkenntnisfortschritt zu begünstigen. Im ersten Schritt besteht diese Aufgabe darin, die angewandten Methoden und die mit ihrer Hilfe erzielten Erkenntnisse zu beschreiben. Im zweiten Schritt wird die Methode kritisch überprüft, welchen Beitrag sie zum Erkenntnisfortschritt leisten kann. Wobei der Schwerpunkt aber darin liegt, Wege aufzuzeigen, wie und mit welchen Methoden der jeweilige Erkenntnisstand verbessert werden kann.[79]

Die Wissenschaft versorgt uns mit Wissen erhöhter Verlässlichkeit und Glaubwürdigkeit. Erkenntnisfortschritt wird darauf zurückgeführt, dass sich Wissenschaft auf Erfahrung stützt. Dies wirft die Frage auf, wie sich Basissätze und Theorien auf Erfahrung stützen können. Die Herausforderung liegt in der Beschaffenheit von empirischer Prüfung und Bestätigung der Wissenschaft.[80]

Den Ausgangspunkt wissenschaftlicher Forschung bilden stets Problemstellungen, die gelöst werden sollen. Das setzt freilich voraus, dass die Problemstellung möglichst einfach und klar formuliert ist und – falls die Forschungsfrage sich auf empirische Fakten bezieht – diese auch empirisch beantwortbar ist, wobei die Fragestellung eine Beziehung von zwei Variablen beinhalten soll.[81]

---

75 Vgl. dazu Kapitel 3.1.
76 Vgl. Hülst (1975), 24; Möller (2008), 198.
77 Vgl. Chmielewicz (1994), 16.
78 Vgl. Schanz (1988b), 1.
79 Vgl. Schanz (1975), 19.
80 Vgl. Carrier (2008), 15.
81 Vgl. Kriz/Lück/Heidbrink (1996), 83ff

Die Möglichkeit der empirischen Begründung einer Theorie schließt die Beantwortbarkeit folgender Fragen ein:

- Kann die bestimmte Theorie (= das System wissenschaftlicher Erfahrungsaussagen) als wahr aufgezeigt werden?[82]
- Ist das Verhältnis von Explanans und Explanandum derart, dass dieses dem Anspruch des Enthaltenseins genügt (= sich deduktiv überprüfen lässt)?[83]

Falls (i) nicht realisiert werden kann oder die Theorie nicht als (endgültig) verifiziert gelten kann, stellt sich die Frage danach (iii) welche alternativen Modelle zur Überprüfung wissenschaftlicher Theorien eingesetzt werden können. Da der Anspruch von Wissenschaft und somit auch dieser Arbeit darin liegt, Methoden planmäßig und systematisch zur Zielerreichung einzusetzen, muss die Frage (iii) einer Antwort zugeführt werden, wenn die Forschungsergebnisse dieser Arbeit intersubjektiv nachvollziehbar und überprüfbar sind.[84]

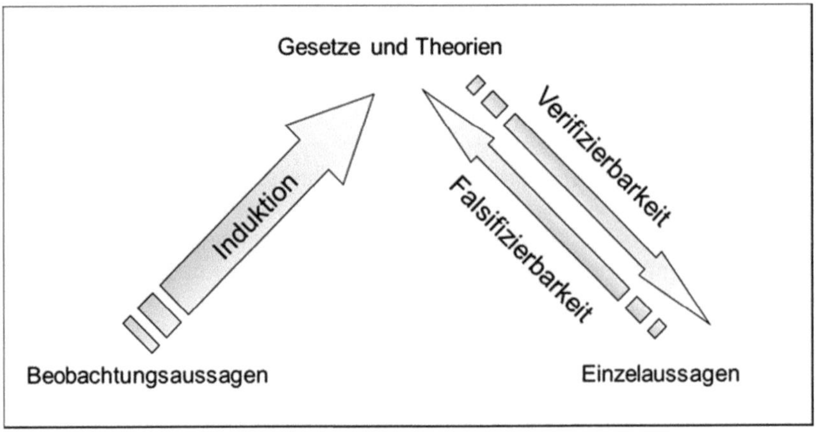

Abbildung 2-1: Methodendarstellung

(Quelle: eigene Darstellung)

Zur Überprüfung empirisch-wissenschaftlicher Aussagen stehen grundsätzlich folgende drei Methoden, in Abbildung 2-1 veranschaulicht, zur Verfügung:

82 Vgl. Chalmers (1986), 40; Popper (1989, 2002a), 198.

83 Vgl. Chalmers (1986), 44ff.

84 Vgl. Kriz/Lück/Heidbrink (1996), 140; Popper (1989), 20; Raffée (1993), 11; Schanz (1978), 314.

- die Induktion
- das Konzept der Verifizierbarkeit und Wahrscheinlichkeitsberechnungen
- das Konzept der Falsifizierbarkeit

Die dieser Arbeit primär zugrunde gelegte wissenschaftstheoretische Position ist die des kritischen Rationalismus, also das Konzept der Falsifizierbarkeit, allerdings im Sinne des raffinierten Falsifikationismus, wie sie von Popper selbst als Reaktion auf die Kritik von Lakatos vertreten wurde.[85]

2.3.1. Die Induktion

Der Begriff ‚Induktion' bedeutet herbeiführen, veranlassen, einführen. In den empirischen Wissenschaften wird unter der Methode der Induktion ein Schluss verstanden der inhaltserweiternd ist = ein Schluss, bei dem die Conclusio nicht in der Prämisse enthalten ist.

Im Alltag sowie in den empirischen Wissenschaften wird ständig induktives Denken angewendet. Dazu zählt alles Schließen, bei welchem der Conclusiogehalt über den Gehalt der Prämissen hinausgeht. Damit kann eine Conclusio nicht mit derselben Sicherheit behauptet werden als jener der Prämissen.[86] Das bedeutet, dass die Ausgangsposition nicht gesichert sondern eine Annahme ist und noch geprüft werden muss.

---

85 Im Rahmen dieser Einleitung werden nur die Grundgedanken des kritischen Rationalismus skizziert, soweit sie für diese Arbeit relevant sind.

86 Vgl. Stegmüller (1989/1), 468. Die Frage, ob wissenschaftliche Gesetze und Theorien aus Tatsachen nun abgeleitet und als ‚logisch geschlossen' betrachtet werden können, ist naheliegend. Ein einfaches wissenschaftliches Gesetz wie ‚Metall dehnt sich aus, wenn es erhitzt wird' illustriert induktive Erkenntnis. Eine wissenschaftliche Erkenntnis bezieht sich immer auf solche allgemeinen Aussagen. Anders verhält es sich, wenn Beobachtungsaussagen Tatsache für die Evidenz allgemeiner wissenschaftlicher Gesetze liefern. Diese beobachtbaren Tatsachen oder experimentelle Resultate sind spezifische Behauptungen über bestimmte Zustände, die eine zeitliche Komponente beinhalten. Argumente, die auf einer endlichen Anzahl von Beobachtungen beruhend zu allgemeinen Schlüssen führen, werden in Abgrenzung zu logischen, deduktiven Argumente, induktive Argumente genannt. Der Unterschied zwischen induktiver und deduktiver Argumentation liegt darin, dass induktive Argumente über jene Aussagekraft der Prämissen hinausgehen, indem einige Ereignisse zu Aussagen über alle Ereignisse übergehen. Allgemeine wissenschaftliche Gesetze oder Theorien gehen immer über die endliche Menge der vorhandenen, sie unterstützenden Beobachtungen hinaus. Daher können sie niemals in dem Sinn bewiesen werden, dass sie sich logisch aus dem Evidenten ableiten lassen. Vgl dazu Chalmers (2007), 37ff.

Eine Verallgemeinerung ist niemals gerechtfertigt. Sie kann jedoch mehr oder weniger gut gestützt sein, wenn die Verallgemeinerung auf

- einer großen Anzahl von Beobachtungsaussagen beruht,
- die Beobachtungen unter einer Vielfalt von Bedingungen wiederholt werden können und
- keine der Beobachtungsaussagen im Widerspruch zu dem allgemeinen Satz stehen, der die Forschungshypothese bildet.

Einen Basissatz durch ein solches Vorgehen bestätigen zu wollen, ist also erst dann ‚zulässig', wenn alle diese Voraussetzungen erfüllt sind.[87]

Das induktive Vorgehen wird sowohl von den ‚Logischen Empiristen' als auch von den ‚Kritischen Rationalisten' verworfen und schlagen um logische gültige Aussagen treffen zu können zwei unterschiedliche Konzepte vor: das Konzept der Verifizierbarkeit und das Konzept der Falsifizierbarkeit, respektive.

2.3.2. Das Konzept der Verifizierbarkeit

Der sogenannte ‚Logische Empirismus' vertritt die Ansicht, dass Forscher auch dafür Kriterien entwickeln müssen, was als beobachtbar gelten kann.[88] Der ‚Wiener Kreis'[89] als Begründer des ‚Logischen Empirismus' hatte großes Interesse, die Wissenschaft und alles, was von ihr begründet wurde, auf ein sicheres Fundament zu stellen. Diese Fundamente sollten die Empirie[90] und sogenannte Protokollsätze sein.[91] Als Protokollsatz versteht man singuläre Sätze, die sich unmittelbar auf Beobachtungsdaten beziehen, die die Realität ‚direkt' beschreiben sollen.[92]

---

87 Vgl. Chalmers (2001, 2007), 39ff.

88 Vgl. Feyerabend, 1965, 331.

89 Zu den Hauptvertretern des logischen Empirismus zählen: Otto Neurath (1882-1945); Friedrich Schlick (1882-1936); Rudolf Carnap (1891-1970); Herbert Feigl (1902-1988).

90 Empirisch heißt ‚erfahrungsmäßig', also auf Erfahrung, Beobachtung, Experiment usw. basierend. Vgl. dazu Kriz/Lück/Heidbrink (1996), 126.

91 Vgl. Jandl (2002), 50.

92 Vgl. Kriz/Lück/Heidbrink (1996), 138. Zur Beschreibung der Realität wird ein Satz aus Wörtern mit Hilfe grammatischer Regeln konstruiert. Die gebildeten Sätze lassen sich unterscheiden in logische und syntaktische: eine Aussage kann syntaktisch richtig gebildet sein, aber logisch falsch (z.B. jedesmal wenn ich mich umdrehe erscheint ein grünes Monster), indem sie den logischen Verwendungsregeln ihrer Wörter widersprechen. Eine Verifikation solcher Aussagen ist unmöglich und ist sinnlos. Das bedeutet, auch wenn Sätze die nach der logischen Grammatik zwar richtig gebildet worden sind, müssen sie nicht notwendigerweise empirisch verifi-

Es muss zwischen der Verifizierbarkeit von Sätzen und ihrer Wahrheit unterschieden werden. Aussagen sind dann wahr, wenn sie mit den Tatsachen übereinstimmen. Sie sind verifizierbar, wenn die Übereinstimmung prinzipiell überprüft werden kann.[93] Mit anderen Worten dient das Konzept der Verifizierbarkeit dazu, sogenannte ‚gute' von ‚schlechten' Hypothesen zu unterscheiden.

2.3.3. Das Konzept der Falsifizierbarkeit

Karl R. Popper zählt zu den vehementesten Verfechtern einer Alternative zum ‚Logischen Empirismus', die allgemein als Falsifikationismus bezeichnet wird. Für Popper war der ‚Wiener Kreis' jedoch insofern bedeutsam, als er ihm den Anstoß für seinen Ansatz gab.[94] Die Distanz jedoch zum ‚Wiener Kreis' zeigt sich deutlich daran, wie Popper innerhalb seiner ‚Logik der Forschung' zwei Fragen nachgeht, die von ihm als ‚Grundprobleme der Erkenntnislogik' bezeichnet werden: das Induktions- und das Abgrenzungsproblem.[95]

Beim Induktionsproblem[96] handelt es sich nicht um Tatsachenfragen (‚quid facti') sondern um Geltungsfragen (‚quid juris'). Dazu meint Popper, ob und wie ein Satz begründet werden kann, ob der Satz nachprüfbar ist oder ob er von gewissen anderen Sätzen logisch abhängt oder mit ihnen im Widerspruch steht.[97] Für die Lösung des Induktionsproblems empfiehlt Popper dazu ein Verfahren, das er als ‚deduktive Überprüfung der Theorien' bezeichnet und mehrmals von ihm wie folgt beschrieben wird:[98]

> „Aus der vorläufig unbegründeten Antizipation, dem Einfall, der Hypothese, dem theoretischen System, werden auf logisch-deduktivem Weg Folgerungen abgeleitet; diese werden untereinander und mit anderen Sätzen verglichen, indem man feststellt, welche logischen Beziehungen (z.B. Äquivalenz, Ableitbarkeit, Vereinbarkeit, Widerspruch) zwischen ihnen bestehen."

---

zierbar sein. Eine Aussage ist erst dann sinnvoll, wenn sie logisch verifiziert werden kann. Vgl. dazu Hülst (1975), 59.

93 Vgl. Hülst (1975), 59.

94 Vgl. Chalmers (2001), 51.

95 Vgl. Popper (1998), 1ff. Bereits Hume (1711-1776) hat das Induktionsproblem gesehen und zu lösen versucht. Diese Problematik wurde aber erst von Kant (1724-1804) in den Mittelpunkt erkenntnistheoretischer Problematik gestellt. Daher wird das Induktionsproblem als ‚Humesches Problem' und das Abgrenzungsproblem als ‚Kantsches Problem' bezeichnet.

96 Popper unterscheidet im weiteren zwischen dem logischen und psychologischen Induktionsproblem. Vgl. dazu Popper (1986), 6f; Schanz (1988a), 4.

97 Vgl. Popper (1989), 6.

98 Popper (1986), 7.

Eine weitere Diskussion zu den Konsequenzen des Verfahrens zur Lösung des Induktionsproblems würde an dieser Stelle zu weit führen. Daher wird hier Poppers zweites Grundproblem der Erkenntnistheorie – das Abgrenzungsproblem – aufgegriffen.

Poppers Ablehnung der Induktionslogik wird unter anderem dadurch bestimmt, dass mit dem Konzept der Verifizierbarkeit kein geeignetes Abgrenzungskriterium vorliegt. Aus diesem Grund erhält das Abgrenzungsproblem eine höhere Bedeutung. Während für den ‚Wiener Kreis' die Verifizierbarkeit als Überprüfungsverfahren gilt, empfiehlt Popper als Abgrenzungskriterium die ‚Falsifizierbarkeit', denn:

> „Ein empirisch-wissenschaftliches System muss an der Erfahrung scheitern können."[99]

Unter dem Begriff ‚falsifizierbar' versteht man, dass eine logisch mögliche Beobachtungsaussage oder eine Menge von Beobachtungsaussagen existiert, die mit dem Basissatz (Hypothese) unvereinbar ist. Werden diese Beobachtungsaussagen als wahr nachgewiesen, würden sie die singuläre Konsequenz falsifizieren. Nur durch das Ausscheiden einer Menge logisch möglicher Beobachtungsaussagen ist ein Gesetz oder eine Theorie aussagekräftig. Ist eine Aussage nicht falsifizierbar, dann kann die Wirklichkeit alle möglichen Eigenschaften besitzen und sich wie auch immer verhalten, ohne mit der Aussage im Widerspruch zu stehen.[100]

2.3.3.1. Deduktives Überprüfungsverfahren

Die Methode der Deduktion wird in Abbildung 2-2 veranschaulicht. Gemäß dieser Abbildung beginnt der wissenschaftliche Prozess damit, dass Beobachtungen mit bereits vorhandenen Basissätzen zusammenstoßen. Tritt dieser Fall ein, resultiert ein wissenschaftliches Problem. Um das Problem zu lösen, wird ein neuer Basissatz vorgeschlagen. Als logische Konsequenz wird der neue Basissatz empirischen Tests unterzogen. Dieses Testverfahren verfolgt das Ziel der Falsifizierung des neuen theoretischen Basissatzes. Wird der theoretische Basissatz durch einen empirischen Basissatz falsifiziert, so ist der theoretische Basissatz rücksichtslos zu verwerfen. Jene Basissätze, die nicht falsifiziert werden können, gelten als vorläufig bewährt.[101]

Gemäß Popper muss in der Wissenschaft also nicht versucht werden, Theorien und Basissätze zu bestätigen, sondern diese zu widerlegen. Wird

99 Popper (1989),15.
100 Vgl. Chalmers (1986), 45f.
101 Vgl. Andreasen (1983), 21.

eine Theorie sehr häufig der Bewährungsprobe durch Falsifikationsversuche unterzogen, so schlägt Popper vor, sie als ‚bewährt' zu bezeichnen.[102]

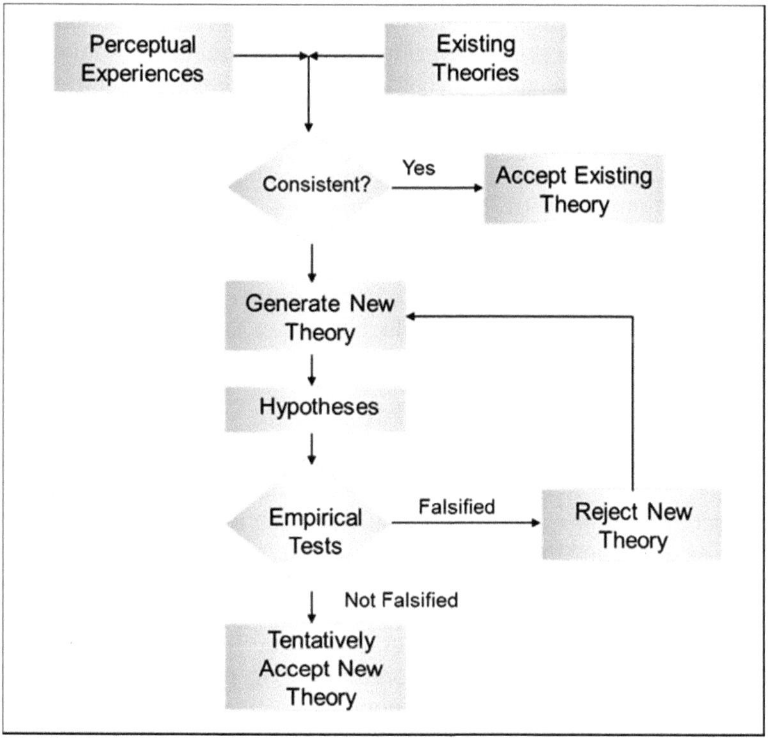

Abbildung 2-2: Konzept der Falsifikation als wissenschaftliche Methode

(Quelle: Anderson, (1983), 21.)

Ein einfaches und logisches Argument scheint den Falsifikationismus zu unterstützen: Auch wenn davon ausgegangen wird, dass wahre Beobachtungsaus-sagen verfügbar sind, so ist das keine Grundlage mittels Deduktion zu universellen Sätzen zu gelangen.[103] Nun ist es aber möglich zu universellen Aussagen zu gelangen und zwar dann, wenn der Basissatz einem universellen Satz entgegensteht = sie falsifiziert.

102 Vgl. Popper (1994), 144.
103 Vgl. Chalmers, (1986), 43f.

Auch wenn Popper wissenschaftliche Theorien für nicht begründbar hält, so hält er diese dennoch für nachprüfbar.[104] Damit meint er, dass „die ‚Objektivität' der wissenschaftlichen Sätze darin liegt, dass sie ‚intersubjektiv nachprüfbar' sein müssen."[105] Eine intersubjektive Nachprüfbarkeit besteht darin, dass aus den zu prüfenden singulären Konsequenzen andere Basissätze abgeleitet werden können. Sind auch diese Basissätze intersubjektiv nachprüfbar, führt das zu dem Ergebnis, dass in der Wissenschaft keine ‚absolut letzten' Sätze existieren. Damit sind Basissätze gemeint, die ihrerseits nicht mehr nachgeprüft und falsifiziert werden können. Der Einwand eines ‚regressus ad infinitum' ist jedoch unberechtigt, denn eine deduktive Nachprüfung verfolgt nicht das Ziel, die singulären Konsequenzen zu begründen oder nachzuprüfen, sondern, dass jede singuläre Konsequenz nachprüfbar sein soll. Mit anderen Worten, es soll in der Wissenschaft keine singulären Konsequenzen geben, die einfach hingenommen werden müssen, weil eine Nachprüfung aus logischen Gründen nicht möglich ist.[106]

2.3.3.2. Der raffinierte Falsifikationismus

In den vorangegangen Abschnitten wurden die Bedingungen zur Sprache diskutiert, die eine Hypothese erfüllen muss, damit sie wert ist, von einem Wissenschaftler untersucht zu werden. Demnach ist eine Hypothese je falsifizierbarer umso besser, aber dennoch darf sie nicht bereits falsifiziert worden sein. Für einen ‚raffinierten Falsifikationisten' sind diese Bedingungen jedoch nicht ausreichend. Ein raffinierter Falsifikationist erhebt den Anspruch, dass sich Wissenschaft weiterentwickeln[107] soll. Die Bedingung dazu lautet, dass eine Hypothese, die vorgesehen ist, eine andere zu ersetzen, sollte daher falsifizierbarer sein als jene, die sie ersetzen soll,[108]

Der ‚raffinierte Falsifikationist' betont den Vergleich von aufeinanderfolgenden Theorien. Dieser Ansatz vermittelt im Gegensatz zu der eher statischen Darstellung der meisten ‚naiven Falsifikationisten' ein eher dynamisches Bild der Wissenschaft. Anstatt zu fragen ‚Ist diese Theorie falsifizierbar?', ‚Wie falsifizierbar ist diese Theorie?' und ‚Ist diese Theorie ein tragfähiger Ersatz für die Theorie?' wird gefragt ‚Ist diese neu vorgeschlagene Theorie ein tragfähiger Ersatz für die Theorie, mit der sie in Konkurrenz steht?'[109]

---

104 Vgl. Popper (1989), 18.
105 Popper (1989), 18.
106 Vgl. Popper (1989), 20f.
107 Vgl. dazu Kapitel 2.4 Wissenschaftlicher Fortschritt
108 Vgl. Chalmers (2007), 63.
109 Vgl. Chalmers (2007), 63.

In dem der Schwerpunkt auf den Vergleich des Falsifizierbarkeitsgrades von aufeinanderfolgenden Theorien gelegt wird und der sich aus der Betonung von Wissenschaft als einer Menge ständig wachsender Erkenntnis gibt, besteht die Möglichkeit ein formales Problem zu vermeiden. In der Tat ist es schwierig, genaue Angaben über die Falsifizierbarkeit einer bestimmten Theorie zu geben. Ein absolutes Falsifizierbarkeitsgrad lässt sich nicht genau definieren, weil die Anzahl der Falsifikationsmöglichkeiten einer Theorie stets unendlich ist. Jedoch ist häufig ein Vergleich des Falsifizierbarkeitsgrades von Gesetzen oder Theorien möglich.[110]

2.3.3.3. Die Erhöhung der Falsifizierbarkeit und Ad-hoc Modifikationen

Indem sich die Wissenschaft ständig weiterentwickelt und auch ihre Theorien stets falsifizierbarer werden, erhöht sich folglich deren Informationsgehalt. Dennoch wird eine Modifikation der Theorien ausgeschlossen, da sie lediglich dazu dienen, eine bestimmte Theorie gegen eine bedrohliche Falsifikation zu schützen. Unter einer Modifikation einer Theorie wird das hinzufügen einer zusätzlichen Annahme oder einer Veränderung oder eine Veränderung irgendeiner bestehenden Annahmen, die keine weiteren überprüfbaren Konsequenzen hat als die nicht modifizierte Theorie verstanden und werden ‚Ad-hoc Modifikationen' genannt.[111]

---

110 Vgl. Chalmers (2007), 63f.

111 Vgl. Chalmers (2007), 64. Der Falsifikationist akzeptiert jedoch nicht jede ‚Ad-hoc-Modifikation' einer Theorie, sondern nimmt nur jene an, mit denen ein Fortschritt in der Wissenschaft verzeichnet werden kann. Die Erweiterung der Behauptung ‚Brot ist nahrhaft' auf ‚Brot ist nahrhaft bis auf Brote, die aus einem Weizen gemacht sind, der von einer bestimmten Sorte Schimmelpilz verdorben wurde' würde beispielsweise für einen Falsifikationisten annehmbar sein. Diese modifizierte Theorie ist zwar nicht ‚Ad-hoc' führt aber wie von Popper gefordert zu neuen unabhängigen Überprüfungen. Die Art des Schimmels im Brot könnte beispielsweise chemisch überprüft werden um zu untersuchen wie sich der Nährwert des daraus gebackenen Brotes verändert. Jene Überprüfungen, von denen viele kleine Überprüfungen der ursprünglichen Hypothese darstellen, könnten eine Modifikation und auf eine Falsifikation der ursprünglichen Hypothese hinauslaufen. Wir die modifizierte, falsifizierte Hypothese durch neue Überprüfungen nicht falsifiziert, resultiert eine Neuigkeit und der wissenschaftliche Fortschritt wird erweitert. Vgl. dazu Chalmers (2007), 64ff.

2.3.4. Die Bewährung – ein Vergleich induktivistischer und falsifikationistischer Sichtweise

Der Bewährung wird vom raffinierten Falsifikationisten eine wichtige Rolle beigemessen. Dabei ist es nicht falsch, diesen Standpunkt als ‚falsifikationistisch' zu bezeichnen. Behauptet der raffinierte Falsifikationist, dass man besonders Theorien falsifizieren und verwerfen kann, so stellt er in Abrede, dass Theorien jemals wahr oder wahrscheinlich wahr sein können. Die Wissenschaft ist bestrebt, Theorien zu falsifizieren und sie durch bessere zu ersetzen, die offensichtlich eher in der Lage sind, Überprüfungen standzuhalten.[112]

Bewährt sich eine Theorie, ist sie insofern bedeutsam, indem sie erkennen lässt, dass sie eine Verbesserung der Theorie darstellt, die ersetzt wird. Die letztere Theorie wird durch die Belege falsifiziert, die durch die neue Theorie hervorgebracht wurden und die die neue Theorie bestätigen. Verdrängt eine neue vorgeschlagene, kühne Theorie erfolgreich ihre rivalisierende Theorie, wird sie zum neuen Gegenstand strenger Prüfung, an dem sich weitere, kühn vorgeschlagene Theorien messen.[113]

In dem für einen Falsifikationisten der wissenschaftliche Fortschritt elementar ist, hat er eine wesentlich andere Auffassung als der Induktivist, der Beobachtungen als Basis für Wissenschaft betrachtet.

Eine Theorie erhält eine induktive Unterstützung wenn die Wahrscheinlichkeit, dass sie wahr ist, umso größer ist, je öfter sie sich bewährt hat. Diese ahistorische Bewährungstheorie hat zur Folge, dass zahllose Beobachtungen lohnende wissenschaftliche Aktivitäten auslösen, dass sie zu einem Anstieg der Wahrscheinlichkeiten des Wahrheitsgehaltes führen würden. Aus falsifikationistischer Sicht ist die Bedeutung von Bewährungen im Rahmen ihres historischen Kontextes zu sehen. Bewährt sich eine Theorie im Hinblick auf eine neue Vorhersage, bedeutet dies für sie einen erheblichen Gewinn. Mit anderen Worten ist eine Bewährung dann bedeutend, wenn die angesichts des Hintergrundwissens dieser Zeit als unwahrscheinlich erachtet wird. Jene Bewährungen, die selbstverständlich sind, sind für die Wissenschaft bedeutungslos.[114]

Stegmüller sieht ein allgemeines Evidenzproblem. Der Begriff ‚Evidenz' wird zunächst im allgemeinen Sinn und ohne einer Differenzierung verwendet. Eine Evidenz wird immer dort beansprucht wo Urteile gefällt werden, die ein Wissen ausdrücken. Der Begriff ‚Wissen' nimmt eine stärkere und

112 Vgl. Chalmers (2007), 70.
113 Vgl. Chalmers (2007), 70; Popper (1989); 189ff.
114 Vgl. Chalmers (2007), 70.

eine schwächere Bedeutungsform ein. Das ,Wissen' in seiner schwächeren Form wird als das unvollständige, hypothetische, nicht definitive Wissen, das jederzeit durch ein besseres ersetzt werden kann, verstanden. Das ,Wissen' in seiner stärkeren Bedeutungsform wird als das endgültige, nichthypothetische, definitive Wissen, das durch kein besseres mehr ersetzbar ist verstanden.[115]

Unvollständiges Wissen lässt sich argumentierend ankämpfen, indem man es zu 'widerlegen' trachtet oder ,negative Instanzen' dagegen vorbringt. Gegen Urteile hingegen, die mit einem definitiven Wissensanspruch auftreten, lassen sich keine Argumente vorbringen. Ist der Wissensanspruch falsch, muss versucht werden den Fehler aufzuzeigen. Das bedeutet, dass Beweise gegen unvollständiges Wissen mit Beweisen ins Treffen führen, Scheinevidenzen lassen sich hingegen nur aufzeigen und beheben indem versucht wird, zur Evidenz zu bringen, dass hier eine Scheinevidenz vorlag. Jede Diskussion, in welcher ein Teil dem anderen einen Fehler in seiner Beweisführung nachweisen möchte oder umgekehrt, ihm einem Beweis vorlegt und von dessen Richtigkeit zu überzeugen, ist ein fortgesetzter Appell an des anderen Fähigkeiten zur Einsicht.[116]

Die Autorin der vorliegenden Arbeit möchte sich in Anlehnung an Stegmüller an dieser Stelle nicht festlegen, ob sie an Evidenz glaubt oder nicht, sondern eine wissenschaftliche Begründung für die Richtigkeit oder Unrichtigkeit dieses Glaubens. Alle Begründungen, ob sie von der Für- oder Gegenseite aus erfolgen, sind zum Scheitern verurteilt. *„Denn alle Argumente für die Evidenz stellen einen circulus vitiosus dar und alle Argumente gegen sie einen Selbstwiderspruch."*[117] Wer für die Evidenz plädiert und dafür Begründungen zu geben glaubt, verschleiert sich damit selbst die Tatsache, dass er nur seinem Glauben an Evidenz Ausdruck verleiht. Wer gegen die Evidenz zu Felde zieht und dabei ebenfalls mit Begründungen aufwartet, drückt damit nur seinen Unglauben aus und straft sich selbst zugleich mit Unwahrheiten, da er gar nicht versuchten durfte, zu argumentieren, wenn er wirklich nicht an Evidenz glaubt. Jener, der für die Evidenz plädiert, begeht einen Zirkel, denn er will beweisen, dass es Evidenz gibt. Das zu Beweisende soll das Endergebnis der Überlegungen darstellen, während er vom ersten Augenblick seiner Argumentation an Evidenz voraussetzen muss. Eine Argumentation gegen die Evidenz ist ein Selbstwiderspruch, denn es muss ebenfalls vorausgesetzt werden, dass diese Argumentationen evident sind.[118]

115 Vgl. Stegmüller (1969/2), 162f.
116 Vgl. Stegmüller (1969/2), 163.
117 Stegmüller (1969/2), 168f.
118 Vgl. Stegmüller (1969/2), 169.

2.3.5. Die Vorteile des Falsifikationismus gegenüber dem Induktivismus

In den vorangegangenen Abschnitten wurden die Position der Induktion sowie jener der ‚Logischen Empiristen' und der ‚kritischen Rationalisten' betrachtet. Dabei wurde aufgezeigt, dass einige Tatsachen, im Speziellen experimentell gewonnene, in nicht vernachlässigbarer Weise theorieabhängig und fehlbar sind. Diese Erkenntnis stellt die induktivistische Position in Frage, die von der Wissenschaft verlangt, dass sie eine unproblematische und auf Tatsachen beruhende Begründung haben soll. Für den Falsifikationisten sind jedoch sowohl Tatsachen als auch Theorien fehlbar. Für den Falsifikationisten stellt eine Gruppe von Tatsachen die Überprüfungsgrundlage für wissenschaftliche Theorien dar. Diese Tatsachen beruhen auf Behauptungen die einer strengen Überprüfung standgehalten haben. Die Folge davon ist, dass zwar die Basis der Wissenschaft fehlbar ist, dies für den Falsifikationisten jedoch kein so großes Problem darstellt wie für den Induktivisten. Falsifikationisten streben eher nach einer kontinuierlichen Verbesserung der Wissenschaft als nach einem Beleg von Wahrheit oder wahrscheinlicher Wahrheit.[119]

Dem Induktivisten bereiten die diskutierten Kriterien für gutes induktives Schließen Schwierigkeiten und daher auch die Frage der Bedingungen zu beantworten, unter denen gesagt werden kann, dass Tatsachen eine signifikante Unterstützung einer Theorie liefert. In diesem Zusammenhang ist der Falsifikationist im Vorteil. Denn seinem Standpunkt nach unterstützen Tatsachen eine Theorie in bedeutsamer Art und Weise, wenn sie durch eine strenge Überprüfung dieser Theorie geleistet wird. Ein wichtiger Bestandteil dieser Kategorie sind die Bestätigungen neuartiger Vorhersagen. Das ermöglicht zu erklären, warum Wiederholungen von Experimenten nicht zu einer bedeutsamen Steigerung der empirischen Unterstützung einer Theorie führen. Eine Tatsache, der sich Induktivisten nur schwer anschließen können.[120]

Gemäß dem Konzept der Falsifizierbarkeit wird der ‚Bewährung' in der Wissenschaft eine wichtige Rolle beigemessen. Der Falsifikationist behauptet, dass man Theorien falsifizieren und verwerfen kann, da er in Abrede stellt, dass Theorien wahr oder wahrscheinlich wahr sind. Sein Ziel in der Wissenschaft besteht darin, Theorien zu falsifizieren und sie durch bessere zu ersetzen, die offensichtlich eher in der Lage sind, Überprüfungen standzuhalten. Die Bewährung einer neuen Theorie ist insofern bedeutsam, als sie erkennen lässt, dass sie eine Verbesserung gegenüber der alten Theorie dar-

119 Vgl. Chalmers (2007), 71.
120 Vgl. Chalmers (2007), 72.

stellt. Die alte Theorie wird durch das Beweismaterial falsifiziert, das aufgrund der neuen Theorie hervorgebracht wurde, womit sich die neue Theorie bewährt.[121]

Der Falsifikationist legt seinen Fokus auf den Fortschritt der Wissenschaft und hat somit eine wesentlich andere Auffassung als der Induktivist. Der Standpunkt des Induktivisten zur Bedeutung der Bewährung erfolgt ausschließlich durch die logische Beziehung zwischen den bewährten Beobachtungsaussagen und der durch diese begründeten Theorie.[122]

Aus falsifikationistischer Sicht ist die Bedeutung der Bewährung stark im Rahmen ihres historischen Kontexts zu sehen. Bewährt sich eine Theorie in Hinsicht auf eine neue Vorhersage, so bedeutet dies für sie einen erheblichen Gewinn. Mit anderen Worten: wird eine Bewährung als bedeutend angesehen, wenn diese angesichts des Hintergrundwissens einer gegebenen Zeit als unwahrscheinlich erachtet wird. Jene Bewährungen, die selbstverständlich sind, sind bedeutungslos.[123]

Das Konzept des Falsifikationismus zeigt seine Grenzen, da das Falsifizieren von Theorien und das Zutreffen von Beobachtungsaussagen mit Theorien unvereinbar sind. Sofern entsprechende Beweise vorliegen, können Theorien falsifiziert werden. Sie können hingegen niemals als endgültig wahr aber wenigstens als wahrscheinlich wahr nachgewiesen werden, egal welche Belege dafür angeführt werden.[124] Warum? Weil Falsifikationen falsifiziert werden können.

Auch wenn nie sicher sein kann, ob eine Theorie unzweifelhaft wahr ist, so ist es immerhin möglich, eine Annäherung an die Wahrheit zu erhalten, indem alternative Theorien in Hinsicht auf ihre Erklärungsleistung einer vergleichenden Bewertung unterzogen werden können und so der Anforderung des Erkenntnisfortschritts Rechnung tragen.[125] Jede bisher ausnahmslos verifizierte Aussage kann sich morgen als falsch erweisen. Eine Verifizierung ist im Vergleich zur Falsifikation nie endgültig.[126] Indem das Konzept der Falsifikation nur limitiert angreifbar und signifikant nach Russells Hypothese[127] ist, ist ihm in der vorliegenden Arbeit der Vorzug zu geben.

---

121 Vgl. Chalmers (1986), 68.
122 Vgl. Chalmers (1986), 68.
123 Vgl. Chalmers (1986), 68f.
124 Vgl. Chalmers (1986), 71.
125 Vgl. Chalmers (1986), 64f.
126 Vgl. Chmielewicz (1994), 102.
127 „Der Mann, der das Huhn tagtäglich gefüttert hat, dreht ihm zu guter Letzt das Genick um und beweist damit, dass es für das Huhn nützlicher gewesen wäre, wenn es sich etwas subtilere Meinungen über die Gleichförmigkeit der Natur gebildet

2.4. Wissenschaftlicher Fortschritt

‚Wissenschaftlicher Fortschritt' stellt in den Wissenschaften einen zentralen normativen Begriff dar. Der Begriff besitzt normativen Charakter, indem er ‚gute', ‚weiter zu verfolgende' Forschung gegenüber anderer, als rückschrittlich stigmatisierter Forschung auszeichnet. Die umfangreichen Beiträge zur Explikation wissenschaftlichen Fortschritts verwenden oftmals als Synonym die Theorien-dynamik oder den wissenschaftlichen Wandel.[128] Eine Theorie, die dem wissenschaftlichen Fortschritt dient, muss daher mehr bieten als ein Fortschrittskriterium. Gemäß Kuhn und Lakatos beruht Fortschritt darauf, dass eine neue Theorie oder eine neue Version einer bestehenden Theorie neue Ergebnisse und Problemlösungen hervorbringt, während die bestehenden Theorien erhalten bleiben und zur Formulierung neuer, spezifischerer Gesetze sowie zur Erweiterung der Anwendungsbereiche führen.[129]

Im Rahmen des wissenschaftlichen Fortschritts strebt die Erfahrungswissenschaft sowohl nach Wahrheit als auch nach hohem Informationsgehalt ihrer Aussagen. Ein entscheidungstheoretisch geschulter Betriebswirt weiß, dass zwischen zwei Zielen sowohl eine Ergänzung, aber auch ein Konflikt bestehen kann, indem eine Verbesserung eines Ziels zu einer Verschlechterung eines anderen Ziels führt. Durch das gleichzeitige Streben nach hohem Informationsgehalt und nach der Wahrheit entsteht ein Zielkonflikt, der stets eine Dominanzregelung oder Gewichtung erfordert:[130]

> „Die Wissenschaftler müssen zwischen hoher Wahrscheinlichkeit und hohem Informationsgehalt wählen, denn aus logischen Gründen können sie nicht beides haben."[131]

Popper argumentiert, dass die Wissenschaft hohen Informationsgehalt gegenüber einem hohen Wahrheitsgehalt bevorzugt:

> „Die Wissenschaft strebt nicht primär nach hohen Wahrscheinlichkeiten. Sie strebt nach hohem Informationsgehalt, der erfahrungsgemäß gut fundiert ist. Doch eine Hypothese kann sehr wahrscheinlich sein, einfach weil sie uns nichts, oder nur sehr wenig mitteilt." [132]

---

hätte (...). So lassen uns unsere Instinkte mit Bestimmtheit glauben, dass die Sonne morgen früh aufgehen wird; aber es könnte ja sein, das wir in keiner besseren Lage sind als das Huhn, dem wider alles Erwarten das Genick umgedreht wird." Russell (1967), 56f.

128 Vgl. Zelewski (2006), 218f.

129 Vgl. Haase (2006), 55f.

130 Vgl. Chmielewicz (1994), 129.

131 Popper (2002a), 314, Hervorhebung im Original kursiv.

132 Popper (2002a), 352, im Original kursiv.

Ein Dreiecksproblem, das in Abbildung 2-3 dargestellt wird, entsteht, wenn neben dem Zielkonflikt zwischen Wahrheit und Informationsgehalt auch die Neuheit des wissenschaftlichen Fortschritts relevant wird. Zwei von drei Zielvorstellungen sind mühelos zu erreichen, während die dritte Größe nur mit großen Schwierigkeiten realisierbar ist. Bei (a) resultieren Trivialitäten, die als solche neu sind, indem vorher nur informativere Fassungen verwendet wurden. Unter (b) werden zum Beispiel zahlreiche Spekulationen von Erfindern verstanden. (c) stellt einen Versuch zur Auflösung des Zielkonflikts dar, indem die fehlende Neuheit wie bei einem Plagiat bewusst verschwiegen wird, denn bei einem Plagiat sind Wahrheit und Informationsgehalt meist gegeben.[133]

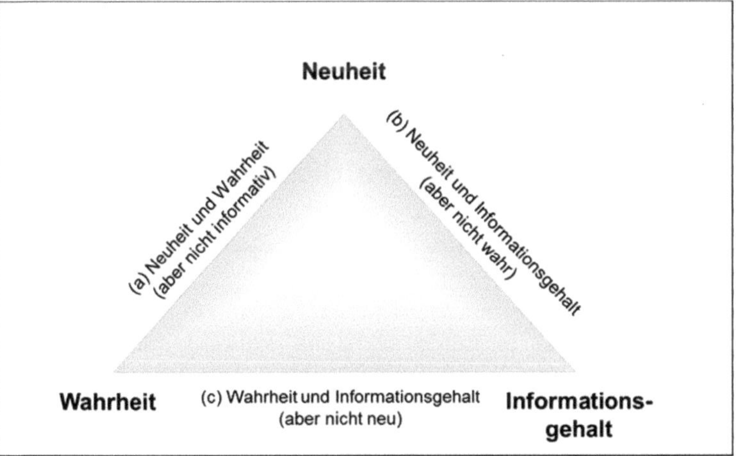

Abbildung 2-3: Problematik der Ziele Neuheit, Wahrheit und Informationsgehalt

(Quelle: modifiziert übernommen aus: Chmielewicz (1994), 133.)

Chmielewicz betont, dass die ‚Neuheit' einer Aussage entweder in Form von völlig neuen Ideen, in abgeschwächter Form als neue Verknüpfung bekannter Ideen oder nur als neue Darstellungsform bestehen kann. Insbesondere die beiden letztgenannten Möglichkeiten weisen den Weg zu einem progressiven Wissenswachstum.[134] Darunter kann die Anwendung von Theorien auf neue Problembereiche oder die Verwendung neuer oder anderer

133 Vgl. Chmielewicz (1994), 131.
134 Vgl. Chmielewicz (1994), 132.

Ansätze auf bekannte Probleme oder Kombinationen von Theorien aus verschiedenen Bereichen fallen.[135]

Gemäß Chmielewicz wird die ‚Neuheit' einer Forschung nicht als subjektive ‚Neuheit' für eine Person verstanden, sondern die Neuheit für eine bestimmte Gesellschaft oder ‚community'. Für die vorliegende Arbeit bezieht sich der Begriff der ‚Neuheit' im Rahmen des wissenschaftlichen Fortschritts daher auf die ‚scientific community'.

2.5. Einordnung der Forschungsarbeit in die Wissenschaftstheorie

In den nächsten Abschnitten wird zunächst der gewählte wissenschaftliche Rahmen dargestellt. Im zweiten Abschnitt erfolgt die Begründung für die gewählte Methode in der vorliegenden Arbeit. Im letzten Abschnitt wird der Beitrag der vorliegenden Arbeit zum wissenschaftlichen Fortschritt erläutert.

2.5.1. Gewählter wissenschaftlicher Rahmen

Die Problemstellung der vorliegenden Arbeit ist durch ein hohes Maß an Komplexität gekennzeichnet und erfordert einen Rückgriff auf Wissen aus unterschiedlichen Disziplinen. Erkenntnisse aus verschiedenen Wirtschaftsbereichen kommen dabei zur Anwendung. Festzuhalten ist, dass die vorliegende Arbeit eindeutig der Betriebswirtschaftslehre und im Kern dem Marketing sowie der Versicherungsbetriebslehre zuzuordnen ist. Die Forschungsthematik lässt sich somit gemäß Abbildung 2-4 in das Gefüge der Wissenschaften einordnen.

Die allgemeine Betriebswirtschaftslehre setzt sich mit Problemen auseinander, die unabhängig vom Wirtschaftszweig alle Unternehmungen betreffen, während die speziellen Betriebswirtschaftslehren, wie etwa die Versicherungsbetriebslehre, auf Besonderheiten einzelner Branchen eingehen. Die vorliegende Untersuchung konzentriert sich im speziellen auf die Urteile im Kontext von Versicherungs-entscheidungen. Ein Versicherungsprodukt grenzt sich aufgrund seiner inhärenten Dienstleistungseigenschaften von einem herkömmlichen Produkt ab und erfordert eine besondere Berücksichtigung. Das Thema Kundenzufriedenheit wurde zunächst in der betriebswirtschaftlichen Forschung im Rahmen der Organisationspsychologie unter dem Aspekt der Arbeitszufriedenheit eingeordnet. Der Grund dafür lag darin, dass die Zufriedenheit eines Mitarbeiters letztendlich seine Leistungsbereit-

135 Vgl. Haase (2006), 52.

schaft erhöht und somit die Produktivität eines Unternehmens steigert. In der Marketingwissenschaft wurde die Kundenzufriedenheitsforschung lange vernachlässigt.[136]

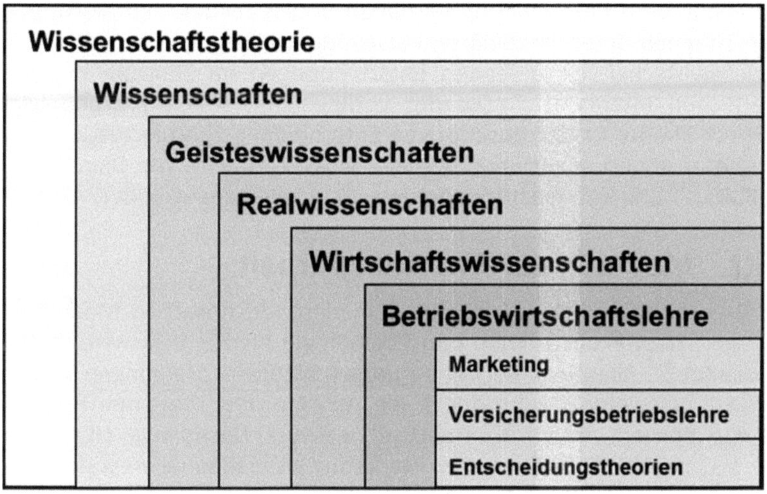

Abbildung 2-4: Einordnung der Forschungsarbeit

(Quelle: eigene Darstellung in Anlehnung an Trommsdorff (2009), 17)

Erst Mitte der 60er Jahre begannen die wissenschaftlichen Publikationen der Marketingwissenschaft, sich mit Fragestellungen der Kundenzufriedenheit mit Gütern und Dienstleistungen zu beschäftigen.[137] Erst zwei Jahrzehnte später hielt das Thema der Dienstleistungsqualität Einzug in die wissenschaftliche Literatur und wurde mit Kundenzufriedenheit in Zusammenhang gebracht[138], wobei der Begriff ‚Dienstleistungen' im Bereich ‚Services-Marketing' angesiedelt ist.

Die Versicherungsbetriebslehre ist ein Teilgebiet der Betriebswirtschaftslehre und hat das Wirtschaften im Versicherungsunternehmen zum Gegenstand. Der Forschungsgegenstand der Versicherungsbetriebslehre sucht nach einem geschlossenen und widerspruchsfreien System von Begriffen und Aussagen über das Wirtschaften in einem Versicherungsunternehmen.[139]

---

136 Vgl. Scharnbacher/Kiefer (2003), 4.
137 Vgl. etwas Cardozo (1965), Howard/Sheth (1969).
138 Vgl. Parasuraman/Zeithaml/Berry (1985), 41f.
139 Vgl. Farny (2000), 1.

Für verschiedene wissenschaftliche Disziplinen ist die Formulierung und Lösung von Entscheidungsproblemen zu einem zentralen Thema geworden. Darüber hinaus hat sich die Entscheidungstheorie, die sich in systematischer Weise mit dem Entscheidungsverhalten von Individuen und Gruppen befasst, zu einem interdisziplinären Forschungsschwerpunkt entwickelt. In der Betriebswirtschaftslehre stehen Entscheidungen im Zentrum des wissenschaftlichen Interesses.[140] Die der vorliegenden Arbeit zugrundeliegende Prospect Theory ist der deskriptiven Entscheidungstheorie zuzuordnen und wird unter anderem zur Erklärung der Messergebnisse von Dienstleistungsqualitäts-[141] und Kundenzufriedenheits-[142] urteilen angewendet.

2.5.2. Methode der Forschungsarbeit

Der ‚Logische Empirismus' ist der dominierende Ansatz in Marketing und wird zur Theoriekonstruktion von Psychologie bis zur Volkswirtschaftslehre verwendet.[143] Allerdings herrschen unterschiedliche Meinungen vor. So unterstützt beispielsweise Brodbeck die Ansätze des ‚Logischen Empirismus' und das ‚Konzept der Verifizierbarkeit', während Deshpande, Hunt und Sauer den ‚Logischen Empirismus' im Marketing als inadäquat einstufen.[144]

Calder, Phillips und Tybout sind der Meinung, dass in der Konsumentenforschung und Verhaltensforschung die angewendeten Methoden nicht zu generalisieren sind. Die Autoren schlagen daher eine Differenzierung zwischen der Anwendung von ‚effect application research' und ‚theory application research' vor. In der ersten Art, der ‚effect application research', werden Daten gesammelt, um Einflussgrößen aufzudecken, die für die eigentliche Welt von Bedeutung sind. Die letztere Art, die ‚theory application research' (im Weiteren als Theorien-Forschung bezeichnet), verwendet wissenschaftliche Theorien, um Vorkommnisse auch abseits einer gegebenen Forschungsumgebung in verschiedenen realen Situationen zu erklären, wenn also die theoretische Generalisierbarkeit im Vordergrund steht.[145]

Das Ziel der Theorien-Forschung stellt die Identifizierung von wissenschaftlichen Theorien in der realen Welt dar, die einen Falsifizierungs-Prozess verlangen. Dieser Prozess wird zum Testen von Theorien verwendet, um Effekte in einem kreativen Kontext zu messen und um die Theorie zu fal-

140 Vgl. Laux (2007), 1.
141 Vgl. Hamer (2006); Li/Tan/Xie (2002); Stan et al. (2007), 359.
142 Vgl. Anderson/Sullivan (1993); Hermann/Nitzsch/Huber (1998); Mittal/Ross/Baldasare (1998); Slotegraaf/Inman (2004).
143 Vgl. Andreasen (1984), 791; Bristor (1985), 300; Peter (1982), 11.
144 Vgl. Brodbeck (1982), 6; Deshpande (1983); Hunt (1982),7ff; Sauer (1982), 17.
145 Vgl. Calder/ Phillips/Tybout (1981), 197.

sifizieren. Wissenschaftliche Theorien sind typischerweise allgemein gültig und können daher reale Situationen in ihrem Bereich erklären.[146]

Der Falsifizierungsprozess erfordert erstens, dass die abstrakte wissenschaftliche Theorie in vollem Umfang überprüfbar ist, und zweitens, dass die auf konkrete Theorie basierende Intervention in der realen Welt brauchbar ist. Drittens verlangt dieser Prozess eine maximale homogene Gruppe mit ähnlichen Dimensionen, die die Variablen beeinflussen.[147]

In Anlehnung an Calder, Phillips und Tybout erfolgt in der vorliegenden Arbeit eine ‚theory application research'. Daraus resultiert, dass die methodologische Vorgehensweise dem Konzept der Falsifizierbarkeit entspricht, indem untersucht wird, inwiefern die Prospect Theory zur Erklärung der Messergebnisse von Kundenzufriedenheits- und Dienstleistungsqualitätsurteilen im Kontext von Versicherungsentscheidungen beitragen kann. Der Anforderung einer abstrakten wissenschaftlichen Überprüfung sowie in der realen Welt zu prüfende Basissätze wird mit einer maximal homogenen Gruppe, einem Studenten-Sample, Rechnung getragen. Die Begründungen für die Verwendung eines Studenten-Samples werden in Kapitel 6.2 erläutert.

2.5.3. Beitrag der vorliegenden Forschungsarbeit zum wissenschaftlichen Fortschritt

Der wissenschaftliche Beitrag dieser Arbeit für die ‚scientific community' erfolgt in Anlehnung an Chmielewicz[148] und ist dreigeteilt:

- Die erste ‚Neuheit' betrifft die Verknüpfung bekannter Konstrukte, Dienstleistungsqualität und Kundenzufriedenheit in einem neuen Untersuchungskontext, der KFZ-Versicherung.
- Der zweite Bereich liegt in der neuen Darstellungsform, in der eine Theorie auf bekannte Probleme oder Kombinationen aus verschiedenen Bereichen neu zusammengeführt wird. Dazu wird die Wertefunktion der Prospect Theory mit den Beurteilungen von Dienstleistungsqualität und Kundenzufriedenheit im Kontext von KFZ-Versicherungen in Zusammenhang gebracht.
- Der dritte Aspekt konzentriert sich auf die resultierenden Extremwerte bei der Beurteilung von Dienstleistungsqualität und deren

---

146 Vgl. Calder/ Phillips/Tybout (1981), 198.
147 Vgl. Calder/ Phillips/Tybout (1981), 199.
148 In Abschnitt 2.4 werden die Anforderungen für einen wissenschaftlichen Fortschritt erläutert.

Einfluss auf die Kundenzufriedenheit bei KFZ-Versicherungsnehmern.

Einige Untersuchungen weisen auf die Relevanz dieser Arbeit hin. Für die Verknüpfung bekannter Konstrukte sind Forschungshinweise bei Stafford, Stafford und Wells sowie bei Hermann, Huber und Braunstein zu finden. Stafford, Stafford und Wells sind der Meinung, dass ihre Ergebnisse mit SERVQUAL aufgrund der Berücksichtigung mehrerer KFZ-Versicherer auf die gesamte KFZ-Branche anwendbar sind.[149] Diese Generalisierbarkeit der Beurteilungen von Dienstleistungsqualität und deren Einfluss auf die Kundenzufriedenheit ist jedoch äußerst fraglich. Für die Erhebung der Gesamtzufriedenheit verwenden Stafford, Stafford und Wells ein eindimensionales Konstrukt. Dem gegenüber stehen die Untersuchungsergebnisse von Hermann, Huber und Braunstein, die für die Erhebung der Kundenzufriedenheit von KFZ-Versicherungen ein multi-dimensionales Konstrukt favorisieren. Hermann, Huber und Braunstein fordern jedoch Replikationsstudien, um einen zusätzlichen Erkenntnisgewinn zu generieren.[150]

Eine neue Überprüfung der Darstellung in Form eines asymmetrischen Zusammenhangs der beiden Konstrukte fordern nicht nur Mittal, Ross und Baldasare sondern auch Stan et al.[151] Die Extremwerte wurden bisher noch wenig berücksichtigt. So fordern sowohl Dabholkar und Overby als auch Crum, Laughhunn und Payne die Extremwerte näher zu untersuchen.[152]

149 Vgl. Stafford/Stafford/Wells (2007), 435.
150 Vgl. Hermann/Huber/Braunstein (2000), 308f.
151 Vgl. Mittal/Ross/Baldasare (1998), 43; Stan et al. (2007), 367.
152 Vgl. Crum/Laughhunn/Payne (1981), 26; Dabholkar/Overby (2005), 24.

3. Konzeptionelle Grundlagen

Obwohl Dienstleistungsqualität und Zufriedenheit zwei Konzepte mit einer Anzahl von ähnlichen Eigenschaften sind, so liegen doch Unterschiede vor, die zu Beginn erläutert werden müssen. Eine Annäherung an die beiden Konzepte erfolgt mit unterschiedlichen Begriffsfassungen, die in der wissenschaftlichen Literatur verwendet werden. Dem folgt eine Erläuterung zur Abgrenzung von Kundenzufriedenheit und Dienstleistungsqualität. Abschließend werden in diesem Kapitel die relevanten Besonderheiten von Versicherungsdienstleistungen dargestellt.

3.1. Begriffsfassungen

> „Let us, first of all, make it clear that we shall not deal here with any of the popular connotations of ‚definition', such as description, identification, classification, or measurement: we shall be concerned with a special technical operation bearing on signs: definition is, in fact, a sign-sign correspondence."[153]

Gemäß dieser sehr eng gefassten Formulierung ist eine ‚Definition' eine reine konzeptionelle Vorgehensweise in der (i) ein neuer Begriff formal in einem Zeichensystem (z.B. die Sprache einer bestimmten Theorie) vorgestellt und (ii) die Bedeutung des neu vorgestellten Begriffs zu einem bestimmten Ausmaß spezifiziert werden.[154]

An erster Stelle ist die Relativität von beiden (i) Einführung und (ii) die spezielle Bedeutung in einem bestimmten Zeichensystem festzustellen: Wörterbuch-Definitionen haben eine Bedeutung für das allgemeine Verständnis, während wissenschaftliche Begriffe üblicherweise für einen bestimmten wissenschaftlichen Zusammenhang definiert werden. Außerhalb dieses wissenschaftlichen Zusammenhangs können diese Begriffsfassungen nutzlos werden. Erst anschließend erfolgt die formale Einführung oder Vorstellung des neuen Begriffs in dem Sinne, dass der neue Begriff aufgetaucht ist und nach einer langen Zeit ‚illegaler Existenz' offiziell wahrgenommen und adaptiert wurde. Abschließend können Begriffsfassungen unter gewissen Bedingungen dafür sorgen, dass der Begriff eine bestimmte Bedeutung hat. Das ‚definiendum' ist somit der Ausdruck, der durch das ‚definiens' beschrieben wird.[155] Wobei zu beachten ist, dass natürlich nicht alle Begriffe

153 Bunge (1967), 117.
154 Vgl. Bunge (1967), 117.
155 Vgl. Bunge (1967), 117f.

reduktiv bestimmt werden können und eine zirkuläre ‚Definition' ausgeschlossen sein muss.[156]

3.1.1. Der Begriff ‚Kundenzufriedenheit'

> *„Everyone knows what [satisfaction] is until asked to give a definition. Then it seems, nobody knows."*[157]

Dieser Umstand erfordert eine genaue Beschreibung, was unter dem Begriff ‚Kundenzufriedenheit' in der vorliegenden Arbeit verstanden werden soll.

Im alltäglichen Sprachgebrauch wird der Begriff ‚Zufriedenheit' synonym für diverse Zustände wie z.B. Freude, Glück, Genugtuung oder Wohlbefinden verwendet.[158] Gemäß Epistemologen stammt das Wort ‚Zufriedenheit' oder ‚satisfaction' aus dem lateinischen ‚satis' (genug) und ‚facere' (tun oder machen). Die Zufriedenheit mit einem Produkt oder einer Dienstleistung ist demnach jene Eigenschaft, die gesucht wird, um den ausreichenden (‚satis') Punkt zu erreichen. Zwei verwandte Wörter sind ‚satiation' und ‚satiety'. Unter ‚satiation' ist im weiteren Sinne ‚genug' oder die ‚Sättigung bis zu einem bestimmten Punkt' gemeint. ‚Satiety' hingegen bedeutet eine ‚Übersättigung' oder eine ‚unerwünschte Sättigung'. Diese Begrifflichkeiten implizieren, dass Zufriedenheit nur bei einer Erfüllung bis zu einem gewissen Punkt gilt oder vielleicht bei einem bestimmten Punkt unerwünschte Effekte eintreten.[159]

Aktuellere Interpretationen in der Literatur zur ‚Zufriedenheit' erlauben eine weitere Beschreibung von möglichen Reaktionen als jene, die die Erfüllung zu einem bestimmten Punkt darstellen.[160] Die Erfüllung impliziert jedoch, dass ein bestimmter Sättigungsgrad bekannt ist. Jene, die das menschliche Verhalten genauer beobachten, verstehen, dass dieser Sättigungsgrad auf unterschiedliche Art und Weise überschritten werden kann. Daher wenden sich Konsumentenforscher von dieser Bedeutung eher ab und befinden sich noch auf dem Weg, eine geeignete Beschreibung zu finden.[161]

Ein Konsument kann selbst mit dem Zufriedenheitsgrad zufrieden oder unzufrieden sein. In der Tat kann argumentiert werden, dass sich ein Kunde mehr Zufriedenheit von der Zufriedenheit wünscht, in dem das vorherr-

---

156 Vgl. Baumann (2002), 92; Chalmers (2001), 88.
157 Fehr/Rusell (1984), 464 zitiert nach Oliver (1997), 13.
158 Vgl. Brockhaus (1984), 860
159 Vgl. Oliver (1997), 11f.
160 Vgl. etwa Giering (2000), 14; Giese/Cote (2002), 15; Homburg/Koschate/Hoyer (2005), 86.
161 Vgl. Oliver (1997), 11.

schende Niveau von Kundenzufriedenheit unzureichend auf einem höheren Abstraktionsniveau stattfinden kann.[162] Diese Doppelbedeutung ist ein weiterer Aspekt, der das Finden eines geeigneten ‚definiens' erschwert.

Frühe Konzepte von Zufriedenheits-Untersuchungen beschreiben Zufriedenheit als eine bewertende Beurteilung in Bezug auf eine bestimmte Kaufentscheidung[163], d.h. als eine transaktionsspezifische Zufriedenheit. Einige Autoren sind der Auffassung, dass der Bezug zu einer konkreten Transaktion den Hauptunterschied zwischen Kundenzufriedenheit und dem zeitlich stabilen und weitestgehend transaktionsunabhängigen Einstellungskonstrukt darstellt.[164]

Dieser kognitive Ansatz dominierte die Marketing- und Konsumentenverhaltensliteratur bis in die frühen 90er Jahre. Einige Autoren der Zufriedenheitsforschung wenden sich mittlerweile von dieser eng gefassten Zufriedenheitsbeschreibung ab.[165] Die aktuellere Literatur fügt dem traditionellen Ansatz eine weitere Perspektive hinzu. Darin wird zu dem Konstrukt ‚Zufriedenheit' eine affektive Komponente, die zur Erklärung und Vorhersage von Kundenzufriedenheit[166] beitragen soll, in diese vorherrschende kognitive Begriffsfassung integriert.[167]

Andere Autoren wiederum fordern, dass Zufriedenheit als eine Beurteilung kumulativer Erfahrungen mit einem bestimmten Produkt oder einer Dienstleistung betrachtet werden soll anstelle eines transaktionsspezifischen Phänomens.[168] Individuen können sich an mehrere unterschiedliche Erfahrungen mit dem Produkt oder der Dienstleistung über einen längeren Zeitraum erinnern und diese für eine Beurteilung kombinieren.[169] Laut Anderson, Fornell und Lehmann ist das Konzept der Gesamtzufriedenheit gegenüber der transaktionsspezifischen Zufriedenheit vorzuziehen:[170]

162 Vgl. Oliver (1997), 12f.

163 Vgl. Bearden/Teel (1983), 22; Churchill/Suprenant (1982), 493; Oliver/DeSarbo (1988), 495f.

164 Vgl. Churchill/Suprenant (1982), 493.

165 Vgl beispielsweise Rust/Zahorik (1993).

166 Vgl. Baker/Cameron (1996); Caro/Garcia (2007); Fornell/Wernerfelt (1987), 338; Mooradian/Olver (1997); Westbrook/Reilly (1983); Westbrook (1987).

167 Vgl. Fornell, et al. (1996), 8.

168 Vgl. Anderson/Fornell/Lehmann (1994), 54; Johnson/Anderson/Fornell (1995),695; Johnson/Fornell (1991), 268f.

169 Vgl. Anderson/Fornell/Rust (1997), 130; Dick/Basu (1994), 101; Rust/Zahorik/ Kleiningham (1995), 64; Oliver (1993), 418.

170 Anderson/Fornell/Lehmann (1994), 54; ähnlich: Garbarino/Johson (1999), 71.

„Whereas transaction-specific satisfaction may provide diagnostic information about a particular product or service encounter, cumulative satisfaction is a more fundamental indicator of a firm´s past, current and future performance."

Giese und Cote weisen in ihrer Untersuchung auf fundamental inkonsistente ‚definiens' in der Literatur zur Zufriedenheit hin. In anderen Fällen sind die ‚definiens' nur teilweise inkonsistent, aber mit überlappenden Komponenten zu finden.[171] In einer Gesamtbetrachtung können jedoch drei generelle Komponenten bei den Beschreibungen identifiziert werden:[172]

- Kundenzufriedenheit als eine Reaktion oder Auswirkung (affektiv oder kognitiv)
- die Reaktion betrifft einen bestimmten Fokus (Erwartungen, Produkt, Konsumierungen, Erfahrung, usw.)
- die Reaktion tritt zu einer bestimmten Zeit ein (nach der Konsumierung, nach der Entscheidung aufgrund kumulativer Erfahrungen, usw.).

Die unterschiedlichen Ansätze lassen Rückschlüsse auf die Entwicklungsschritte in der wissenschaftlichen Literatur zu. Dementsprechend folgt die Reihenfolge der in Tabelle 3-1 ausgewählten Begriffsfassungen den zeitlichen Veröffentlichungen.

Festzuhalten ist, dass bislang kein einheitliches Begriffsverständnis in Bezug auf Kundenzufriedenheit vorliegt und die jüngeren Beschreibungen im Wesentlichen auf die bereits vorhandenen Beschreibungen zurückgreifen und in einer erweiterten Form wiedergeben. Dieser Umstand wird von Peterson und Wilson folgendermaßen beschrieben:

"Studies of customer satisfaction are perhaps best characterized by their lack of definitional and methodological standardization." [173]

Tabelle 3-1: Ausgewählte Arbeiten für eine Annäherung an eine Begriffsfassung von Kundenzufriedenheit

(Quelle: eigene Darstellung)

Autoren (Jahr)	**Definiens**
Howard/Sheth (1969), 145.	"Satisfaction is defined as the buyer´s cognitive state of being adequately or inadequately rewarded for the sacrifices he has undergone."

171 Vgl. Giese/Cote (2000), 1.
172 Vgl. Giese/Cote (2000), 4.
173 Peterson/Wilson (1992), 62.

Hunt (1977), 459.	"Satisfaction is not the pleasurableness of the experience, it is the evaluation rendered that the experience was at least as good as it was supposed to be."
Oliver (1980), 461.	"Satisfaction [...] can be seen as an additive combination of the expectation level and the resulting disconfirmation."
Westbrook (1980), 49.	"Satisfaction, however, is not solely a cognitive phenomenon. Rather, it also comprises an element of affect or feeling, in that consumers feel subjectively good in connection with satisfaction, and bad in connection with dissatisfaction."
Swan/Trawick (1981), 49f.	"Satisfaction depends upon how expectations are confirmed or disconfirmed."
Churchill/Suprenant (1982), 493.	"Conceptually, satisfaction is an outcome of purchase and use resulting from the buyer´s comparison of the rewards and costs of the purchase in relation to the anticipated consequences."
Bearden/Teel (1983), 22.	"Satisfaction is depicted as a function of consumer expectations operationalized as product attribute beliefs and disconfirmation. Expectations and disconfirmation are presented as being unrelated, additive, and exogenous to the system."
Westbrook/Reilly (1983), 256.	"Consumer satisfaction [...] is an emotional response to the experiences provided by, associated with particular products or services purchased, retail outlets, or even molar patterns of behavior, as well as the overall marketplace."
Woodruff/Cadotte/Jenkins (1983), 298.	" [...] consumer satisfaction/dissatisfaction is an emotional feeling in response to confirmation/disconfirmation."
Day (1984), 496.	"[...] customer satisfaction/dissatisfaction is the consumer's response in a particular consumption experience to the evaluation of the perceived discrepancy between prior expectations [...] and the actual performance of the product as perceived after its acquisition."

Westbrook (1987), 260.	"[...] a global evaluative judgement about product usage/consumption."
Tse/Wilton (1988), 204.	"[...] postconsumption consumer satisfaction/ dissatisfaction (CS/D) can be defined as the consumer's response to the evaluation of the perceived discrepancy between prior expectations (or some other norm of performance) and the actual performance of the product as perceived after its consumption."
Johnson/Fornell (1991), 273.	"[...] the primary antecedents of satisfaction are a product´s perceived performance and the customer´s expectations regarding that performance. One psychological dimension of satisfaction is whether one´s expectations are confirmed or disconfirmed by performance."
Oliver (1993), 427.	"(a) attribute satisfaction affects overall satisfaction directly, (b) attribute satisfaction influences positive affect, (c) attribute dissatisfaction affects negative affect, and (d) positive and negative affect are positive and negative influences, respectively, on satisfaction."
Halstead/Hartman/Schmidt (1994), 122.	"Satisfaction has been generally defined as a transaction-specific affective response resulting from the customer´s comparison of product performance to some prepurchase standard, such as expectation, ideal, or norm."
Johnson/Anderson/Fornell (1995), 695.	"Customer satisfaction is conceptualized as an accumulative construct that is affected by market expectations and performance perceptions in any given period and is affected by past satisfaction from period to period."
Oliver (1996), 13.	"Satisfaction is the consumer's fulfillment response. It is a judgement that a product or service feature, or the product or service itself, provided (or is providing) a pleasurable level of consumption-related fulfillment, including levels of under- or overfulfillment."

Liljander/Strandvik (1997), 148.	"Satisfaction [...] is believed to contain an affective dimension too, without which customer's response cannot be fully accounted for. While the comparison processes in disconfirmation judgements require deliberate processing of information, the affective processes are thought to be partly outside the customer´s conscious control."
Giering (2000), 14.	"[...] das Ergebnis eines kognitiven und affektiven Evaluierungsprozesses, in dessen Rahmen eine geforderte oder gewünschte Soll-Leistung mit der tatsächlich wahrgenommenen Ist-Leistung verglichen wird. Das Zufriedenheitsurteil bezieht sich hierbei auf die Gesamtheit der Erfahrungen mit einem bestimmten Anbieter und dessen Produkten."
Giese/Cote (2002), 15.	"Customer satisfaction is: A summary affective response of varying intensity [...] with a time-specific point of determination and limited duration [...] directed toward focal aspects of product acquisition and/or consumption."
Shankar/Smith/Rangaswamy (2003), 154.	"[...] we define satisfaction as the perception of pleasurable fulfillment of a service [...]."
Homburg/Koschate/Hoyer (2005), 86.	"Satisfaction [...] is a postconsumption evaluation of perceived quality relative to prepurchase performance which is a postconsumption evaluation of perceived quality relative to prepurchase performance expectations about quality."
Nagao/Morgan (2007), 1.	"Based upon a process-oriented model, consumer (dis)satisfaction toward the foci of product usage/consumption can be considered as an antecedent to global (dis)satisfaction."

Die Tabelle 3-1 zeigt den mangelnden Konsens für eine einheitliche Begriffsfassung und lässt die Frage offen, wie nun ‚Kundenzufriedenheit' zu beschreiben ist. Dabei werden drei Probleme in der Kundenzufriedenheitsforschung aufgeworfen:

- die Auswahl eines geeigneten ‚definiens' für eine bestimmte Untersuchung,
- die Operationalisierung des ‚definiens' sowie

- die Interpretation und die Vergleichbarkeit der Ergebnisse

Die Lösung der drei Probleme ist elementar, denn sie beeinflussen die Basisstruktur und Ergebnisse der Untersuchung als auch das dementsprechende Testen von Theorien.[174]

Bei der Durchsicht der Tabelle 3-1 fällt auf, dass die späteren ‚definiens' neben einer kognitiven und affektiven Komponente Zufriedenheit als eine allgemeine, globale, kumulative oder Gesamtzufriedenheit verstehen und damit ein multidimensionales Konstrukt verbinden. Die Beurteilung einer Gesamtzufriedenheit basiert auf mehreren Erfahrungen oder Kontaktpunkten mit einem Produkt oder einer Dienstleistung über einen bestimmten Zeitraum.[175]

Bitner und Hubbert weisen darauf hin, dass die Gesamtzufriedenheit ein multidimensionales Konstrukt ist und von allen Kontaktpunkten und Erfahrungen mit einem bestimmten Dienstleistungsunternehmen beeinflusst wird.[176] Diese Kontaktpunkte können mit einer bestimmten oder mit mehreren unterschiedlichen Personen von einem Unternehmen stattfinden.[177]

Da das Ziel der vorliegenden Arbeit nicht darin besteht, Erkenntnisse über einzelne Serviceepisoden oder Kontaktpunkte zu erlangen, sondern vielmehr der Einfluss der Dienstleistungsqualität auf die Kundenzufriedenheit im Mittelpunkt steht, eignet sich hierfür das Konzept der Gesamtzufriedenheit. Yi und La empfehlen die Erhebung von Kumulative- oder Gesamtzufriedenheit insbesondere, wenn zur Erklärung von Zufriedenheit das C/D-Paradigma herangezogen wird.[178]

Daher scheint die Begriffsfassung von Giering für die vorliegende Untersuchung am besten geeignet:[179]

> "[...] das Ergebnis eines kognitiven und affektiven Evaluierungsprozesses, in dessen Rahmen eine geforderte oder gewünschte Soll-Leistung mit der tatsächlich wahrgenommenen Ist-Leistung verglichen wird. Das Zufriedenheitsurteil bezieht sich hierbei auf die Gesamtheit der Erfahrungen mit einem bestimmten Anbieter und dessen Produkten."

Der Vorteil des gewählten ‚definiens' liegt einerseits darin, dass sowohl die kognitive als auch die affektive Komponente berücksichtigt werden. Andererseits erlaubt es eine Operationalisierung durch die Berücksichtigung des

174 Vgl. Giese/Cote (2000), 1.
175 Vgl. Boshoff/Gray (2004), 28.
176 Vgl. Bitner/Hubbert (1994), 75.
177 Vgl. Oliva/Oliver/MacMillan (1992), 88.
178 Vgl. Yi/La (2003), 25.
179 Giering (2000), 14.

C/D-Paradigmas und ermöglicht damit eine Interpretation und Vergleichbarkeit der Ergebnisse.

3.1.2. Der Begriff ,Versicherungsdienstleistungen'

In der wissenschaftlichen Literatur herrscht Konsens, dass bestimmte Eigenschaften existieren, mit deren Hilfe sich Dienstleistungen von Sachgütern unterscheiden lassen. Zusammen machen diese die Besonderheiten von Dienstleistungen aus. Insgesamt besteht jedoch Uneinigkeit, welche kombinierten Eigenschaften nun trennscharf zu einer Abgrenzung zwischen Dienstleistungen und Sachgütern führen.[180]

In der wissenschaftlichen Literatur etablierten sich im Wesentlichen vier konstitutive Elemente zur Beschreibung von Dienstleistungen, die unter der Bezeichnung IHIP-Charakteristika in die wissenschaftliche Literatur eingingen:[181]

- die Intangibilität
- die Heterogenität
- die Untrennbarkeit von Produktion und Konsum (inseparability)
- die Vergänglichkeit (perishability)

Indem sich die Forschungsfragen zunächst auf personenbezogene Dienstleistungen konzentrierten, wurde an der vorherrschenden Differenzierung der vier Charakteristika wenig Anstoß genommen.[182] Erst später führen die zunehmenden Forschungsaktivitäten und die einhergehende Ausweitung des Forschungsfeldes zu erheblicher Kritik an den Merkmalen.[183]

Die Kritik von Vargo und Lusch basiert auf der Argumentation, dass Marketing ursprünglich auf dem Modell für Güter-Produktion und deren Austausch basierte. Der Marketinggedanke sowie der Austausch von Gütern entwickelten sich im Laufe der Zeit. Die Subdisziplin von Dienstleistungsmarketing entfaltete sich, um die erweiterten Perspektiven zu untersuchen, die jedoch auf dem Güter-Produktions-Modell basierten. Der Einfluss dieses Modells ist evident in den prototypischen IHIP-Eigenschaften, um Dienstleis-

180 Vgl. Bruhn (2008), 21; Meffert/Bruhn (2009), 4; Corsten/Grössinger (2007), 27; Vinagre/Neves (2008), 87 .
181 Vgl. beispielsweise Berry/Bennett/Brown (1989), 24; Grönroos (2000), 13; Möller (2008), 198.
182 Vgl. Möller (2008), 198.
183 Vgl. dazu Möller (2008); Vargo/Lusch (2004).

tungen von Gütern zu unterscheiden. Die Autoren argumentieren, dass diese Eigenschaften[184]

- nicht Dienstleistungen von Gütern unterscheiden
- nur eine Bedeutung aus der Herstellungssicht haben
- ungeeignete normative Strategien implizieren.

Vargo und Lush empfehlen eine Annäherung zu suchen, die als Basis für einen dienstleistungsdominierenden Ansatz den Austausch sowohl von Gütern als auch Dienstleistungen erlaubt, um normative Strategien für einen gesamtheitlichen Marketing-Ansatz zu entwickeln.[185]

Möller zeigt in ihrer Untersuchung, dass nicht die IHIP-Eigenschaften von Dienstleistungen inkorrekt sind, sondern deren Bezugsobjekt, die Dienstleistung als eine Einheit. Erst durch die Konkretisierung der Merkmale von den Bezugsobjekten kann die Gültigkeit und damit deren Relevanz herausgearbeitet werden. Demnach basiert das auf dem Markt angebotene Leistungsversprechen auf dem korrekten Bezugsobjekt für die Intangibilität von Dienstleistungen. Möller führt die Heterogenität der Leistungsergebnisse auf die Kundenressourcen zurück, wobei die Heterogenität auch durch eine Marktsegmentierung reduziert werden kann. Die Dienstleistungs-produktion wird untrennbar mit den Kundenressourcen verbunden, die in die Leistungserstellung eingehen oder in Zeit, Raum oder Beschaffung verändert werden. Das Merkmal der Vergänglichkeit wird der Kapazität des Dienstleistungsanbieters zugeordnet, da ohne eine Initiierung des Leistungserstellungsprozesses durch den Kunden die Kapazität des Dienstleistungsanbieters nicht für die Produktion marktfähiger Leistungen genutzt werden kann.[186]

Trotz der divergierenden Eigenschaften in der Literatur führen alle wissenschaftlichen Beiträge zwei konstituierende Merkmale für Dienstleistungen an:[187]

- die Immaterialität
- die Integration eines externen Faktors

Eine klare Trennschärfe, wie sie auf den ersten Blick vielleicht zu vermuten wäre, ist allerdings nicht gegeben. Dennoch erlauben diese Merkmale in der Literatur zur Differenzierung der Dienst- und Sachleistungen.[188]

---

184 Vgl. Vargo/Lush (2004), 324.

185 Vgl. Vargo/Lush (2004), 324.

186 Vgl. Möller (2008), 211.

187 Vgl. Engelhardt (1990), 279f; Haller (2010), 7; Meffert (1994), 521; Meyer/ Mattmüller (1987), 188f; Meyer (1991), 197; Zollondz (2006), 175.

188 Bruhn (2008), 21; Zollondz (2006), 175.

Die angebotenen Dienstleistungen von Versicherungsunternehmen erfordern jedoch aufgrund ihrer besonderen Eigenschaften eine weitere Abgrenzung zu den traditionellen Dienstleistungen.[189] Die durch die besonderen Eigenschaften der Versicherungsprodukte ausgelösten Missverständnisse und Unkenntnisse der Versicherungsnehmer können einen maßgeblichen Einfluss auf deren Qualitätsbeurteilung haben. In der Literatur wird das Versicherungsprodukt mit unterschiedlichen Eigenschaften beschrieben.[190] Während Konsens über die Eigenschaften wie die Immaterialität des Versicherungsschutzes und die Integration eines externen Faktors zur Beschreibung einer Versicherungsdienstleistung vorherrscht, besteht Uneinigkeit über das ‚uno-actu'-Prinzip.

Für die folgenden Beschreibungen wird in der vorliegenden Arbeit nicht auf das Versicherungsprodukt als Dienstleistung sondern die Dienstleistung neben dem Versicherungsprodukt Bezug genommen.

3.1.3. Die Immaterialität von Versicherungsdienstleistungen

Eine Kerneigenschaft von ‚Dienstleistungen' stellt die Immaterialität und ihre damit eng verbundene Intangibilität dar. Darunter wird verstanden, dass die wahr-genommene Dienstleistung mit den Sinneseindrücken nur bedingt gefühlt, geschmeckt, gerochen oder gesehen werden kann, wobei von allen Sinneseindrücken die Unsichtbarkeit sicherlich am bedeutendsten ist. Indem der Kunde nicht sehen kann, was er kauft, empfindet er den Kauf von Dienstleistungen risikoreicher als den von Sachgütern, da er die Leistung nur schwer beurteilen kann.[191]

Allerdings enthalten die überwiegende Zahl der Leistungen sowohl materielle als auch immaterielle Komponenten. Die Immaterialität als alleiniges Abgrenzungs-kriterium von Dienstleistungen gegenüber Sachleistungen eignet sich im Einzelfall aufgrund des breiten Spektrums nur bedingt. Bruhn führt als Beispiel einer Dienstleistung die Möglichkeit der Anprobe von Kleidungsstücken bei einem Fabriksverkauf als auch die Vermittlung von Ehepartnern an. Während der Dienstleistungsanteil im ersten Fall als vergleichsweise gering anzusehen ist, wird die Beratung von Versicherungen als eine ‚reine' Dienstleistung verstanden.[192] Da Dienstleistungen ohne Sachleis-

189 Vgl. Müller (1994), 363.

190 Vgl. dazu etwa Kromschröder et al. (1992), 44f; Kromschröder (1993), 20; Müller (1994), 363f; Nitsche (1996), 135; Stremitzer/Ennsfellner (1994), 385.

191 Vgl. Haller (2010), 7; Johnson/Hermann/Gustafsson (2002), 766.

192 Vgl. Bruhn (2008), 20f.

tungen, aber kaum Sachleistungen ohne Dienstleistungen erfolgen können, verläuft die Grenze zwischen Sach- und Dienstleistungen asymmetrisch.[193] Dieser Verlauf ist unter der Bezeichnung Marketing-Verbund-Kasten bekannt und ist in Abbildung 3-1 dargestellt. Eng verbunden mit der Immaterialität sind die Eigenschaften der Nicht-Lagerfähigkeit und die Nicht-Transportfähigkeit von Dienstleistungen.[194]

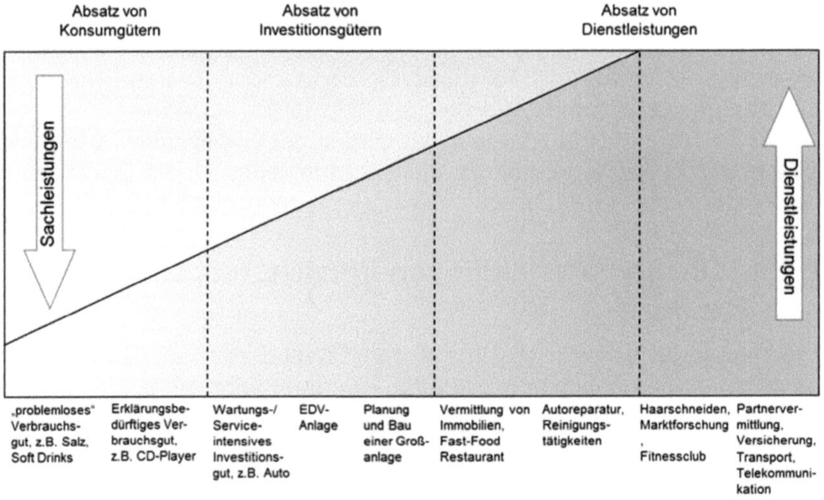

Abbildung 3-1: Marketing-Verbund Kasten

(Quelle: in Anlehnung an Hilke (1989), 8; Lovelock/Wirtz (2004), 11.)

Ein Versicherungsprodukt ist eine Dienstleistung[195] und stellt eine unkörperliche, d.h. unsichtbare ungreifbare Leistung dar. Sie sind immaterieller Natur ohne physische Substanz und werden rechtlich durch Versicherungsverträge als auch faktisch durch Informationen repräsentiert, die auf Trägermedien dargestellt bzw. gespeichert werden.[196] Die Immaterialität der Dienstleistung, der Versicherungsschutz und das damit empfundene höhere Kaufrisiko führen dazu, dass die persönliche Kommunikation im Dienstleistungskontext eine große Bedeutung erlangt.[197]

193 Vgl. Bruhn (2008), 20.
194 Vgl. Haller (2010), 8; Bruhn (2008), 21f.
195 Vgl. Schlesinger/von der Schulenburg (1993), 594.
196 Vgl. Farny (2000), 529ff.
197 Vgl. Stauss (1992), 9.

Stremitzer und Ennsfellner unterscheiden weiters bei der Immaterialität des Versicherungsschutzes zwischen den:[198]

- ‚Search Qualities',
- ‚Experience Qualities'
- ‚Credence Qualities'.

Die ‚Search Qualities' umfassen alle Eigenschaften eines Versicherungsproduktes, welche der Kunde bereits vor dem Kauf beurteilen kann. Aufgrund der Immaterialität kann der Konsument davon jedoch nur einen geringen Teil der ihn interessierenden Qualitätsmerkmale vor dem Kauf überprüfen, und diese sind daher kaum von Bedeutung.[199]

Eine wesentlich größere Bedeutung kommt den ‚Experience Qualities' im Versicherungsgeschäft zu, die sämtliche Produkteigenschaften umfassen, die erst nach dem Kauf wahrgenommen und beurteilt werden.[200] Inwiefern der Versicherungsnehmer diese ‚Experience Qualities' des Versicherungsproduktes erlebt, ist hauptsächlich davon abhängig, ob das Schutzversprechen bei einem Schadenfall während der Laufzeit des Versicherungsvertrages überhaupt in Form einer Versicherungsleistung konkretisiert werden muss. Dann kann der Kunde letztendlich beurteilen, ob seine Erwartungen von dem Versicherungsunternehmen und vom Versicherungsprodukt erfüllt worden sind.

Tritt während der Laufzeit des Versicherungs-vertrages kein Schadensfall ein, überwiegen die ‚Credence Qualities'.[201] Darunter werden jene Qualitätseigenschaften verstanden, die selbst nach dem Kauf eines Versicherungsproduktes vom Kunden nicht beurteilbar sind. In diesem Fall entziehen sich dem Kunden entscheid-ende Sachverhalte wie die Leistungsfähigkeit, die Leistungswilligkeit oder die Art der Leistungserbringung im Schadensfall.[202]

In der Versicherungsbranche manifestiert sich die Bedeutung der ‚Experience' und der ‚Credence Qualities' in Form einer Kundenklage, dass zwar laufend Prämienzahlungen geleistet werden, „[...] aber [der Kunde] selten Gelegenheit hat, den Schutz vor Schaden auch zu erproben."[203] Diese Erscheinung kann auch mit der Tatsache erklärt werden, dass Versicherungsprodukte auf der Bereitstellung von Leistungsfähigkeiten basieren, an die der Kunde vor bzw. zum Zeitpunkt des Kaufes eine bestimmte Erwartung

198 Vgl. Stremitzer/Ennsfellner (1994), 385f.
199 Vgl. Stremitzer/Ennsfellner (1994), 386.
200 Vgl. Büker (1991), 32.
201 Vgl. Crosby/Stephens (1987), 404.
202 Vgl. Stremitzer/Ennfellner (1994), 386.
203 Vgl. Korte (1977), 312ff.

knüpft.[204] Von diesen Erwartungen geht er auch bei der Beurteilung des Versicherungsschutzes aus, denn der Versicherungsnehmer kann „[...] aus der Einschätzung der Qualität von Fähigkeiten und Potentialen des Anbieters lediglich auf eine bestimmte Qualität der Dienstleistung hoffen.“[205] Der Versicherungsnehmer empfindet dadurch wieder ein größeres Kaufrisiko[206], denn er ist sich keineswegs sicher, ob das gewünschte Leistungsergebnis vom Versicherungsunternehmen erbracht wird[207].

Die Immaterialität des Versicherungsschutzes und das als höher empfundene Kaufrisiko führen dazu, dass die persönliche Kommunikation im Dienstleistungskontext eine große Bedeutung erlangt.208 Zu berücksichtigen ist, dass unzufriedene Kunden häufiger über ihre negativen Erfahrungen mit einem Anbieter berichten als jene Kunden, die zu ihrer Zufriedenheit vom Anbieter betreut worden sind.[209] Dieser Umstand führt somit zu einer asymmetrischen Verbreitung von Erlebnissen. Wird weiters auch noch berücksichtigt, dass eine persönliche Kommunikation eine weit größere Glaubwürdigkeit besitzt als eine Kommunikation durch den Versicherungsanbieter[210], kann auf große negative Effekte, die auf ungenügender Qualität basieren, für den Absatzerfolg des Versicherungsunternehmens geschlossen werden.[211]

3.1.3.1. Die Integration eines externen Faktors

Unter der Integration eines externen Faktors wird der direkte Kontakt zwischen Anbieter und Nachfrager einer Dienstleistung verstanden, wobei insbesondere im Finanzdienstleistungsbereich auch Formen indirekter Kundenbeziehungen zu finden sind. Generell wird jedoch von der Relevanz der Integration des externen Faktors gesprochen. Dabei kann der externe Faktor entweder der Kunde selbst oder die vom Kunden zur Dienstleistungserstellung eingebrachten Objekte (z.B. ein Kunde bringt ein Auto zur Reparatur) sein. In jedem Fall ist der Kunde bei der Leistungserstellung beteiligt.[212]

204 Vgl. Stremitzer/Ennfellner (1994), 386.
205 Büker (1991), 30.
206 Vgl. Stauss (1992), 8.
207 Vgl. Stremitzer/Ennsfellner (1994), 387.
208 Vgl. Stauss (1992), 9.
209 Vgl. Matos/Rossi (2008), 578; Richins (1983), 76; Tsoukatos/Rand (2006), 512.
210 Vgl. Stauss (1992), 9.
211 Vgl. Stremitzer/Ennsfellner (1994), 387.
212 Vgl. Bruhn (2008), 22.

Maleri und Frietzsche differenzieren zwischen drei Grundtypen bei der Integration des externen Faktors.[213] Der erste Grundtyp ist dadurch charakterisiert, dass materielle und/oder immaterielle Güter von außen in den Produktionsprozess der Dienstleistungsunternehmung eingebracht werden, ohne die eine Dienstleistungs-erstellung nicht denkbar wäre. Die zweite Form tritt seltener auf und inkludiert die passive Beteiligung des Abnehmers im Dienstleistungsprozess (z.B. Durchführung medizinischer Betreuung an einem bewusstlosen Patienten). Selbst wenn der Abnehmer oft ein passives Objekt der Dienstleistungserstellung ist, ist zumindest ein geringes Maß an Aktivität notwendig, um einen Prozess der Dienstleistungs-erstellung zu bewirken (z.B. das Besteigen eines Zuges). Da sich der Abnehmer hier aktiv an der Erstellung der Leistung beteiligt, beginnt die dritte Kategorie mit der Integration des externen Faktors. Zu dieser Kategorie zählen jene Dienstleistungen, welche ein Miterleben, ein unmittelbares Aufnehmen oder eine Befriedigung unmittelbarer menschlicher Bedürfnisse zum Gegenstand haben.[214]

Bei der Versicherungsproduktion umfasst diese Mitwirkung eines externen Faktors zwei Elemente: „Die Einbringung von Informationen durch den Versicherungsnehmer und seine Beteiligung an den Abwicklungsleistungen im Dienstleistungsteil des Versicherungsgeschäfts."[215] Diese Informationen beziehen sich auf den Versicherungsnehmer selbst, auf die Merkmale des zu versichernden Risikos, dessen Änderungen im Zeitablauf sowie auf die Merkmale des Versicherungsfalles. Das bedeutet, dass die Dienstleistungsqualität der Versicherung von einem Interaktionsprozess zwischen den Mitarbeitern des Versicherungsunternehmens und einem Nachfrager bestimmt wird und somit auch diese Faktoren auf die Qualität einwirken. Damit kann der Versicherungsnehmer zu einem zusätzlichen Unsicherheitsfaktor im Prozess der Leistungserstellung werden.[216]

3.1.3.2. Das ‚uno-actu'-Prinzip

Uneinigkeit besteht im Hinblick auf das sogenannte ‚uno-actu'-Prinzip.[217] Mit dem ‚uno-actu'-Prinzip wird die simultane Leistungserstellung und Leistungsabgabe beschrieben.[218] In der wissenschaftlichen Literatur wird von

213 Vgl. Maleri/Frietzsche (2008), 107ff.
214 Vgl. Corsten/ Gössinger (2007), 27f; Maleri/Frietzsche (2008), 107ff.
215 Farny (1989), 444; Vgl. auch Farny (2000), 57.
216 Vgl. Stremitzer/Ennsfellner (1994), 392.
217 Vgl. Haller (2010), 8; Maleri/Frietzsche (2008), 177f.
218 Vgl. Corsten/Gössinger (2007), 27; Maleri/Frietzsche (2008), 177; Meyer/Mattmüller (1987), 188.

einigen Autoren das ‚uno-actu'-Prinzip als Folge des Kontaktzwangs, also als Integration des externen Faktors betrachtet[219], während von anderen die Immaterialität als direkte Konsequenz gesehen wird.[220]

In der vorliegenden Arbeit wird ersterer Argumentation gefolgt, indem für eine Versicherungsdienstleistung ein Kontakt des Versicherungsnehmers mit dem Versicherer notwendig ist. Damit erfolgt eine Synchronisation von Produktion und Leistungsübertragung. Wird eine Versicherung abgeschlossen, erfolgt eine immaterielle Absicherung gegen das gewählte Risiko. Die Versicherungsleistung entsteht in diesem Augenblick und ist nicht lagerfähig.

3.1.4. Der Begriff ‚Dienstleistungsqualität'

Pfundtner ist der Überzeugung, dass sich die Menschen seit jeher um ein Verständnis über den Terminus ‚Qualität' bemühten:[221]

> „Vorstellungen über das, was die Qualität eines Produktes ausmacht, sind deutlich älter als das, was unter Qualitätsmanagement heute verstanden wird. Über Qualität wird schon seit Jahrtausenden diskutiert, dagegen ist Qualitätsmanagement ein moderner Begriff, der noch keine fünfzig Jahre alt ist."

Bei der Verfolgung der Wortherkunft des Begriffs ‚Qualität' lässt sich feststellen, dass der Ursprung im lateinischen ‚qualis' (Beschaffenheit) zu finden ist. Sein entsprechendes Substantiv ‚qualitas' bedeutet soviel wie sein Verhältnis zu Dingen. Während der lateinische Wortstamm ‚qualis' nach der Art und Weise der Beschaffenheit fragt, bezieht sich der Terminus ‚qualitas' sowohl auf die Eigenschaft als auch auf ein Verhältnis zu Dingen oder Prozessen.[222]

Abhängig vom Qualitätsverständnis und der Perspektive ergeben sich unterschiedliche Interpretationen für das komplexe Phänomen ‚Qualität'. Der wohl einflussreichste Versuch zur Systematisierung geht in der Literatur noch immer auf die unterschiedlich definierten Qualitätsbegriffe bei Garvin zurück[223], der auf der Basis einer Partialanalyse fünf Teilqualitäten bestimmte.[224] Allerdings wurden diese nicht weiter ausgearbeitet und dienen oftmals

---

219 Vgl. dazu Waack (1978),5 zitiert nach Corsten/Gössinger (2007), 27; Meyer/Mattmüller (1987), 188.

220 Vgl. dazu Meffert/Bruhn (2009), 44.

221 Pfundtner (2001), 294.

222 Vgl. Zollondz (2006), 9.

223 Weiterführende Literatur ist unter anderem zu finden in: Garvin (1984); Küppers (2001); Zollondz (2006).

224 Vgl. Küppers (2001), 589ff.

nur zur Veranschaulichung des Qualitätsbegriffes im Dienstleistungsbereich.[225]

Die Europanorm ISO 8402 beschreibt den Terminus ‚Qualität' beispielsweise als eine „ [...] Gesamtheit von Merkmalen (und Merkmalswerten) einer Einheit bezüglich ihrer Eignung, festgelegte und vorausgesagte Erfordernisse zu erfüllen."[226]

Diese Definition ist hinreichend allgemein gehalten und gilt für Sachgüter und Sachgutproduktionen ebenso wie für Dienstleistungen einschließlich Finanzdienst-leistungen und Versicherungen.[227] Die Qualität für Versicherungsdienstleistungen wird jedoch von den Besonderheiten des Versicherungsproduktes beeinflusst.[228]

Bei dem Versuch, den Begriff ‚Qualität' in der Umgangssprache zu rekonstruieren, ist festzustellen, dass ‚Qualität' gleich dem Begriff ‚Eigenschaft' einer Sache verwendet wird. Hilfreich ist hierbei, eine Unterscheidung einzuführen, die die Qualitätseigenschaft als Güte oder als Beschaffenheit annimmt.[229] Zusätzlich dominiert ein positiv orientierter Terminus die ‚Qualität', indem verstanden wird, dass die Erwartungen überdurchschnittlich erfüllt werden, der Grad der Zweckerfüllung aber offen bleibt und sowohl eine positive als auch eine negative Beurteilung beinhalten kann.[230]

Diese ausgewählten Beschreibungen zeigen, dass sich ein Produkt bzw. eine Dienstleistung in spezifische Attribute gliedert. Die Qualität einer Leistung ergibt sich aus einer Anzahl von Eigenschaften, die unterschiedlich gewichtet werden und in positiver und/oder negativer Wechselwirkung zueinander stehen können. Der Qualitätswert, der einer Leistung ganzheitlich zugeordnet wird, lässt sich in der Regel durch unterschiedliche Kombinationen der Eigenschaften repräsentieren.[231] Zusätzlich ist festzuhalten, dass Qualität aus einem Vergleich resultiert, in dem die Ausprägungen der Qualitätseigenschaften mit den Erwartungen des Beurteilers verglichen werden. Diese Erwartung, mit der eine Leistung aus dem Blickwinkel des Konsumenten betrachtet werden solle, variiert jedoch von Leistung zu Leistung.[232]

225 Vgl. Zollondz (2006), 161.
226 ISO 8402 (2003).
227 Vgl. Kromschröder (1993), 6.
228 Vgl. Stremitzer/Ennsfellner (1994), 381.
229 Vgl. Zollondz (2006), 157f.
230 Vgl. Wasilewski/Reith (1988), 26 zit nach: Haller (1998), 6.
231 Vgl. Petrick/Reihlen (1980), 31.
232 Vgl. Masing/Pfeifer (2007), 4f.

Aufbauend auf den oben diskutierten Eigenschaften von Dienstleistungsqualität lehnt sich die Autorin für die vorliegende Untersuchung an die Begriffsfassung von Lewis und Booms an:[233]

> „Service quality is a measure of how well the service level delivered matches customer expectations. Delivering quality service means conforming to customer expectations on a consistent basis."

3.2. Abgrenzung von ‚Kundenzufriedenheit' und ‚Dienstleistungsqualität'

In der Praxis werden die Begriffe ‚Zufriedenheit' und ‚Dienstleistungsqualität' oftmals synonym verwendet. In der wissenschaftlichen Literatur werden die beiden Konzepte präziser behandelt.[234] Konsens herrscht darin, dass sich die beiden Konzepte grundlegend in ihren Einflüssen und Auswirkungen unterscheiden.[235]

Einerseits kann Dienstleistungsqualität als eine mathematische Differenz zwischen der Erwartung und der Leistungswahrnehmung in Anlehnung an das in der Zufriedenheitsliteratur vorherrschende C/D-Paradigma betrachtet werden. Andererseits wird argumentiert, dass Kunden Erfahrungen mit der Dienstleistung gemacht haben müssen, um eine Beurteilung der Zufriedenheit abgeben zu können. Die Dienstleistungsqualität hingegen muss nicht notwendigerweise auf einer Erfahrung beruhen[236] bzw. beeinflusst die Dienstleistungsqualität die Wahrnehmung von Kundenzufriedenheit, während Kundenzufriedenheit alle Erfahrungen mit dem Produkt und der Dienstleistung inkludiert.[237]

PZB hingegen bestimmen die Dimensionen von Dienstleistungsqualität sehr spezifisch[238], während Zufriedenheit sowohl mit einer einzelnen Variablen[239] erfasst, als auch durch mehrere Dimensionen[240] beeinflusst werden kann.

Zusätzlich wird argumentiert, dass beide Konzepte durch unterschiedliche Einflussfaktoren bestimmt werden. So liegen Beweise vor, die Dienstleis-

---

233 Vgl. Lewis/Booms (1983) zitiert nach Parasuraman/Zeithaml/Berry (1985), 42.
234 Vgl. Zeithaml/Bitner/Gremler (2009), 103.
235 Vgl. Brady/Cronin (2001), 34.
236 Vgl. Ostrom/Iacobucci (1995), 17f.
237 Vgl. Anderson/Fornell/Lehmann (1994), 54f.
238 Vgl. Parasuraman/Berry/Zeithaml (1991).
239 Vgl. Aga/Safakli (2007), 98; Cronin/Taylor (1992), 67; Johns/Avci/Karatepe (2004), 88.
240 Vgl. Hermann/Huber/Braunstein (2000), 304; Oliver (1997), 39.

tungsqualität als ein kognitives Konzept und Kundenzufriedenheit als ein affektives Konzept zu betrachten. Gemäß Oliver wird die Dienstleistungsqualität durch die Wahrnehmung, d.h. einer kognitiven Beurteilung, aber nicht durch affektive Konstrukte (negativ oder positiv) beeinflusst. Kundenzufriedenheit jedoch wird wiederum durch kognitive (Diskonfirmation) und affektive Konstrukte beeinflusst.[241]

In der Literatur werden weitere Differenzierungen vorgeschlagen. Auch wenn diese Differenzierungen diskutiert werden und darüber kein Konsens vorliegt, verdienen sie eine Erwähnung in der vorliegenden Arbeit.

Zwei Denkmodelle liegen vor, die zwischen einer transaktionsspezifischen und einer kumulativen Zufriedenheit unterschieden. Churchill und Suprenant sowie Oliver betrachten Kundenzufriedenheit als ein Ergebnis aufgrund einer bestimmten Erfahrung mit einem bestimmten Produkt oder einer Dienstleistung.[242] Für Hunt sowie für Tse und Wilton wiederum ist Zufriedenheit nicht die Freude, das Vergnügen oder das Wohlgefallen einer bestimmten Konsumierung eines Gutes oder Dienstleistung, sondern die Beurteilung, dass die tatsächliche Erfahrung mit der Dienstleistung zumindest den Erwartungen entspricht.[243] Zusammenfassend ist für Boshoff und Gray Zufriedenheit ein sehr spezifisches Konstrukt, das sich durch Interaktion der Wahrnehmungsinterpretation der Dienstleistung und den Erwartungen an die Dienstleistung bestimmt. Daraus resultiert, dass jeder Kunde unterschiedliche Levels von Zufriedenheit für eine bestimmte Erfahrung besitzt.[244]

Weiters wird in der Literatur eine temporale Differenzierung vorgeschlagen. Dabei wird Dienstleistungsqualität eher als ein längerfristiges und kumulatives Konzept[245] und Kundenzufriedenheit als ein episoden- oder transaktionsspezifisches Konzept[246] dargestellt. Mit anderen Worten, Kundenzufriedenheit bezieht sich auf die Beurteilung einer spezifischen Dienstleistung, während sich Dienstleistungsqualität auf eine Beurteilung nach mehreren Transaktionen über einen bestimmten Zeitraum bezieht. Kritik dazu findet sich sowohl in der Literatur zu Zufriedenheit als auch in der Literatur für Dienstleistungsqualität. Beispielsweise stellt Teas die Zeitkomponente in Frage und operationalisiert Dienstleistungsqualität sowohl als ‚transaction

241 Vgl. Oliver (1994), 18ff.
242 Vgl. Churchill/Suprenant (1982), 493; Oliver (1997), 13.
243 Vgl. Hunt (1977), 459; Tse/Wilton (1988), 204.
244 Vgl. Boshoff/Gray (2004), 28.
245 Vgl. Anderson/Fornell/Lehmann (1994); Fornell (1992).
246 Vgl. dazu etwa Cadotte/Woodruff/Jenkins (1987); Tse/Wilton (1988); Westbrook (1980)

specific quality' oder ‚relationship quality'.[247] In Übereinstimmung mit Teas argumentieren PZB, dass Dienstleistungsqualität entweder als transaktionsspezifisches oder als kumulatives Konzept operationalisiert werden kann.[248] Ähnliche Aussagen sind dazu in der Literatur zu Zufriedenheit zu finden. In der Kundenzufriedenheit kann sowohl ein transaktionsspezifisches Konzept als auch eine kumulative Beurteilung nach mehreren Transaktionen erfolgen.[249] Beide Konzepte, sowohl das transaktionsspezifische als auch das kumulative, wurden empirisch untersucht. Das bedeutet, dass eine Differenzierung zwischen Kundenzufriedenheit und Dienstleistungsqualität anhand der Zeitkomponente schwierig erscheint.[250]

Eine weitere Differenzierung ist die Variierung der Vergleichsstandards bei jedem Individuum. Der Vergleichsstandard wird in der Literatur für Dienstleistungsqualität anders verwendet als in der Literatur zu Zufriedenheit. In der Literatur zu Zufriedenheit werden die Erwartungen als ‚predictions' bezeichnet, die durch den Kunden wahrscheinlich während der Transaktion formuliert wird.[251] Oliver formuliert die Beschreibung folgendermaßen[252]:

> „It is generally agreed that expectations are consumer-defined probabilities of the occurrence of positive or negative events if the consumer engages in some behavior."

In der Literatur für Dienstleistungsqualität wird der Vergleichsstandard beschrieben als *"[...] expectations are viewed as desires and wants of consumers, i.e. what the feel a service-provider should offer rather than would offer."*[253] Spreng und Makoy hinterfragten den Vergleichsstandard aufgrund ihrer empirischen Untersuchung, indem sie die Variable ‚desires congruency' in ihr Modell einfügten, das sowohl die Kundenzufriedenheit als auch die Dienstleistungsqualität beeinflusst.[254] Auch diese Diskussion zeigt, dass eine Differenzierung zwischen Dienstleistungsqualität und Kundenzufriedenheit anhand des verwendeten Vergleichsstandards sowie bei der zeitlichen Komponente schwierig erscheint.

Obwohl für beide Denkmodelle in der Literatur ausreichend Pro- und Contra-Argumente geliefert werden, ist festzuhalten, dass der kumulative

247 Vgl. Teas (1993), 30.
248 Vgl. Parasuraman/Zeithaml/Berry (1994a), 121.
249 Vgl. Anderson/Fornell/Lehmann (1994), 54; Fornell (1992), 11.
250 Vgl. Spreng/Shi/Page (2009), 538.
251 Vgl. Parasuraman/Zeithaml/Berry (1988), 17.
252 Oliver (1981), 33.
253 Parasuraman/Zeithaml/Berry (1988), 17.
254 Vgl. Spreng/MacKoy (1996), 210.

Ansatz zur Messung von Zufriedenheit bei Dienstleistungen als angebrachter erscheint. Die Konsumierung der Dienstleistung ist eine Erfahrung und besteht aus den gesamten Wahrnehmungen und aus den beurteilten und psychologischen Prozessen, die gemeinsam die Kundenzufriedenheit darstellen. Zusätzlich erfordern die Eigenschaften von Dienstleistungen, wie z.B. die Immaterialität und die Besonderheiten des Dienstleistungs-Marketing oder die Untrennbarkeit, eine Differenzierung zwischen der kumulativen und der transaktionsspezifischen Zufriedenheit[255]- eine wichtige Differenzierung, die oft ignoriert wird.[256] Die oben geführte Diskussion zeigt, dass eine separate Erläuterung von Kundenzufriedenheit, Dienstleistung sowie Dienstleistungsqualität unerlässlich ist. Zufriedenheit wird generell als ein breiteres Konstrukt verstanden, während Dienstleistungsqualität sich ausschließlich auf die Dienstleistungs-Dimension konzentriert. Basierend auf der oben geführten Diskussion unterliegt die vorliegende Untersuchung folgenden Prämissen:[257]

- die Dienstleistungsqualität und Kundenzufriedenheit sind zwei unterschiedliche Konstrukte
- die Dienstleistungsqualität beeinflusst die Kundenzufriedenheit.

255 Vgl. Boshoff/Gray (2004), 28.
256 Vgl. Bitner/Hubbert (1994), 74.
257 Vgl. Zeithaml/Bitner/Gremler (2009), 103.

4. Modelltheoretische Anknüpfungspunkte

Unter den modelltheoretischen Anknüpfungspunkten werden jene Modelle verstanden, auf die die Konstrukte ‚Kundenzufriedenheit' und ‚Dienstleistungsqualität' aufbauen. Zuerst wird der theoretische Modellierungsansatz, das C/D-Paradigma, von Kundenzufriedenheit erläutert. Anschließend wird der theoretische Modellierungsansatz, das GAP-Modell, für die Dienstleistungsqualität beschrieben. Abschließend wird der theoretische Bezugspunkt, die Prospect Theory, zur Erklärung von Beurteilungen der Dienstleistungsqualität und deren Einfluss auf die Kundenzufriedenheit dargestellt.

4.1. Theoretischer Modellierungsansatz von Kundenzufriedenheit

„As one of the fundamental concepts in marketing, customer satisfaction has been extensively studied." [258] Vor diesem Hintergrund ist die Vielzahl von teilweise divergierenden Ansätzen, die zur theoretischen Durchdringung der Kundenzufriedenheit herangezogen wurden, nicht verwunderlich.[259] Daher beschränken sich die konzeptionellen Grundlagen zum Thema Kundenzufriedenheit, die für das Verständnis der nachfolgenden Ausführungen nötig erscheinen, auf einen kurzen Abriss.

In der Zufriedenheitsforschung fehlte lange Zeit ein allgemein anerkanntes Konstrukt. Seit Anfang der 70er Jahre stellt das C/D-Paradigma das dominierende Forschungsparadigma in der Zufriedenheitsforschung dar.[260]

Ein ‚Paradigma' ist ein Zeichen der Reife in der Entwicklung eines bestimmten wissenschaftlichen Forschungsgebietes. Kuhn[261] spricht von einem Paradigma, wenn zwei Eigenschaften vorliegen: die Leistung, eine beständige Gruppe von Anhängern anzuziehen und die Offenheit, einer neu bestimmten Gruppe von Fachleuten alle möglichen Probleme aber auch Lösungen zu überlassen.[262] Die zeitliche Entwicklung des C/D-Paradigmas weist, so wie es Kuhn verlangt, nicht nur die wissenschaftliche Reife auf, sondern auch

---

258 Guo/Kumar/Jiraporn (2007), 130.

259 Ein Überblick über unterschiedliche modelltheoretische Ansätze ist bei Vargo et al. (2007) zu finden.

260 Vgl. u.a. Bearden/Teel (1983); Churchill/Suprenant (1982); LaTour/Peat (1979); Oliver (1997); Oliver/DeSarbo (1988); Olshavsky/Miller (1972); Stauss (1999).

261 Eine Kuhn-Popper Diskussion ist beispielsweise bei Chalmers (2007), 87ff; Stegmüller (1987), 326ff zu finden.

262 Vgl. Kuhn (1988), 25f.

die umfangreiche Verwendung des Paradigmas von ihren Anhängern und gibt somit Wissenschaftlern neue Probleme und Lösungen mit auf den Weg.

Das C/D-Paradigma wird in Abbildung 4-1 veranschaulicht. Die darin verwendeten Pfeile stellen jeweils eine Implikation auf die jeweilige Variable dar. Die gestrichelten Pfeile implizieren den Einfluss der beiden Variablen auf das theoretische Erklärungsmodell.

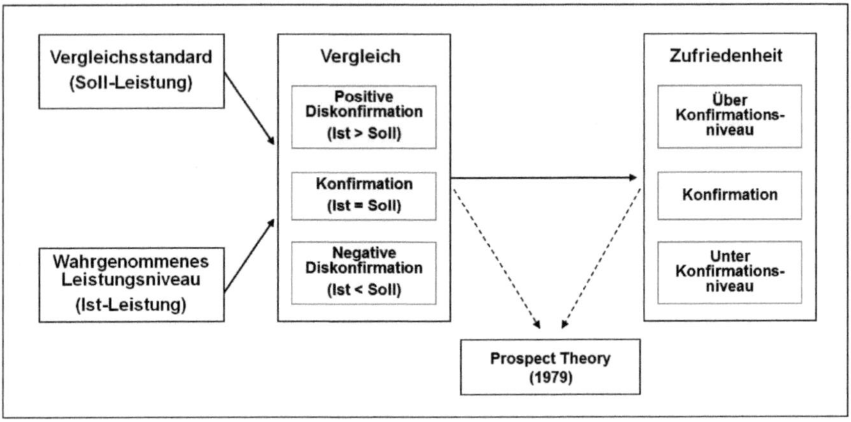

Abbildung 4-1: Darstellung des C/D-Paradigmas

(Quelle: modifiziert übernommen aus: Homburg/Stock (2001), 21.)

Das in Abbildung 4-1 veranschaulichte C/D-Paradigma geht von einem Vergleichsprozess aus, in dem der vor einer Leistungsinanspruchnahme gebildete Vergleichsstandard (Soll-Komponente) der tatsächlichen Leistungswahrnehmung (Ist-Komponente) gegenübergestellt wird.[263] Eine Bestätigung resultiert, wenn eine Übereinstimmung für diese beiden Komponenten vorliegt, im anderen Fall wird von einer sogenannten Diskonfirmation oder Abweichung gesprochen. Diese Konfirmation oder Diskonfirmation dient als Zwischenergebnis, welches den zentralen und auch den für die Namensgebung verantwortlichen Einflussfaktor für die Entstehung von Zufriedenheit bzw. Unzufriedenheit darstellt. Demnach führt eine positive Abweichung oder Diskonfirmation zu Zufriedenheit, während eine negative Abweichung zu Unzufriedenheit führt. Von einer Bestätigung (Konfirmation) wird gespro-

263 Vgl. Bearden/Teel (1983), 22; Churchill/Suprenant (1982), 492; LaTour/Peat (1979); Oliver (1980), Oliver (1981), 27; Oliver/DeSarbo (1988), 497ff; Stauss (1999), 6ff.

chen, wenn die wahrgenommene Leistung dem Vergleichsstandard entspricht. Das Konfirmationsniveau der Zufriedenheit, das bei exakter Übereinstimmung der wahrgenommenen Leistung mit dem Vergleichsstandard vorliegt, beschreibt das Ausmaß der Zufriedenheit.[264]

Das C/D-Paradigma ist auf die Arbeiten von Engel und Kollat, von Blackwell, Howard und Sheth sowie von Oliver zurückzuführen.[265] Der frühe kognitiv orientierte Ansatz gilt in der Zufriedenheitsforschung als weitgehend akzeptiert. Die Akzeptanz ist auf die vergleichsweise gute theoretische Fundierung zurückzuführen[266] und wird sowohl im Produkt- als auch im Dienstleistungsbereich angewendet.[267]

Neben dem modelltheoretischen Erklärungsansatz des C/D-Paradigmas werden in der Literatur unterschiedliche Theorien im Zusammenhang mit der Entstehung von Kundenzufriedenheit diskutiert.[268] Die Assimilations- sowie die Kontrasttheorie versuchen eine nachträgliche Veränderung der Erwartungen oder der Leistungswahrnehmung des Kunden zu erklären. In der Assimilations-Kontrast-Theorie werden die zuvor genannten Theorien zusammengeführt. Gemäß dieser Theorie neigen Kunden in Abhängigkeit vom Ausmaß der Diskonfirmation zu einer Verringerung oder auch Vergrößerung der Diskrepanz.[269] Während sich diese drei Theorien um eine Erklärung der Diskrepanz zwischen der Soll- und Ist-Leistung bemühen, trägt die Prospect Theory zur Erklärung der Zufriedenheit durch die positiven oder negativen Abweichungen bei. Entsprechend der Prospect Theory verhalten sich Kunden risikoavers. Das bedeutet, dass eine negative Abweichung der Kunden-erwartungen zu einer stärkeren Unzufriedenheit als eine positive Abweichung im gleichen Ausmaß führt.[270] Für die vorliegende Arbeit eignet sich die Prospect Theory daher am besten und wird in Kapitel 4.3 näher erläutert.

Auch wenn das C/D-Paradigma die größte Verbreitung und Akzeptanz in der wissenschaftlichen Literatur findet, so sind die unterschiedlichen Auffas-

---

264 Vgl. Churchill/Suprenant (1982), 492; Homburg/Stock (2003), 20.

265 Vgl. Engel/Kollat/Blackwell (1968), 512ff; Howard/Sheth (1969), 145ff; Oliver (1977), 484f.

266 Eine Auflistung der 14 wichtiger C/D-Studien sind bei Halstead/Hartman/Schmidt (1994), 116f zu finden; eine weiterführende umfangreiche Diskussion zu dem C/D-Paradigma ist bei Fournier/Mick (1999) zu finden.

267 Vgl. Bearden/Teel (1983); Boulding et al. (1993); Cadotte/Woodruff/Jenkins (1987); LaBarbera/Mazursky (1983); Oliver/DeSarbo (1988); Spreng/MacKenzie/Olshavsky (1996).

268 Vgl. Homburg/Stock (2003). 23f; Kaiser (2006), 50ff.

269 Vgl. Homburg/Stock (2003). 23f.

270 Vgl. Kahneman/Tversky (1979).

sungen der vier zentralen Komponenten nicht verwunderlich. In den folgenden Abschnitten werden die einzelnen Modellkomponenten des C/D-Paradigmas beschrieben.

4.1.1. Soll-Komponente

Im Mittelpunkt wissenschaftlicher Überlegungen steht die Frage der inhaltlichen Zusammensetzung der Soll-Komponente. Die Literatur bietet dazu unterschiedliche Ansätze. Hierzu werden als Größe Erwartungen, Erfahrungsnormen und Ideale diskutiert.[271] Erwartungen beziehen sich auf ein antizipiertes Leistungsniveau[272] oder auf die Meinung und Kenntnis über die Leistungsfähigkeit eines Produktes oder einer Dienstleistung.[273] Erfahrungsnormen beziehen sich hingegen auf die Erfahrungen des Kunden mit gleichen oder ähnlichen Produkten.[274] Ein optimal mögliches Leistungsniveau wird dem Individuum zugrunde gelegt, wenn er Ideale als Vergleichsstandards heranzieht.[275]

In der Zufriedenheitsforschung herrscht allerdings noch Uneinigkeit bezüglich der Soll-Leistung bzw. der Erwartung, die der Kunde bei dem Vergleichsprozess heranzieht.[276] Die verschiedenen Standards weisen nicht nur einen unterschiedlichen Konkretisierungsgrad auf, sondern haben zudem auch noch einen mehr oder weniger starken normativen Aussagegehalt.[277]

Andere Ansätze wenden den Vergleichsmaßstab als eine angemessene oder als gerechterweise zu erwartende Leistung an. Hier wird mit der Soll-Komponente Bezug auf den Grundgedanken der Equity-Theorie genommen.[278] Ebenso kann die Soll-Komponente auch aus einer übergeordneten Betrachtung gebildet werden, bei der weniger die eigenen konkreten Erfahrungen, sondern branchenbezogene oder produktspezifische Normen oder

---

271 Vgl. Esch/Herrmann/Sattler (2008), 392f; Fournier/Mick (1999), 5f.

272 Vgl. Hermann/Johnson (1999), 551; Stauss (1999), 6.

273 Vgl. Bearden/Teel (1983), 23.

274 Vgl. LaTour/Peat (1979), 432; Cadotte/Woodruff/Jenkins (1987), 306f.

275 Vgl. Homburg/Stock (2003), 21.

276 Vgl. Spreng/Olshavsky (1993); Spreng/MacKenzie/Olshavksy, (1996).

277 Vgl. Kopalle/Lehmann (2001), 391f.

278 Vgl. Tse/Wilton (1988), 205. Der Grundgedanke der Equity-Theorie geht auf John Stacey Adams in der Sozialpsychologie zurück und versucht zu erklären, wie der Entstehungsprozess der Motivation verläuft. Dabei werden Inputs und Outcomes von einem Individuum subjektiv in Relation gesetzt. Das Verhältnis wird anhand eines Maßstabes, z. B. eine Vergleichsperson (Kollegen) in ähnlicher oder gleicher Arbeitssituation, verglichen. Resultiert aus dem Vergleich eine faire Beziehung, ergibt sich keine motivierende Wirkung. Stellt die Person eine Ungleichheit fest, entsteht eine Spannung.

Standards im Vordergrund stehen.[279] Vereinzelt wird auch die allgemein vermutete Leistungsfähigkeit der gesamten Branche oder des besten Anbieters für einen Vergleich herangezogen.[280]

Aufgrund der verbundenen Probleme mit der Operationalisierung der Soll-Komponente verzichten zahlreiche Vertreter, die sich mit der empirischen Operationalisierung von Zufriedenheit beschäftigen, auf die explizite Erfassung der Soll-Komponente und messen anstelle dessen die Ist-Komponenten und den Einfluss auf die Zufriedenheit direkt.[281] Trotz der Erfassungsprobleme ist eine genaue Betrachtung der möglichen Erwartungsbildung und eine Kenntnis über deren Wirkungsbeziehungen notwendig, sodass eine Steuerung der Erwartungen vorgenommen werden kann.[282]

4.1.2. Ist-Komponente

Die Ist-Komponente findet in der relevanten Literatur nur geringe Aufmerksamkeit. Hierbei handelt es sich um die wahrgenommene Leistung durch den Kunden. Unterschieden wird zwischen objektiver (d.h. die tatsächliche) und subjektiver (d.h. die wahrgenommene) Leistung. Während die objektive Wirklichkeit für alle Konsumenten gleich ist, wird die subjektive Leistung unterschiedlich wahrgenommen und dementsprechend unterschiedlich beurteilt.[283]

Die Kundenwahrnehmung wird oftmals durch Verzerrungseffekte beeinflusst.[284] Die Intensität der Verzerrungseffekte resultiert aus der begrenzten Informationsverarbeitungskapazität eines Individuums. Die Verzerrungseffekte lassen sich unterscheiden als Stereotypenbildung, Halo-Effekte, Irradiationen, Primacy- und Recency-Effekte sowie Placebo-Effekte:

- Bei einer Stereotypenbildung wird von einer bestimmten Ausprägung eines dominierenden Merkmals auf die Ausprägung eines anderen Merkmals geschlossen. Diese Vorgehensweise dient der Komplexitätsreduzierung. Dazu werden bestimmte Schlüsselinformationen herangezogen, die den Bewertungsprozess vereinfachen. Beispielsweise werden vom Preis Rückschlüsse auf die Qualität des Produktes gezogen.[285]

279 Vgl. Cadotte/Woodruff/Jenkins (1987), 307; Woodruff/Cadotte/Jenkins (1983), 297.
280 Vgl. Dröge/Halstead/Mackoy (1997), 21.
281 Vgl. Homburg/Rudolph (1998), 48, Voss/Parasuraman/Grewal (1998), 49.
282 Vgl. Voss/Parasuraman/Grewal (1998), 46.
283 Vgl. Esch/Herrmann/Sattler (2008), 393; Tse/Wilton (1988), 204.
284 Vgl. Farely et al. (1982), 470.
285 Vgl. Kroeber-Riel/Weinberg/Gröppel-Klein (2009), 320ff.

- Bei einem Halo-Effekt wird eine Schlussfolgerung von einem verfestigten Urteil über ein bestimmtes Merkmal oder auch eines Globalurteils auf ein anderes Merkmal gezogen. Mehrere positive Effekte innerhalb einer Geschäftsbeziehung können etwa dazu führen, dass auch zukünftige Transaktionen positiver beurteilt werden als sie tatsächlich sind.[286]
- Unter Irradiation wird ein Ausstrahlungseffekt verstanden, der bei der Beurteilung von Wahrnehmungsobjekten auftritt. Dabei strahlt die Einschätzung einer Eigenschaft oder eines Merkmals auf andere Eigenschaften oder Merkmale aus und tritt insbesondere dort auf, wo Merkmale diffus oder wenig thematisch erlebt werden sowie dort, wo assoziative „Brücken" bestehen.[287]
- Primacy- und Recency Effekte resultieren aus der Reihenfolge der Darbietung von Informationen oder einer Wahrnehmung von Reizen. Während bei einem Primacy-Effekt der erstplatzierte Eindruck alle nachfolgenden Eindrücke beeinflusst, hat bei einem Recency-Effekt der letzte Eindruck einen größeren Einfluss auf die Gesamtbeurteilung.[288]
- Der Placebo-Effekt stammt aus der Medizin und beruht auf der Manipulation der Erwartungsbildung eines Individuums. Als theoretische Erklärung für Placebo-Effekte wird auch die Theorie der Konditionierung und Erwartungstheorie herangezogen.[289]

Die Gesetzmäßigkeiten solcher Ausstrahlungseffekte und assoziativer Verknüpfungen lassen sich mit den Befunden der ‚Attributions'-, ‚Konsistenz'- und der ‚Dissonanztheorie' erklären.[290] In der vorliegenden Arbeit werden mögliche Ausstrahlungseffekte nicht berücksichtigt, da diese nicht im Vordergrund der Untersuchung stehen.

4.1.3. Soll-Ist-Vergleich

Der Soll-Ist-Vergleich ist eine intervenierende Variable zwischen der Soll- bzw. Ist-Komponente und dem Zufriedenheitsurteil.[291] Aus der Gegenüberstellung resultieren nun drei unterschiedliche Konstellationen:

286 Vgl. van Doorn (2008).
287 Vgl. Kroeber-Riel/Weinberg/Gröppel-Klein (2009), 320ff.
288 Vgl. Brunel/Nelson (2003).
289 Vgl. Irmak/Block/Fitzsimons (2005), 406.
290 Vgl. dazu etwa Stock (2001), 47ff; Wiswede (2007), 287.
291 Vgl. Churchill/Suprenant (1982), 492.

- eine positive Abweichung (positive Diskonfirmation)
- eine Konfirmation
- eine negative Abweichung (negative Diskonfirmation)

Bei einer positiven Diskonfirmation übertrifft die wahrgenommene Leistung (Ist) die Erwartungen (Soll) des Kunden. Die Zufriedenheit liegt somit oberhalb des Konfirmationsniveaus. Eine Konfirmation resultiert, wenn die Erwartungen mit der wahrgenommenen Leistung exakt übereinstimmen. Eine negative Diskonfirmation ist zu verzeichnen, wenn die Erwartungen nicht durch die wahrgenommene Leistung erfüllt werden. Die Zufriedenheit liegt somit unterhalb des Konfirmationsniveaus.[292]

In der Literatur wird davon ausgegangen, dass neben dem Vergleichsmechanismus, der zur Entstehung von Kundenzufriedenheit führt, auch das wahrgenommene Leistungsniveau selbst einen direkten Einfluss auf die Kundenzufriedenheit hat. Dies kann sowohl direkt aber auch indirekt über den Vergleichsprozess erfolgen. Weiters wird davon ausgegangen, dass das wahrgenommene Leistungsniveau und der Vergleichsstandard nicht vollkommen unabhängig voneinander sind.[293] Zusätzlich wird in der jüngeren Literatur zunehmend die subjektiv empfundene Diskrepanz zwischen der wahrgenommenen und der erwarteten Leistung direkt erfasst.[294]

4.1.4. Zufriedenheit

Als letzte Variable des Vergleichsprozesses resultiert die Zufriedenheit als das Ergebnis eines kognitiven Vergleichs.[295] Wie in Kapitel 3.1.1 bereits diskutiert, dominierte in den wissenschaftlichen Studien die Meinung, dass Zufriedenheit ausschließlich ein kognitives Phänomen darstellt. In der jüngeren Literatur hingegen wird, wie im vorangegangenen Abschnitt erläutert, davon ausgegangen, dass die Zufriedenheitsbildung von kognitiven und affektiven Prozessen beeinflusst wird. Fournier und Mick weisen darauf hin, dass der emotionale Aspekt von Kundenzufriedenheit innerhalb des C/D-Paradigmas noch eine unterrepräsentierte Rolle einnimmt, denn der emotionale Aspekt könnte eine Korrektive darstellen.[296]

---

292 Vgl. Oliver (1997), 104ff.

293 Vgl. Szymanski/Henard (2001), 28f.

294 Vgl. Giering (2000), 9.

295 Vgl. Westbrook/Oliver (1991), 84; Stauss (1999), 7.

296 Vgl. Fournier/Mick (1999), 6; Untersuchungen inwiefern Emotionen die Kundenzufriedenheit beeinflussen sind u.a zu finden bei Dubé/Morgan (1998); Liljander/Strandvik (1997); van Dolen (2001); Westbrook/Oliver (1991). Dazu wird oft-

Bloemer und Kaspar differenzieren zwischen der manifesten und latenten Zufriedenheit, die sich vor allem durch den unterschiedlichen kognitiven Aufwand voneinander unterscheiden. Eine manifeste Kundenzufriedenheit resultiert, wenn ein Kunde bewusst einen expliziten Vergleichsprozess zwischen der Erwartung und der Leistungswahrnehmung durchführt. Eine latente Zufriedenheit beschreibt hingegen ein Ereignis aufgrund eines impliziten Leistungsvergleichs. Ein impliziter Leistungsvergleich findet statt, wenn ein Individuum nicht motiviert ist, einen solchen kognitiv durchzuführen oder die Fähigkeit dazu nicht besitzt. Bei einer latenten Zufriedenheit ist sich der Konsument im Gegensatz zur manifesten Form seiner Zufriedenheit nicht bewusst.[297] Mit dieser Differenzierung zeigen die Autoren deutlich den unterschiedlichen kognitiven Aufwand und weisen in ihren empirischen Arbeiten nach, dass die jeweilige Art der Zufriedenheit das Kundenverhalten beeinflusst.

Einiges spricht auch für den Einfluss der kognitiven Wissensbestände, welche die Zufriedenheit beeinflussen. Mertens unterscheidet zwischen einem hohen und einem geringen fachspezifischen Wissen der Kunden.[298]

Im ersteren Fall zeichnen die Kunden sich durch aktives Informationsverhalten aus und versuchen, beim Abschluss von Versicherungen möglichst rational vorzugehen. Dabei werden intensive Preis-Leistungs-Vergleiche angestellt, und der Kunde ist damit wesentlich preissensibler. Das bedeutet, dass diese Kunden ein klar definiertes Anspruchsniveau mit einer hohen Bereitschaft besitzen, sich bei negativen Abweichungen von den Erwartungen zu beschweren oder das Versicherungsunternehmen zu wechseln. Kunden mit einem geringen versicherungsspezifischen Wissen entscheiden sich hingegen relativ spontan, emotional und rasch. Ihre Informationsbeschaffung und –verarbeitung erfolgt eher passiv und verlassen sich häufig auf die Aussagen von anerkannten Meinungsführern aus ihrem Bekanntenkreis. Damit sind diese Kunden auf umfangreiche Beratungsleistungen durch den Versicherungsvermittler angewiesen.[299]

Demzufolge ergeben sich für diese Kunden anders gelagerte Unzufriedenheits-potenziale. Das mangelnde Wissen über das Versicherungsgeschäft lässt Misstrauen aufkommen und die Prämienzahlungen mit den Versicherungsleistungen verglichen. Ergibt dieser Vergleich ein Verhältnis zu Ungunsten des Kunden, so werden die Vertragsabschlüsse als unrentabel qualifi-

mals auf das ‚customer-delight'-Konzept verwiesen. Vgl. dazu etwa Arnold et al. (2005); Matzler et al. (1996); Oliver/Rust/Varki (1997); Torres/Kline (2006).

297 Vgl. Bloemer/Kaspar (1995), 315.

298 Vgl. Mertens (1992), 186ff.

299 Vgl. Mertens (1992), 186ff.

ziert. Zusätzlich wird oftmals eine Veränderung der Risikolage nicht wahrgenommen, sodass es im Schadensfall zu einer Unterversicherung oder möglicherweise einem Leistungsausschluss kommt und dadurch das Zufriedenheitsniveau gesenkt wird.[300]

4.2. Theoretischer Modellierungsansatz von Dienstleistungsqualität

Aufgrund der steigenden Wichtigkeit der Dienstleistungsqualität, aber zeitgleich mit mangelnder wissenschaftlicher Fokussierung auf Dienstleistungen[301] entwickelten PZB in den 80er Jahren das GAP-Modell für die Dienstleistungsqualität.[302]

Wissenschaftler und Praktiker von Dienstleistungsunternehmen sind sich einig, dass eine Beurteilung von Dienstleistungsqualität einen Vergleich von Erwartungen mit der Leistung beinhaltet.[303] Aufbauend auf dem Gedankengut des C/D-Paradigmas entwickelten PZB das GAP-Modell. Die mangelnde Literatur zur Dienstleistungs-qualität erforderte eine solide konzeptionelle Fundierung, um das Thema Dienstleistungsqualität zu untersuchen. Dafür wurde eine explorative qualitative Untersuchung mit Managern aus vier Dienstleistungsunternehmen (Bank, Kreditkarten-Unternehmen, Repair & Maintenance und Telefondienstleistungs-unternehmen) sowie Gruppeninterviews mit Kunden durchgeführt. Die Analyse der Interviews mit den Managern der Unternehmen zeigte, dass mehrere wesentliche Abweichungen (GAPs) zwischen der Wahrnehmung der Dienstleistungsqualität des Managements und der Kunden bestehen. Diese Abweichungen können sich bei dem Versuch, die Erwartungen des Kunden zu treffen, als ein wesentliches Hindernis herausstellen.[304] Das daraus entwickelte GAP-Modell ist in Abbildung 4-2 dargestellt.

Dieses GAP-Modell wurde später in unterschiedliche Richtungen weiterentwickelt. Murmann beispielsweise fügt dem ursprünglichen GAP-Modell eine triadische Beziehungsstruktur hinzu, in der die unterschiedlichen

300 Vgl. Mertens (1992), 186ff.

301 Vgl. Parasuraman/Zeithaml/Berry (1985), 42: Zu dieser Zeit beschäftigten sich nur eine Handvoll Autoren mit dem Thema Dienstleistungsqualität.

302 Weitere Modelle zur Dienstleistungsqualität sind beispielsweise in Bruhn (2008), 89ff zu finden.

303 Vgl. Parasuraman/Zeithaml/Berry (1985), 42.

304 Vgl. Parasuraman/Zeithaml/Berry (1985), 44.

Dienstleistungsinteraktionen zwischen Kunden, Vermittlern und Dienstleistungsanbietern miteingebunden werden.[305]

Frost und Kumar verfeinern das GAP-Modell für interne Dienstleistungen, in dem das GAP zwischen den Kundenkontaktmitarbeitern und den Support-Mitarbeitern miteinbezogen wird.[306] Allerdings finden beide Modelle kaum empirische Unter-stützung in der wissenschaftlichen Literatur. Daher lehnt sich die vorliegende Untersuchung an das ursprüngliche GAP-Modell von Parasuraman, Zeithaml und Berry (in weiterer Folge PBZ) an.

GAP 1 stellt die Diskrepanz zwischen der erwarteten Dienstleistung aus Kundensicht und der Kundenerwartungen aus Sicht des Managements dar. Diese Diskrepanz beeinflusst die Beurteilung der Servicequalität durch den Kunden.[307] Die Größe von GAP 1 steht im Zusammenhang mit dem Ausmaß der Markforschung, der vertikalen Kommunikation und die Anzahl der Managementebenen zwischen dem Kontaktpersonal mit dem Kunden und der Unternehmensführung.[308]

GAP 2 stellt die Kluft zwischen der Umsetzung in genaue Beschreibungen der Dienstleistungsqualität und den Kundenerwartungen aus Sicht des Managements dar.[309] Die Größe von GAP 2 ist eine Funktion von Managementleistungen zur Dienstleistungsqualität, dementsprechender Zielsetzung, Aufgabenstandardisierung sowie der Überzeugung, Kundenerwartungen erfüllen zu können.[310]

Im Mittelpunkt von GAP 3 steht die Lücke zwischen der Spezifikation der Dienstleistungsqualität und den tatsächlich erstellten Leistungen. Diese Diskrepanz spiegelt das Ausmaß wider, in dem die Mitarbeiter des Dienstleistungsanbieters ihre Leistungen nicht auf dem vom Management erwarteten Niveau erbringen. Als Ursache dafür wurden mangelnde Teamarbeit und fehlendes Rollenverständnis bzw. -konflikte der Mitarbeiter, ungeeignete Kontroll- und Anreizsysteme sowie unzureichende Qualifikationen im Umgang mit Menschen und der eingesetzten Technologien identifiziert.[311]

---

305 Vgl. Murmann (1999), 87.
306 Vgl. Frost/Kumar (2001), 373.
307 Vgl. Parasuraman/Zeithaml/Berry (1985), 44f.
308 Vgl. Zeithaml/Berry/Parasuraman (1988), 39.
309 Vgl. Parasuraman/Zeithaml/Berry (1985), 45.
310 Vgl. Zeithaml/Berry/Parasuraman (1988), 41.
311 Vgl. Zeithaml/Berry/Parasuraman (1988), 43f.

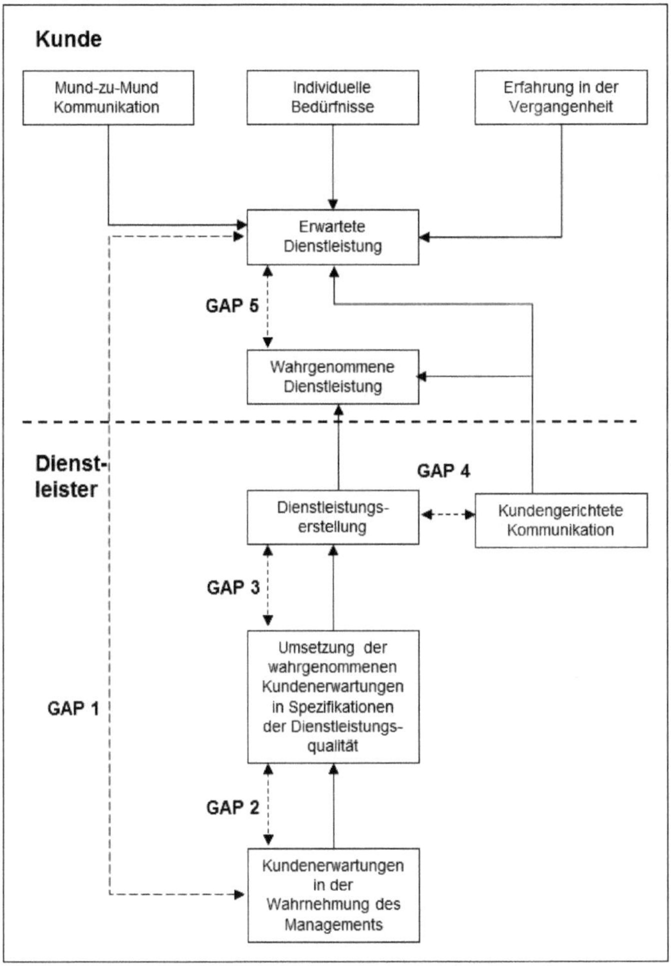

Abbildung 4-2: Das GAP-Modell der Servicequalität

(Quelle: Zeithaml/Parasuraman/Berry (1992), 62.)

GAP 4 entsteht, wenn die erbrachte Dienstleistungserstellung von der kunden-gerichteten Kommunikation abweicht. Durch die Kunden gerichtete Kommunikation werden Kundenerwartungen und -wahrnehmungen beeinflusst. Die Größe der Abweichung hängt von den Werbeversprechen und der Qualitätswahrnehmung ab. Eine Ursache für die Diskrepanz ist darin zu suchen, dass einige Anbieter Leistungen versprechen, aber nicht in der Lage sind, diese in ihrem Prozess mit ihren Mitarbeitern abzubilden. Eine weitere

Ursache ist in der horizontalen, also in der innerbetrieblichen Kommunikation bei mangelnden Abstimmungen zwischen den Abteilungen zu finden.[312]

GAP 5 stellt schließlich die zentrale Lücke des Modells dar und hängt von den vier vorher diskutierten Lücken ab. PZB stellen diese Lücke in einer Funktionsform dar: GAP 5 = $f(Gap1, Gap2, Gap3, Gap4)$

Diese Funktion kann so interpretiert werden, dass die Qualität der wahrgenommenen Dienstleistung umso stärker von der erwarteten Leistung abweicht, je größer die Summe aller vorherigen Abweichungen ist.[313]

4.3. Theoretischer Ansatzpunkt zur Erklärung von Dienstleistungsqualität und Kundenzufriedenheit

Die theoretische Grundlage der vorliegenden Untersuchung bildet die von Kahneman und Tversky im Jahr 1979 veröffentlichte Prospect Theory.[314] Auch wenn die Veröffentlichung dieser Theorie bereits mehr als 30 Jahre zurückliegt, so zeugt ihre breite Anwendung von ihrer hohen Erklärungskraft.

Schanz bestätigt, dass Theorien mit einer hohen Erklärungskraft Zeit benötigen, damit ihre volle Reife und Qualität gezeigt werden kann.[315] Für Wu, Zhang und Gonzalez wiederum liegt der Erfolg der Prospect Theory in ihrer einzigartigen Kombination der Einfachheit und Tiefe.[316] Für Popper hingegen besitzen Theorien eine Art Scheinwerferfunktion, von denen eine Lenkung des Forschungsvorhabens ausgeht. Seiner Meinung nach richten Theorien den Blick des Wissenschaftlers auf fruchtbare Probleme, geben Hinweise für eine Interpretationsmöglichkeit des Datenmaterials, das zuvor völlig unstrukturiert erschien, und lenken den Fokus darüber hinaus auf gänzlich neue Daten, das unter Umständen zur Entdeckung völlig neuer Forschungsrichtungen führen kann.[317]

In den folgenden Abschnitten werden zunächst die Kerneigenschaften der Prospect Theory erläutert. Anschließend wird gezeigt, wie sich die Prospect Theory über die Zeit entwickelt hat, um sie einordnen zu können. Ab-

312 Vgl. Zeithaml/Berry/Parasuraman (1988), 44f.
313 Vgl. Parasuraman/Zeitham/Berry (1985), 46.
314 Vor der ersten Veröffentlichung wurde die Prospect Theory unter dem Namen „Value Theory" diskutiert. Vgl. Thaler (1994a), xii.
315 Vgl. Schanz (1978), 298.
316 Vgl. Wu/Zhang/Gonzalez (2007), 404.
317 Vgl. Popper (1972), 47.

schließend wird die Prospect Theory mit den Beurteilungen von Dienstleistungsqualität und Kundenzufriedenheit in Verbindung gesetzt.

4.3.1. Prospect Theory

Die Prospect Theory ist den deskriptiven Entscheidungstheorien zuzuordnen. Im Unterschied zur präskriptiven Sichtweise befasst sie sich nicht mit dem Problem, wie Entscheidungen ‚rational' getroffen werden können, sondern sie versucht, eine Beschreibung und Erklärung zu liefern, wie Individuen und Gruppen in der Realität tatsächlich entscheiden. Auf diese Weise werden auch Informationen für ‚bessere' (oder ‚rationale') Entscheidungen ermöglicht, denn die Konsequenzen der von einem Entscheider erwogenen Handlungsalternativen können von den (tatsächlichen) Entscheidungen anderer Personen abhängen. Eine deskriptive Entscheidungstheorie kann bessere Prognosen dieser Entscheidungen ermöglichen und dazu führen, dass der Entscheider eine (im Hinblick auf sein Zielsystem) bessere Entscheidung trifft. [318]

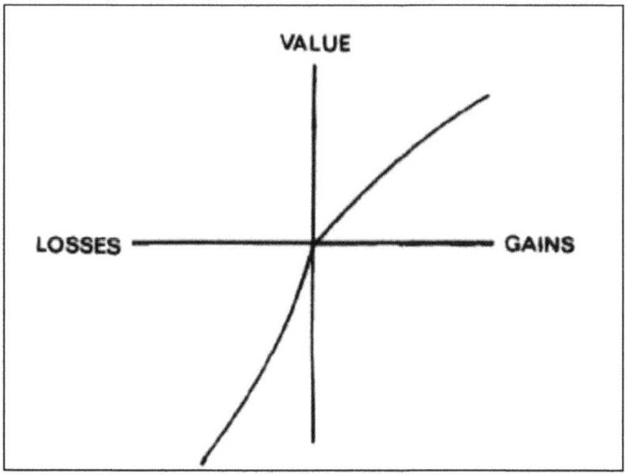

Abbildung 4-3: Hypothetische Wertfunktion

(Quelle: Kahneman/Tversky (1979), 279)

Eine deskriptive Entscheidungstheorie wie die Prospect Theory verlangt ein möglichst umfassendes System empirisch gehaltvoller und daher durch die Realität widerlegbarer Basissätze, die das Entscheidungsverhalten von Individuen erklären.[319]

318 Vgl. Bamberg/Coenenberg/Krapp (2008), 4f; Bell/Raiffa/Tversky (1988), 9ff; Eisenführ/Weber (2003), 2; Laux (2007), 3, 15; Thaler (1994b), 3.

319 Vgl. Hermann/Bauer (1996), 678.

Im Mittelpunkt der Prospect Theory steht die in Abbildung 4-3 dargestellte hypothetische Wertefunktion. Die Wertefunktion wird bestimmt durch die Abhängigkeit von einem Referenzpunkt. Sie nimmt im positiven Bereich einen konkaven und im negativen Bereich einen konvexen Verlauf ein. Zusätzlich ist sie im negativen Bereich steiler als im positiven Bereich. Dadurch verläuft die Wertefunktion S-förmig.[320]

Die axiomatischen Grundlagen der Wertefunktion in der Prospect Theory werden im nächsten Abschnitt erläutert, sofern sie für die vorliegende Arbeit relevant sind.[321]

4.3.1.1. Eigenschaften der hypothetischen Wertefunktion

Der hypothetischen Wertefunktion liegen folgende axiomatische Annahmen zugrunde:

Referenzpunktbezogenheit

Gemäß der Prospect Theory wird der Nutzen durch positive oder negative Abweichungen von einem Referenzpunkt (Gewinn bzw. Verlust) ausgedrückt. Jene Position, bei der weder eine positive noch eine negative Abweichung vorliegt, bestimmt den Ankerpunkt. Aus ökonomischer Sicht repräsentiert dieser Zustand einen unveränderten Wohlstand, daher lautet sein Wert Null. Dementsprechend bildet die räumliche Position des Referenzpunktes den Ursprung der Wertefunktion.[322]

Abnehmende Sensitivität

Die Wertefunktion weist eine konkave Form in der Gewinnzone und eine konvexe Form in der Verlustzone auf. Dieser Verlauf entspricht dem Ergebnis psychologischer Untersuchungen, dass der Unterschied zwischen z.B. 15 EUR und 25 EUR größer erscheint als zwischen 1115 EUR und 1125 EUR.[323]

---

320 Vgl. Kahneman/Tversky (1979), 279f.

321 Die gewichtete Wahrscheinlichkeitsfunktion wird nicht erläutert, da sie für die vorliegende Arbeit nicht relevant ist. Vgl. dazu Kahneman/Tversky (1979), 283.

322 Vgl. Kahneman/Tversky (1979), 277ff; Tversky/Kahneman (1981), 454; Tversky/Kahneman (1986), 258; Tversky/Kahneman (1991), 1039ff; Der Vergleich zur Nutzenfunktion von Markowitz zeigt, dass diese im Bereiche des Referenzpunktes relativ flach ist; Markowitz (1952), 154.

323 Vgl. Kahneman/Tversky (1979), 277ff; Tversky/Kahneman (1981), 454; Tversky/Kahneman (1986), 258; Tversky/Kahneman (1991), 1039ff.

Verlustaversion

Die Wertefunktion impliziert eine Verlustaversion des Entscheidungsträgers und ist daher im Verlustbereich steiler als für Gewinne. Die Verlustaversion beschreibt die unterschiedliche Einstellung und Wahrnehmung von Individuen bezüglich möglicher Gewinne und Verluste. Der Grund dafür liegt in der unterschiedlichen Wahrnehmung von Gewinnen und Verlusten, da Verluste doppelt so stark wahrgenommen werden wie Gewinne.[324] Dies bedeutet, dass ein Verlust in Relation zum Referenzpunkt stärker bewertet wird als ein gleich hoher Gewinn.[325]

Die Verlustaversion wird oftmals mit dem Status Quo Bias in Verbindung gebracht. Kahneman und Tversky stellen in ihrer Arbeit fest, dass der Status Quo Bias eine direkte Implikation zur Verlustaversion darstellt. Gemäß dem Status Quo Bias behalten Individuen den Status Quo bei, da sie die Nachteile des Verlassens des Status Quo höher einschätzen als die möglichen Vorteile einer anderen wahrzunehmenden Aktion.[326] Umgelegt auf die Wahrnehmungsasymmetrie zwischen ‚Gewinne' und ‚Verluste' beschreibt dieses Verhalten genau den Effekt der Verlustaversion.

4.3.1.2. Extremwerte

Wenig erforscht ist die Frage, wie große Verluste bewertet werden. Dabei werden zwei Standpunkte vertreten: die lexikografische[327] und die risikoaverse Variante. Beide Varianten sind in Abbildung 4-4 dargestellt.

Das Risiko einer möglichen Insolvenz eines betroffenen Unternehmens diskutieren beispielsweise Mao sowie Libby und Fishburn.[328] Die Autoren gelangen zum Ergebnis, dass die Entscheidungsträger angesichts großer Risiken zu einer lexikografischen Regel greifen, wenn der Nutzen eines Ergebnisses einen bestimmten Schwellenwert, wie etwa mit dem eines ruinösen Schadens, den Wert (-∞) unterschreitet. Dies bedeutet, dass eine Entscheidungsalternative, die diese Möglichkeit mit einschließt, auf jeden Fall abgelehnt wird. Diese Ablehnung erfolgt unabhängig davon, ob sie auch in positiven Ergebnissen resultieren kann.[329]

---

324 Vgl. Kahneman/Knetsch/Thaler (1991), 199.

325 Vgl. Kahneman/Tversky (1979), 277ff; Tversky/Kahneman (1981), 454; Tversky/Kahneman (1986), 258; Tversky/Kahneman (1991), 1039ff.

326 Vgl. Tversky/Kahneman (1991), 1044.

327 Weitere Untersuchungen zu lexikografischen Ansätzen stammen etwa von Blume/Brandenburger/Dekel (1991); Fishburn (1974); Hsee/Zhang/Chen (2008); Laroche/Kim/Matsui (2003); Nakamura (2002); Stoddard/Fern (2002).

328 Libby/Fishburn (1977), 285; Mao (1970), 354.

329 Vgl. Libby/Fishburn (1977), 285; Mao (1970), 354.

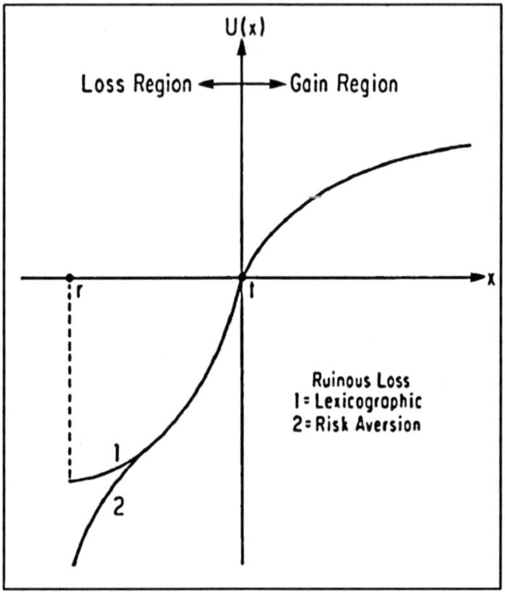

Abbildung 4-4: Wertefunktion bei hohen Verlusten

(Quelle: Crum, Laughhunn und Payne (1981), 23.)

Crum, Laughhunn und Payne vertreten die Meinung, dass die Entscheidungsträger im Bereich hoher Verluste wieder ein risikoaverses Verhalten bevorzugen.[330] Demnach können bei der Wertefunktion bei ihren Extremwerten sowohl risikoaverse als auch risikofreudige Verläufe auftreten.[331] Markowitz vertritt einen ähnlichen Ansatz, jedoch mit unterschiedlicher Anordnung der Bereiche und einer gegenteiligen Schlussfolgerung zur Auswirkung hoher Verluste.[332]

Die Diskussion zeigt, dass für die Annahme, die Wertefunktion nehme einen konvexen Verlauf über den gesamten Bereich der negativ beurteilten Ergebnisse ein, die Meinungen in der wissenschaftlichen Literatur divergieren. Im positiven Bereich, wo die Wertefunktion eine stärkere Krümmung aufweist, wird sie im negativen Bereich vielfach annähernd linear darge-

330 Vgl. Crum/Laughhunn/Payne (1981), 22f; Laughhunn/Payne/Crum (1980a), 1052; Laughhunn/Payne/Crum (1980b), 1246.

331 Vgl. Theil (2002), 156.

332 Vgl. Markowitz (1952),154.

stellt. Ein unterschiedliches Charakteristikum der Wertefunktion im Verlustbereich gegenüber im Gewinnbereich ist daher naheliegend.[333]

4.3.2. Status-Quo der Prospect Theory

Einige Aspekte der Prospect Theory gehen auf frühere Arbeiten zurück. Um diese einordnen zu können, werden die relevanten vorerst weitgehend unabhängig voneinander entstandenen Forschungslinien in Tabelle 4-1 aufgezeigt.[334]

Markowitz verwendet erstmalig ein Referenzpunkt-Konzept bei Unsicherheit. Seine Nutzenfunktion weist drei Wendepunkte auf. Markowitz beschreibt den mittleren Wendepunkt als „***customary*** *level of wealth*“[335]. Der erste Wendepunkt befindet sich unterhalb, der zweite Wendepunkt oberhalb des mittleren Wendepunkts.[336]

Tabelle 4-1: Zentrale Forschungslinien der Prospect Theory

(Quelle: eigene Darstellung)

Autor	**Jahr**	**Kernaussagen der Studien**
Markowitz	1952	Erstmalige Anwendung des Referenzpunkt-Konzeptes bei Entscheidungen unter Unsicherheit.
Allais	1953	Erarbeitung der Grundlagen der Wertefunktion und der Wahrscheinlichkeitsgewichtungsfunktion.
Ellsberg	1961	Intuitives Verhalten des Entscheiders kann nicht von der Risikonutzentheorie abgebildet werden.
Kahneman und Tversky	1979	‚Prospect Theory' zur Beschreibung und Erklärung von Entscheidungsverhalten als deskriptive Entscheidungstheorie, um Anhaltspunkte für präskriptive Ansätze zu geben.
Hershey und Shoemaker	1980	Replikation von Slovic et al. zeigt, dass eine spezifische Form der Fragestellung für die Ergebnisse verantwortlich zu sein scheint.

333 Vgl. Theil (2002), 157.
334 Eine Literatur-Übersicht zur Prospect Theory ist bei Edwards (1996) und Theil (2002) zu finden.
335 Markowitz (1952), 155. Im Original hervorgehoben.
336 Vgl. Markowitz (1952), 155.

Einhorn und Hogarth	1985	Entwicklung eines Modells, das die beobachteten Präferenzen zu erklären versucht (Ambiguity).
Currim und Sarin	1989	Gegenüberstellung der Prospect Theory zur von-Neumann-Morgensternschen Nutzentheorie zur Abklärung, welche die ‚bessere' sei.
Tversky und Kahneman	1992	Weiterentwicklung der traditionellen Prospect Theory zur ‚Cumulative Prospect Theory'.
Rieger und Wang	2008	Erweiterung der Bewertung kontinuierlicher Ergebnisverteilung trotz Beibehaltung der positiven Charakteristika der Prospect Theory.
Schmidt, Starmer und Sugden	2008	In der ‚dritten Generation' der Prospect Theory (PT^3) wird neben der Referenzpunkt-Abhängigkeit und der Entscheidungsgewichtung eine Unsicherheit der Referenzpunkte hinzugefügt.

Allais erarbeitete 1953 einige Grundlagen für die Wertefunktion und Wahrscheinlichkeitsgewichtung.[337] In der Erwartungsnutzen-Theorie stellt das Unabhängigkeitsaxiom einen Hauptbaustein dar. Dieses Axiom schränkt die Menge der mit der Nutzentheorie verträglichen Präferenzen stark ein. Daher wäre es verwunderlich, wenn ein Entscheider dieses Axiom intuitiv nicht verletzt.[338]

Dieses Paradoxon ist für viele Autoren und nicht zuletzt auch für Kahneman und Tversky ein Auslöser für eine alternative Formulierung einer Entscheidungstheorie.[339] So wurden die Überlegungen von Markowitz hinsichtlich der Form der Nutzen-funktion in der Prospect Theory aufgegriffen und weiterentwickelt.[340]

Eine weitere bedeutende Forschungslinie entwickelte sich mit der Arbeit von Ellsberg. Von diesem Autor stammen die sogenannten ‚Ellsberg-Urnen', er zeigt damit die Verletzung des Unabhängigkeitsaxioms.[341] In weiterer Folge entwickeln Einhorn und Hogarth ein Modell, das die beobachteten Präferenzen zu erklären versucht. Dieses Modell setzt den Rückgriff auf die Beur-

337 Vgl. Allais (1994), 176ff.
338 Vgl. Eisenführ/Weber (2003), 359.
339 Vgl. Theil (2002), 4.
340 Vgl. Markowitz (1952), 152 ff.
341 Vgl. Ellsberg (1961), 650ff.

teilung von Eintrittswahrscheinlichkeiten auf eine Verankerungs- und Anpassungsheuristik voraus. Gemäß diesem Modell werden die Wahrscheinlichkeiten einander ausschließender Ergebnisse nicht auf 1 addiert, sondern erlauben eine Summe von größer oder kleiner 1.[342]

Hershey und Schoemaker analysieren einzelne ihrer konzeptionellen Grundlagen, wie beispielsweise die Eigenschaften der Wertefunktion für Verluste[343] oder den Zusammenhang zwischen geringen Eintrittswahrscheinlichkeiten und Ergebnis-bewertungen.[344]

Einhorn und Hogarth übernehmen bei ihrer Venture Theory die Wertefunktion der Prospect Theory. In beiden Theorien können stochastisch dominierte Alternativen bevorzugt werden.[345]

Ein weiterer Forschungszweig befasst sich mit der Frage, ob aus deskriptiver Sicht die traditionelle Erwartungs-Nutzen-Theorie von von-Neuman und Mogenstern oder aber die Prospect Theory zu ‚besseren' Ergebnissen gelangt. Eine bekannte Arbeit stammt von Currim und Sarin.[346] Die daraus resultierende Diskussion, wie der Begriff ‚besser' zu verstehen sei, variiert und ist als nicht besonders fruchtbar zu bezeichnen. Am Ende geht jedoch die wesentliche Stärke der Prospect Theory hervor: ihre ‚deskriptive Eigenschaft'.[347]

Der darauffolgende Entwicklungsschritt der Prospect Theory erfolgt, indem ihre Kernelemente auf risikolose Entscheidungssituationen übertragen werden.[348] Kritisiert wurde bei dieser Variante gegenüber der ursprünglichen Version, dass dominierte Entscheidungsalternativen bevorzugt und diese nicht auf der Wahrscheinlichkeits-Gewichtungs-Funktion abgebildet werden können. In der Zwischenzeit wurden die rangplatzabhängigen Nutzentheorien eingebracht, auf deren Grundlage das Problem gelöst werden kann. Die kumulative Wahrscheinlichkeitsverteilung wurde auf die ursprüngliche Prospect Theory übertragen. Diese den rangplatzabhängigen Nutzentheorien ähnliche Transformation wird kombiniert mit dem Referenzpunktdenken der ursprünglichen Prospect Theory, zur ‚Cumulative Prospect Theory'.[349]

---

342 Vgl. Einhorn/Hogarth (1985), 436ff.

343 Vgl. Hershey/Schoemaker (1980b), 115ff.

344 Vgl. Hershey/Schoemaker (1980a), 395ff. In dieser Zeit begann von Schoemaker und Kunreuther ein früher Versuch, Prospect Theory und Versicherungsentscheidungen zueinander in Bezug zu setzen. Vgl. Schoemaker/Kunreuther (1979), 603ff.

345 Vgl. Einhorn/Hogarth (1990), 780ff.

346 Vgl. Currim/Sarin (1989).

347 Vgl. Currim/Sarin (1989), 22.

348 Vgl. Tversky/Kahneman (1991), 1039ff.

349 Vgl. Tversky/Kahneman (1992), 297ff.

Rieger und Wang erweitern die ursprüngliche Version der Prospect Theory von endlichen Lotterien zu einer willkürlichen Wahrscheinlichkeitsverteilung.[350] Das Ergebnis zeigt eine leichtere Berechnungsformel als für die ‚Cumulative Prospect Theory'. Die Autoren empfehlen einen neuen Schritt in der Editierphase und die Eliminierung der Diskontinuität in der ursprünglichen Version.[351]

Zeitgleich präsentieren Schmidt, Starmer und Sugden die dritte Generation der Prospect Theory (PT^3). Dabei wird die Vorhersagekraft der ursprünglichen Version beibehalten, aber eine Unsicherheit der Referenzpunkte erlaubt, während die Entscheidungsgewichte in eine ordnungsabhängige Form gebracht werden.

In der vorliegenden Arbeit wird jedoch die Prospect Theory aus dem Jahr 1979 verwendet, da diese in der wissenschaftlichen Literatur die größte empirische Unterstützung erfährt.

4.3.3. Prospect Theory zur Erklärung von Servicequalität und Kundenzufriedenheit

In der wissenschaftlichen Literatur werden im Wesentlichen zwei verschiedene Zusammenhänge von wahrgenommener Leistung und kumulativer Zufriedenheit untersucht: linear und symmetrisch sowie nicht linear und asymmetrisch. Diese beiden Zusammenhänge sind in Abbildung 4-5 dargestellt.

Grafik 1 in Abbildung 4-5 zeigt die traditionelle Ansicht des Zusammenhangs von Leistungsausprägungen und Kundenzufriedenheit. In dieser Konzeptualisierung ist der Zusammenhang linear und symmetrisch. Bei einem symmetrischen Zusammenhang führt die Veränderung einer Leistungseinheit zu einer Veränderung der Zufriedenheit in der gleichen Größenordnung, unabhängig davon, ob diese Veränderung im mittleren Bereich oder an den Extremen stattfindet. Goldman et al. schätzen beispielsweise die Relevanz der Eigenschaften mittels Regressions-koeffizienten und unterstellen ihrem Modell eine lineare symmetrische Form der Eigenschaften von Post-Leistungen und der Gesamtzufriedenheit.[352] Die Verwendung solcher linearen und symmetrischen Modelle ist in zahlreichen Kundenzufriedenheitsprogrammen allgegenwärtig.[353]

---

350 Vgl. Rieger/Wang (2008).
351 Vgl. Rieger/Wang (2008), 83.
352 Vgl. Goodman et al. (1995), 1313f.
353 Vgl. Anderson/Mittal (2000), 109.

In den meisten Fällen ist der Zusammenhang jedoch nicht symmetrisch und linear[354], sondern nicht-linear und asymmetrisch wie in Grafik 2 der Abbildung 4-5 dargestellt. In der Literatur wird zwischen positiv und negativ asymmetrischem Zusammenhang zwischen der Leistungsvariablen und der Zufriedenheit differenziert. Als negative Asymmetrie wird verstanden, wenn die Wahrnehmung einer geringen Dienstleistungsqualität einen stärkeren Einfluss auf die Kundenzufriedenheit hat als auf die Unzufriedenheit.[355] Bei einer positiven Asymmetrie hingegen hat die Wahrnehmung einer höheren Dienstleistungsqualität eine stärkere Auswirkung auf die Kundenzufriedenheit hat als auf die Unzufriedenheit.[356]

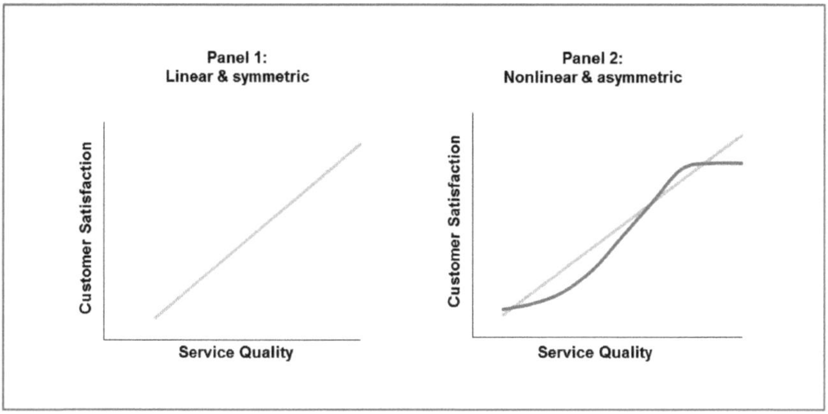

Abbildung 4-5: Zusammenhang Leistungswahrnehmung und Zufriedenheit

(Quelle: Anderson/Mittal (2000), 109.)

Der asymmetrische Zusammenhang wird in der wissenschaftlichen Literatur erst seit Mitte der 90er Jahre berücksichtigt. Für einen Überblick werden ausgewählte Studien, die einen asymmetrischen Zusammenhang berücksichtigen, am Ende dieses Kapitels in Tabelle 4-2 dargestellt.

Um den asymmetrischen Zusammenhang theoretisch begründen zu können, verweisen die Autoren dieser Studien großteils auf die Wertefunktion der Prospect Theory. In der Prospect Theory weist die Wertefunktion eine S-Form auf, die aufgrund der abnehmenden Sensitivität im negativen Be-

354 Vgl. dazu etwa die Untersuchung von Streukens/deRuyter (2004).
355 Vgl. Stan et al. (2007), 363ff.
356 Vgl. Van Doorn (2008), 133ff.

reich einen steileren Verlauf aufweist als im positiven Bereich.[357] Dieser S-förmige Verlauf steht im Einklang mit der verhaltenswissenschaftlichen Erkenntnis, dass eine negative Abweichung von einem Referenz- oder Ankerwert stärker wiegt als eine im Ausmaß gleiche positive Abweichung.[358]

Im Kontext von Dienstleistungsqualität und Zufriedenheit könnte das bedeuten, dass eine negative Beurteilung eine größere Auswirkung auf die Zufriedenheit als die äquivalente positive Beurteilung hat. Die Erwartungskomponente bildet hier den Referenz- bzw. Ankerwert.[359] Im übertragenden Sinn werden auf der x-Achse der Prospect Theory die Beurteilungen der Dienstleistungsqualität und auf der y-Achse die Kundenzufriedenheit dargestellt.[360]

Eine konzeptionelle Arbeit zu diesem Thema stammt von Anderson und Sullivan.[361] Die Autoren stellen die unterschiedlichen Zusammenhänge dar und kommen zu dem Schluss, dass in den meisten Fällen der Zusammenhang zwischen Dienstleistungsqualität und Kundenzufriedenheit nicht linear sondern asymmetrisch ist. Gemäß den Untersuchungsergebnissen ist die Beurteilung von Zufriedenheit signifikant empfindlicher zu negativen als zu positiven Abweichungen. Bei einer Einzelbetrachtung der Merkmale zeigen 80 % der Fälle bei einer negativen Abweichung einen größeren Einfluss auf die Zufriedenheit als positive Abweichungen.[362]

Hermann, Nitzsch und Huber prüften die Referenzpunktbezogenheit, die Verlustaversion und die abnehmende Sensitivität bei Kundenzufriedenheitsurteilen im Hotelsektor.[363] Die Autoren bestätigen in ihren Untersuchungen, dass Probanden bei der Bildung eines Zufriedenheitsurteils sich an einem Referenzpunkt orientieren, verlustavers sind und eine abnehmende Sensitivität aufweisen.[364]

Mittal, Ross und Baldasare führten drei Studien durch, in denen der Einfluss wahrgenommener Eigenschaften auf Gesamtzufriedenheit und Wiederkaufabsicht untersucht wurde. Die Ergebnisse zeigen bei einer negativen Beurteilung der Dienstleistungs- bzw. Produktqualität eines Merkmals einen signifikant stärkeren Einfluss auf die Gesamtzufriedenheit als bei einer positiven Beurteilung der Dienstleistungs- bzw. Produktqualität des gleichen

357 Vgl. Kahneman/Tversky (1979), 279f.
358 Vgl. Hermann/Bauer (1996), 679.
359 Vgl. Mittal/Ross/Baldasare (1998), 23.
360 Vgl. Yi/La (2003), 26.
361 Vgl. Anderson/Sullivan (1993).
362 Vgl. Anderson/Sullivan (1993), 138.
363 Vgl. Herman/von Nitzsch/Huber (1998).
364 Vgl. Herman/von Nitzsch/Huber (1998), 1237.

Merkmals. Zusätzlich zeigen sie eine abnehmende Sensitivität der Gesamtzufriedenheit gegenüber der jeweiligen Merkmalsleistung.[365]

Ting und Chen untersuchten in ihrer Befragung die Kunden eines Hypermarktes. Ihre Vorgehensweise zur Identifikation der geeigneten Merkmale beinhaltet eine explorative Studie mit anschließender Befragung der Probanden.[366] Das Resultat zeigt, dass 40 von 43 identifizierten Qualitätseigenschaften eines Hypermarktes einen asymmetrischen Zusammenhang zur Gesamtzufriedenheit aufweisen. Allerdings erfüllen nur einige Regressionskoeffizienten der Qualitätsmerkmale die Anforderungen für die Wertefunktion der Prospect Theory.[367]

Yi und La replizierten und erweiterten die Studie von Spreng und Page, indem sie den Erwartungen des C/D-Paradigmas eine Zuversichtskomponente hinzufügten, um anschließend einen asymmetrischen Effekt der Abweichungen vom Referenzpunkt auf die Zufriedenheit zu untersuchen.[368] Die Autoren bestätigen einen asymmetrischen Zusammenhang, der jedoch von der Zuversicht der Erwartungen beeinflusst wird. Die negativen Abweichungen zeigen einen stärkeren Einfluss auf die Kundenzufriedenheit als die positiven. Die Prospect Theory dient als theoretisches Erklärungsmodell für den asymmetrischen Verlauf.[369]

Gómez, McLaughlin und Wittink befassten sich mit dem Zusammenhang zwischen der Qualität der Geschäftseigenschaften und der Kundenzufriedenheit sowie zwischen Kundenzufriedenheit und Sales-Performance.[370] Für diese Untersuchung wurden in sechs Erhebungseinheiten die Kundenzufriedenheitsdaten von 250 Supermärkten erhoben. Das Ergebnis zeigt, dass ein Punkt negativer Veränderung in der Qualität die Gesamtzufriedenheit um 0,35 Punkte reduziert. Dieser Einfluss ist sieben Mal größer als ein Punkt positive Veränderung in der Dienstleistungsqualität (0,05).[371] Diese Veränderungen zeigen ebenso einen asymmetrischen Zusammenhang.

Matzler et al. verwenden in ihrer Studie eine ‚Importance-Performance-Analyse' (IPA).[372] Anhand einer Regressionsanalyse mit Dummy-Variablen wird ein asymmetrischer Zusammenhang zwischen wahrgenommener Leistung und Gesamt-zufriedenheit in der Automobilbranche bestätigt. Zusätz-

365 Vgl. Mittal/Ross/Baldasare (1998), 33.
366 Vgl. Ting/Chen (2002).
367 Vgl. Ting/Chen (2002), 559ff.
368 Vgl. Yi/La (2003).
369 Vgl. Yi/La (2003), 33.
370 Vgl. Gómez/McLaughlin/Wittink (2004).
371 Vgl. Gómez/McLaughlin/Wittink (2004), 276.
372 Vgl. Matzler et al. (2004).

lich zeigen die Autoren anhand ihrer Ergebnisse, dass die Management-Implikationen, die aus der IPA resultieren, irreführend sind und daher die traditionelle IPA überarbeitet werden muss.[373]

Slotegraaf und Inman führen eine Längsschnittstudie zur Kundenzufriedenheit und Produktqualität in der Automobilbranche durch.[374] Das Ergebnis zeigt, dass sich die Zufriedenheit mit der Produkt-Qualität, abhängig von den Merkmalen, im Zeitablauf asymmetrisch verändert.[375]

Stan et al. prüfen in ihrer Untersuchung einen möglichen negativen asymmetrischen Zusammenhang von Dienstleistungsqualität und Kundenzufriedenheit bei unterschiedlichen Kundensegmentgruppen eines Radiowerbung-Dienstleisters. Die Untersuchungsergebnisse bestätigen einen asymmetrischen Zusammenhang zwischen Dienstleistungsqualität und Kundenzufriedenheit mit signifikant negativen asymmetrischen Effekten. Die verschiedenen Dimensionen der Dienstleistungsqualität haben unterschiedliche Auswirkungen auf die Gesamtzufriedenheit.[376]

Zusammenfassend zeigen die oben angeführten Studien einen asymmetrischen Einfluss von Dienstleistungsqualität auf die Kundenzufriedenheit unterschiedlicher Dienstleistungsbranchen. Als theoretischer Erklärungsansatz wird dazu die Prospect Theory herangezogen. Diese Studien zeigen jedoch, dass der asymmetrische Zusammenhang weder mit SERVQUAL als Messinstrument untersucht noch mit der Versicherungsbranche in Zusammenhang gebracht wurde. Die vorliegende Arbeit knüpft hier an. Sie verwendet SERVQUAL als Messinstrument zur Beurteilung von Dienstleistungsqualität bei KFZ-Versicherern, um den Einfluss auf die Gesamtzufriedenheit zu untersuchen. Als theoretisches Erklärungsmodell werden die Eigenschaften der Wertefunktion der Prospect Theory herangezogen.

373 Vgl. Matzler et al. (2004), 271.
374 Vgl. Slotegraaf/Inman (2004).
375 Vgl. Slotegraaf/Inman (2004), 278.
376 Vgl. Stan et al. (2007), 363f.

Tabelle 4-2: Ausgewählte Untersuchungen eines asymmetrischen Zusammenhangs zwischen Dienstleistungsqualität und Kundenzufriedenheit (Quelle: eigene Darstellung)

Autor(en)	**Befragungsmethode und Datengrundlage**	**Analysemethode**	**Branche**	**Kernergebnisse**
Anderson/Sullivan (1993)	Computergestützte Telefonbefragung, 200 Interviews pro Unternehmen n = 22.300	Regressionsanaly-se	Die 57 größten Unternehmen in Schweden aus un-terschiedlichen Branchen: Airlines, Banken, Versiche-rungen, Beklei-dung, Einrich-tungshäuser, Tank-stellen, IT-Services, Handel.	Die Beurteilung von Zufriedenheit ist signifikant empfindlicher zu negativen Abweichungen als zu positiven. Bei Einzel-betrachtung der Merkmale zeigen 80% der Fälle (83 von 114) bei negativer Abweichung einen größeren Einfluss auf die Zufrie-denheit als die positiven. Ein Pro-dukt/Dienstleistung, das die Erwartungen nicht erfüllt, führt dazu, dass die bestehenden Kunden mit einer geringeren Wahrscheinlichkeit loyal blei-ben und führt zu höheren Kosten, um neue Kunden an das Unternehmen zu binden.
Hermann/Nitzsch/ Huber (1998)	Schriftlich n = 362	Regressionsanaly-se	Hotelsektor	Bei der Bildung eines Zufriedenheitsurteils berück-sichtigen die Probanden einen Referenzpunkt. Pro-banden beurteilen eine negative Abweichung vom Referenzpunkt deutlich stärker als eine im gleichen Ausmaß positive Abweichung. Probanden weisen eine abnehmende Empfindlichkeit gegenüber zu-nehmend negativen und steigend positiven Abwei-chungen vom Referenzpunkt auf.

Mittal/Ross/ Baldasare (1998)	Studie 1: Telefon-Interviews, n = 4.517 Studie 2: schriftliche Befragung per Post, n = 9.359 Studie 3: schriftliche Befragung per Post, n = 13.759	Studie 1-3: Regressionsanalyse mit Dummy-Variablen	Studie 1: Krankenversicherung Studie 2: Autokäufer Studie 3: Autokäufer	Schlechte Dienstleistungs- bzw. Produktqualität in einem Attribut hat einen stärkeren Einfluss auf die Kundenzufriedenheit als gute Dienstleistungs- bzw. Produktqualität beim gleichen Attribut. Erfahrungen mit der Dienst-leistungs- bzw. Produktqualität eines Attributs stellen eine wichtige Determinante für künftige Entscheidungen dar.
Anderson/Mittal (2000)	Keine	Fallstudien, Literaturauswertung, Konzeptionelle Überlegungen	keine	Konzeption asymmetrischer Zusammenhänge zwischen Servicequalität und Kundenzufriedenheit, d.h. der Einfluss der Verbesserung eines Service-Attributs unterscheidet sich vom Einfluss einer äquivalenten Verschlechterung.
Ting/Chen (2002)	Step 1: explorative Studie Step 2: persönliche schriftliche Befragung, inkl. Pre-Test und Test-Retest n = 435	Regressionsanalyse	Hypermarkt-Kunden	40 von 43 Qualitätseigenschaften weisen einen asymmetrischen Zusammenhang zur Gesamtzufriedenheit auf. Allerdings erfüllen nur einige Regressions-koeffizienten die Anforderung für die Wertefunktion der Prospect Theory.

Yi/La (2003)	Replikationsstudie von Spreng/Page (2001) C/D-Paradigma n = 256	Struktur-Modell Regressionsanalyse mit Dummy-Variablen	Koreanisches Familien-Restaurant	Der Einfluss von Dienstleistungsqualität auf die Kundenzufriedenheit ist asymmetrisch, wird jedoch beeinflusst von der Zuversicht der Erwartungen. Negative Abweichungen haben einen stärkeren Einfluss auf die Kundenzufriedenheit als positive.
Gómez/McLaughlin/ Wittink (2004)	Längsschnitt Survey 1998-2001, Halbjährliche Befragung, Zufriedenheitsdaten von 250 Supermärkten	Faktorenanalyse Regressionsanalyse	Supermarkt	Ein Punkt negative Veränderung in der Dienstleistungsqualität reduziert die Gesamtzufriedenheit um 0,35 Punkte. Dieser Einfluss ist sieben Mal größer als ein Punkt positive Veränderung in der Dienstleistungsqualität (0,05).
Matzler et al. (2004)	Step 1: explorative Studie Step 2: schriftliche Befragung n = 259	IPA, Multiple Regressionsanalyse mit Dummy-Variablen	Autokäufer	Asymmetrischer Zusammenhang zwischen Attribute-Level-Performance und Gesamtzufriedenheit wird empirisch bestätigt. Resultierende Management-Implikationen resultierend aus der IPA sind irreführend. Die traditionelle IPA muss überarbeitet werden.

Slotegraaf/Inman (2004)	Längsschnitt in drei Zeitperioden: 9 Monate, n = 2.886 21 Monate, n = 10.153 33 Monate, n = 4.479	Regressionsanaly-se Faktorenanalyse	Autokäufer	Zufriedenheit mit der Produktqualität verändert sich, abhängig von den Merkmalen, im Zeitablauf asymmetrisch.
Stan et al. (2007)	Step 1: explorative Studie Step 2: schriftliche Befragung n = 124	Regressionsanaly-se mit Dummy-Variablen	Radio-Werbung Dienstleistungen	Asymmetrischer Zusammenhang zwischen Dienst-leistungsqualität und Kundenzufriedenheit bestä-tigt sich mit signifikant negativen asymmetrischen Effekten. Die Dimensionen der Dienstleistungsqua-lität haben unterschiedliche Auswirkungen auf die Gesamtzufriedenheit.
Stan et al. (2007)	Step 1: explorative Studie Step 2: schriftliche Befragung n = 124	Regressionsanaly-se mit Dummy-Variablen	Radio-Werbung Dienstleistungen	Asymmetrischer Zusammenhang zwischen Dienst-leistungsqualität und Kundenzufriedenheit bestä-tigt sich mit signifikant negativen asymmetrischen Effekten. Die Dimensionen der Dienstleistungsqua-lität haben unterschiedliche Auswirkungen auf die Gesamtzufriedenheit.

5. Messinstrumente

> „Satisfaction is one of only a few key building blocks in marketing philosophy, theory and practice."[377] "[.] in services marketing, where SERVQUAL has become a reasonable well accepted model for measuring the extent to which a company meets its customers expectations [...]." [378] „The need to translate the philosophical statement of the marketing concept into pragmatic operational guidelines has directed to the development and measurement of consumer satisfaction." [379]

In diesem Kapitel werden die Messinstrumente für das Konstrukt ‚Kundenzufriedenheit' und ‚Dienstleistungsqualität', die der vorliegenden Arbeit zugrunde liegen, vorgestellt. Zunächst wird das Messinstrument für Kundenzufriedenheit diskutiert. Eine Diskussion zum Messinstrument von Kundenzufriedenheit liegt in der wissenschaftlichen Literatur nicht vor. Ein Grund dafür kann sein, dass die verwendeten Skalen der Untersuchungen nur spärlich veröffentlicht werden und dadurch eine Diskussion nicht möglich ist. Die unterschiedlichen Ansätze zur Beschreibung von Kundenzufriedenheit wurden hingegen bereits in Kapitel 4.1 diskutiert. SERVQUAL, das Messinstrument für Dienstleistungsqualität, hingegen wird in der Literatur vielfach aufgegriffen, angewendet und diskutiert. Im Abschnitt 5.2 werden SERVQUAL und die damit verbundenen Diskussionen vorgestellt.

5.1. Das Messinstrument für Kundenzufriedenheit

Gemäß den Anforderungen des gewählten definiens in Kapitel 3.1.1 wird in der vorliegenden Untersuchung ein Messinstrument verwendet, das die Gesamtzufriedenheit durch ein multiattributives Konstrukt erfasst. Die Untersuchungs-ergebnisse von Hermann, Huber und Braunstein bestätigen eine Reliabilität und Validität eines multiattributiven Messinstrumentes zur Erhebung der Gesamtzufriedenheit von KFZ-Versicherungsnehmern.[380] Daher lehnt sich die Autorin der vorliegenden Arbeit an das Messinstrument von Hermann, Huber und Braunstein an.

Das Messinstrument wird in Abbildung 5-1 grafisch dargestellt. Demnach wird die Gesamtzufriedenheit durch die Dimensionen Produkt-Zufriedenheit, Innendienst-Zufriedenheit, Außendienst-Zufriedenheit sowie die Relative Qualität bestimmt. Die einzelnen Dimensionen sind durch unterschiedliche,

---

377 Babin/Griffin (1998), 127.

378 Homburg/Rudolph (2001), 15.

379 Churchill/Suprenant (1982), 491.

380 Vgl. Hermann/Huber/Braunstein (2000), 302ff.

in Summe aber durch 15 Merk-male beschrieben und werden nachfolgend erläutert.[381] Die Merkmale werden mit einer 7-Punkt-Likertskala mit einem semantischen Differenzial, ‚1' = absolut unzufrieden und ‚7' = absolut zufrieden, erhoben.

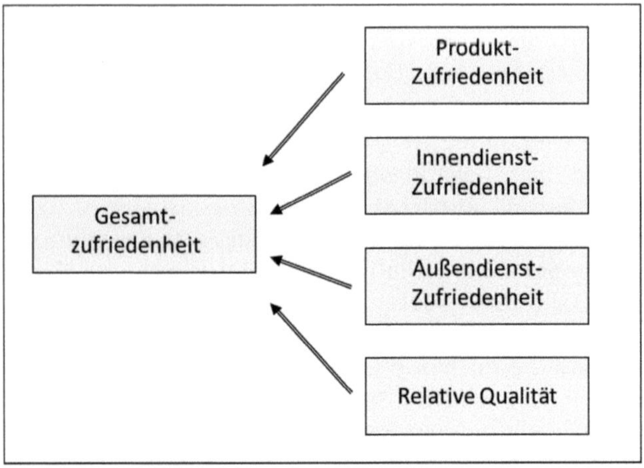

Abbildung 5-1: Die vier Dimensionen zur Ermittlung der Gesamtzufriedenheit

(Quelle: eigene Darstellung)

Im Folgenden werden die Dimensionen, die die Gesamtzufriedenheit beeinflussen, beschrieben und in Abbildung 5-2 veranschaulicht.

Die Dimension ‚Produkt-Zufriedenheit' bezieht sich auf die Berücksichtigung individueller Anforderungen, die Verständlichkeit und Transparenz der KFZ-Versicherung sowie die Zufriedenheit mit dem Preis-Leistungsverhältnis.

Die Dimension der ‚Innendienst-Zufriedenheit' bildet die folgenden fünf Merkmale ab: Zuverlässigkeit der Verwaltung, Verständlichkeit der schriftlichen Unterlagen, Wartezeit bis zur Zustellung der Polizze, Transparenz der Prämienabrechnung sowie die Freundlichkeit des Verwaltungspersonals.

Die Dimension der ‚Außendienst-Zufriedenheit' erklärt die Merkmale der Zufriedenheit mit der Beziehung zum Berater, der Aufklärung durch den Berater, dem Fachwissen sowie der Freundlichkeit des Beraters.

Die Dimension der ‚Relativen Qualität' gibt Auskunft über die allgemeine Einschätzung des Versicherungsunternehmens, die Einschätzung des Preis-Leistungsverhältnisses des Versicherungsunternehmens und die Einschät-

381 Vgl. Hermann/Huber/Braunstein (2000), 304.

zung der Beratung beim Versicherungsunternehmen jeweils im Vergleich zur besten Alternative.

Dimension	Merkmale
Produkt-Zufriedenheit	▪ Individuelle Anforderungen ▪ Verständlichkeit der Versicherungspolizze ▪ Preis-Leistungsverhältnis
Innendienst-Zufriedenheit	▪ Zuverlässigkeit mit der Verwaltung ▪ Verständlichkeit der Kommunikationsmittel ▪ Wartezeit bis zur Zustellung der Polizze ▪ Transparenz der Prämienabrechnung ▪ Freundlichkeit des Personals
Außendienst-Zufriedenheit	▪ Beziehung zum Berater ▪ Aufklärung durch den Berater ▪ Fachwissen des Beraters ▪ Freundlichkeit des Beraters
Relative Qualität	▪ Einschätzung des Versicherers zu Mitbewerbern ▪ Preis-Leistungsverhältnis des Versicherers im Vergleich zur besten Alternative ▪ Beratung des Versicherers im Vergleich zur besten Alternative

Abbildung 5-2: Merkmale der Kundenzufriedenheit

(Quelle: eigene Darstellung)

5.2. SERVQUAL – das Messinstrument für Dienstleistungsqualität

Basierend auf der Empfehlung von Churchill, Messinstrumente für Marketingkonstrukte zu entwickeln[382], operationalisieren PBZ ein Messinstrument zur Erhebung von Dienstleistungsqualität. SERVQUAL, das Messinstrument, ist ein standardisierter Fragebogen, der zur Erfassung der Lücke 5 im GAP-Modell der Dienstleistungsqualität entwickelt wurde. Die ursprünglich generierten 10 Dimensionen wurden mittels verschiedener empirischer Prüfverfahren von PBZ auf fünf Dimensionen mit 22 Merkmalen reduziert. Diese Überprüfung erfolgte mit Kunden von großen Unternehmen aus den Berei-

382 Vgl. Churchill (1979), 66.

chen Banken, Versicherung und Telekommunikation.[383] Diese fünf Dimensionen sind Materielles, Zuverlässigkeit, Entgegenkommen, Souveränität und Einfühlung. Die fünf Dimensionen und ihre 22 Merkmale sind in Abbildung 5-3 dargestellt.

Dimensionen	Merkmale
Materielles	1. Modern aussehende Betriebs- und Geschäftsausstattung 2. Angenehm ins Auge fallende Einrichtungen 3. Adrett gekleidete Mitarbeiter 4. Gute Gestaltung der Broschüren und sonstigen Mitteilungen
Zuverlässigkeit	5. Versprechen, etwas zu einembestimmten Termin zu erledigen 6. Aufrichtiges Interesse, ein Kundenproblem zu läsen 7. Irrtumsfreie Belege 8. Etwas gleich beim ersten mal richtig auszuführen 9. Etwas zu einem versprochenen Termin zu leisten
Entgegenkommen	10. Hinweis, wann eine Leistung erbracht wird 11. Prompte Bedienung 12. Hilfsbereitschaft der Mitarbeiter 13. Erfüllung von Wünschen
Souveränität	14. Vertrauensvolle Mitarbeiter 15. Sicherheit 16. Fachwissen 17. Höflichkeit
Einfühlung	18. Individuelle Aufmerksamkeit 19. Kundenfreundliche Öffnungszeiten 20. Aufrichtiges Interesse an Kundenproblemen 21. Verständnis für Kundenbedürfnisse 22. Persönliche WIdmung

Abbildung 5-3: Merkmale des SERVQUAL-Konzepts

(Quelle: Zeithaml/Parasuraman/Berry (1992), 202ff.)

Zu jedem Merkmal werden zwei Aussagen formuliert (Doppelskala), die in Abbildung 5-4 beispielhaft dargestellt sind. Während in der ersten Generation von SERVQUAL die Merkmale der Erwartungskomponente mit einem deskriptive ‚should' formuliert wurden, erfolgte in der zweiten Generation die Änderung auf eine normative ‚will'-Formulierung.[384] Mit Aussagen der Art ‚so-sollte-es-sein' werden bei der ersten Skala die idealtypischen Zustände oder generellen Erwartungen der Konsumenten hinsichtlich der qualitätsre-

383 Vgl. Parasuraman/Berry/Zeithaml (1991), 422f.
384 Vgl. Parasuraman/Berry/Zeithaml (1991), 422.

levanten Aspekte einer Dienstleistung erhoben. Bei der zweiten Skala werden mit Statements der Form ‚so-ist-es' die tatsächlich wahrgenommenen Zustände im Hinblick auf ein spezielles Dienstleistungsunternehmen erhoben.[385]

Beiden Skalen liegt eine 7-Punkt Likert Skala zugrunde, die Beurteilungen von ‚absolut falsch' (1) bis ‚absolut richtig' (7) zulässt. Aus der resultierenden Differenz zwischen Soll- und Ist-Zustand eines Merkmals ergibt sich ein Einzelwert zwischen ‚-6' und ‚+6', wobei die wahrgenommene Dienstleistungsqualität bezüglich eines bestimmten Kriteriums mit der Größe des Wertes steigt. Die Mitte des Intervalls trennt schließlich zwischen guter und schlechter Dienstleistungsqualität.[386]

Beispiel für die Doppelskala (Merkmal 16):	Absolut falsch						Absolut richtig
Mitarbeiter eines hervorragenden Service-Providers sind stets gleichbleibend höflich zu den Kunden	1	2	3	4	5	6	7
Mitarbeiter des Service-Providers x sind stets gleichbleibend höflich zu den Kunden	1	2	3	4	5	6	7

Abbildung 5-4: Doppelskala zur Beantwortung des SERVQUAL-Fragebogens

(Quelle: Zeithaml/Parasuraman/Berry (1992), 200ff.)

Um die relative Bedeutung der Skalen zu bestimmen, ergänzen PBZ den Fragebogen mit einer direkten Messung der Wichtigkeit der Dimensionen. Hier wird der Proband gebeten, 100 Punkte auf die Dimensionen gemäß ihrer Wichtigkeit zu vergeben.[387]

Somit besteht das Messinstrument SERVQUAL aus drei Teilen, die Erhebung der Erwartung, die Beurteilung der tatsächlichen Leistungswahrnehmung und der Beurteilung der relativen Wichtigkeit der jeweiligen Dimensionen. Der Fragebogen ist im Anhang dargestellt. Laut PBZ ist SERVQUAL ein ‚Basisskelett' für die Beurteilung von Dienstleistungsqualität und sollte nach Möglichkeit in seiner standardisierten Form verwendet werden. Die Autoren sehen in SERVQUAL ein Messinstrument, das in allen Dienstleistungsbranchen angewendet werden kann. Kleine Anpassungen der Formulierungen

385 Vgl. Zeithaml/Parasuraman/Berry (1992), 200.
386 Vgl. Zeithaml/Parasuraman/Berry (1992), 200.
387 Vgl. Parasuraman/Berry/Zeithaml (1991), 424.

sollten für die jeweilige Dienstleistungsbranche vorgenommen werden. Eine Reduzierung der Merkmale kann die Reliabilität und Validität beeinflussen und daher möglicherweise nicht die gesamte Dienstleistungsqualität erfassen.[388]

Zu einer ähnlichen Aussage kommen Finn und Kayande. Die beiden Autoren untersuchen den Einfluss von Skalen-Adaptionen und Skalen-Modifizierungen auf die Verlässlichkeit und Validität von SERVQUAL. Skalen-Adaptionen wie die Entfernung oder Ersetzung von Merkmalen haben einen wesentlich größeren Einfluss auf die Skalen-Validität als Skalen-Modifizierungen.[389] Aus diesem Grund wird in der vorliegenden Arbeit SERVQUAL in seiner empfohlenen Form mit fünf Dimensionen und 22 Merkmalen für die Versicherungsbranche angepasst und die Gewichtung der relativen Wichtigkeit der Dimensionen verwendet.

5.2.1. Status Quo von SERVQUAL

SERVQUAL wurde als Messinstrument in zahlreichen Studien zur Messung von Dienstleistungsqualität verwendet. Dabei diente diese Messmöglichkeit als Basis für Studien in unterschiedlichen Umgebungen. Die Studie von Johnson, Dotson und Dunlop konzentriert sich beispielsweise auf die Einflussgrößen von Dienstleistungs-qualität im Immobiliensektor,[390] Brown und Swartz untersuchten den GAP 1, GAP 2 und GAP 3 der Beziehung zwischen Ärzten und Patienten und lehnen sich hier im Unterschied an die ursprünglichen 10 Dimensionen der SERVQUAL-Skala an.[391] Babakus und Boller konzentrierten sich auf ein Gas- und Elektrizitätsunternehmen.[392]

Carman wiederum untersuchte die Dienstleistungsqualität von Zahnärzten, von einem Placement-Center und von einem Reifenzentrum in Anlehnung an die ursprünglichen fünf SERVQUAL-Dimensionen. Der Autor ergänzte jedoch für den jeweiligen Bereich die Merkmale.[393] Finn, Lamb und Teas untersuchten die Dienstleistungsqualität in Kaufhäusern[394], während Cronin und Taylor die Dienstleistungsqualität einer Bank, eines ‚Pest Control-

388 Vgl. Parasuraman/Berry/Zeithaml (1991), 445.

389 Vgl. Finn/Kayande (2004), 49. Skalenmodifizierungen wurden von Parasuraman, Zeithaml und Berry in mehreren Schritten vorgenommen, um eine Verbesserung der psychometrischen Eigenschaften zu erreichen. Vgl. Parasuraman/Berry/ Zeithaml (1991), Parasuraman/Zeithaml/Berry (1994).

390 Vgl. Johnson/Dotson/Dunlop (1988), 28.

391 Vgl. Brown/Swartz (1989), 94.

392 Vgl. Babakus/Boller (1992), 257.

393 Vgl. Carman (1990), 36f.

394 Vgl. Finn/Lamb (1991), 485; Teas (1993), 24.

Unternehmens', einer Wäscherei und eines Fast-Food Unternehmens untersuchten[395].

Die Verwendung von SERVQUAL in unterschiedlichen Bereichen hatte zur Folge, dass das Konstrukt in mehreren Belangen hinterfragt wurde. Asubonteng, McCleary und Swan[396] sowie Morrsion-Coulthard[397] geben dazu einen weitreichenden Überblick über die Anwendungen und Kritik an der Skala. Babakus und Boller sowie Brown, Churchill und Peter hinterfragen beispielsweise die Reliabilität und Validität der Ergebnisdifferenz von SERVQUAL[398], während Carman sowie Finn und Lamb die Generalisierbarkeit der SERVQUAL-Dimensionen in einem breiten Dienstleistungsbereich nicht unterstützen.[399] Als Gegenargumente wurden genannt, dass SERVQUAL keine generische Messmethode für alle Servicebereiche darstellt, sondern jeweils für die jeweilige zu untersuchende Branche zu adaptieren ist und die Dimensionen der Dienstleistungsqualität von der Art der untersuchten Dienstleistung abhängig sind[400].

Die prominentesten Kritiker sind jedoch Cronin und Taylor sowie Teas. Ihre Prominenz ist wahrscheinlich auf den wissenschaftlichen Diskurs in der Literatur mit PZB zurückzuführen. Ihre frühen Gegenargumente decken bereits zu Beginn mögliche Mängel auf, die in späteren kritischen Untersuchungen lediglich wiederholt werden.[401]

Die Kritik von Cronin und Taylor lässt sich in drei Bereiche einteilen:[402]

- die Konzeption
- die methodologischen und analytischen Implikationen
- die praktische Relevanz von SERVQUAL

Basierend auf ihrer Untersuchung kommen Cronin und Taylor zu dem Schluss, dass die Erhebung der Erwartung nicht notwendig ist, um Dienstleistungsqualität zu messen. Die Erhebung der tatsächlichen Leistungswahrnehmung mittels SERVPERF, terminus technicus für Serviceperformance, ist dazu völlig ausreichend. Die Messinstrumente SERVPERF und SERVQUAL besitzen die gleichen Dimensionen. Während bei SERVPERF lediglich die Leis-

395 Vgl. Cronin/Taylor (1992), 60.
396 Vgl. Asubonteng/McCleary/Swan (1996).
397 Vgl. Morrsion-Coulthard (2004).
398 Vgl. Babakus/Boller (1992), 264; Brown/Churchill/Peter (1993), 138.
399 Vgl. Carman (1990), 50; Finn/Lamb (1991), 489.
400 Vgl. Babakus/Boller (1992), Boulding et al. (1993), 25; Carman (1990), 50; Cronin/Taylor (1992), 63 und 65.
401 Vgl. etwa Morrison-Coulthard (2004).
402 Cronin/Taylor (1992).

tungswahrnehmung erhoben wird, erfordert SERVQUAL die Erhebung der Erwartungen und der Leistungswahrnehmung.[403]

Die drei Gegenargumente von Teas beziehen sich ausschließlich auf die Erwartungskomponente:[404]

- die möglichen Interpretationen der Erwartungen
- die Operationalisierung des Erwartungs-Standards
- die Evaluierung von alternativen Ansätzen zur Modellierung des Dienstleistungs-Konstrukts

Teas ist jedoch nicht der Meinung, dass die Erwartungskomponente zu eliminieren ist sondern empfiehlt die Erwartungskomponente zu präzisieren.[405]

Während PZB die Kritik von Cronin und Taylor als inadäquat einstufen[406], greifen sie die Anregungen von Teas auf und erweitern daraufhin erneut die SERVQUAL-Skalen. Dabei wird untersucht, inwiefern eine eindimensionale Skala, eine zweidimensionale oder eine dreidimensionale Skala unter Berücksichtigung der Kritikpunkte die Erwartungen der Dienstleistungsqualität mit den 22 Merkmalen erklären können Dieses Modell wird meist zur Messung der Toleranzzone von Kundenzufriedenheit herangezogen.[407]

Obwohl das SERVQUAL-Modell heftig kritisiert wird, empfinden die Entwickler des Modells die Gegenargumente als nicht stark genug, um die Skalen-Struktur zu verwerfen, da es bis dato die einzige generelle, diagnostische und adaptierbare Messung von Dienstleistungsqualität darstellt.[408] Als Antwort auf die bestehenden Kritikpunkte entwickelten PZB jedoch zusätzliche Beweise, um die psychometrische Stabilität von SERVQUAL als auch deren praktische Relevanz zu klären.[409]

Auch wenn PZB diese Alternativen zur Messung von Dienstleistungsqualität empfehlen,[410] so zeigt die wissenschaftliche Literatur, dass diese Messskalen in Untersuchungen nur selten[411] verwendet werden, sondern in den

---

403 Vgl. Cronin/Taylor (1992, 1994), ähnlich: Brady/Cronin/Brand (2002).
404 Vgl. Teas (1993, 1994).
405 Vgl. Teas (1993, 1994).
406 Vgl. Parasuraman/Zeithaml/Berry (1994), 115f.
407 Vgl. dazu Dion/Javalgi/Dilorenzo-Aiss (1998); Kettinger/Lee (2005); Parasuraman/Zeithaml/Berry (1994b). Weitere Arbeiten, die das Modell der Toleranzzone näher untersuchen, stammen von Johnston (1995); Sachdev/Verma (2004); Santos/Boote (2003); Woodruff/Cadotte/Jenkins (1983).
408 Vgl. Kalamas/Laroche/Cezard (2002), 297.
409 Vgl. Parasuraman/Berry/Zeithaml (1993); Parasuraman/Zeithaml/Berry (1994a).
410 Vgl. Parasuraman/Zeithaml/Berry (1994b), 218.
411 Vgl. etwa Caruana/Ewing/Ramaseshan (2000); Tsai/Lu (2006).

Studien großteils auf die modifizierte SERVQUAL-Skala aus dem Jahr 1991 zurückgegriffen und diese dementsprechend empirisch unterstützt wird.[412]

5.2.2. Der Vergleichsstandard und dessen Einflussgrößen

Die Diskussion über den ‚richtigen' Vergleichsstandard und dessen Einflussgrößen wird mit unterschiedlichen Ansätzen untersucht, die im Folgenden dargestellt werden.

Webster beispielsweise untersucht die relativen Einflüsse von vier Informationsquellen auf die Kundenerwartungen in sechs verschiedenen Dienstleistungs-unternehmen. Das Ergebnis zeigt, dass alle vier Informationsquellen auf die Erwartung einen signifikanten Einfluss in unterschiedlicher Stärke aufweisen.[413]

Ofir und Simonson fanden heraus, dass die Befragung von Kunden zu ihrer Erwartung vor einem Einkauf einen negativen Einfluss auf die Beurteilung nach dem Einkauf haben kann.[414] Dieses Verhalten ist jedoch inkonsistent mit der Assimilations-Theorie, in der sich die Beurteilung einer Leistung an die Soll-Vorstellung des Urteilenden anpasst.[415]

Clow et al. untersuchen, inwiefern das Firmenimage, Werbung sowie der Standardisierungsgrad einer Dienstleistung einen Einfluss auf die Erwartungen haben können.[416] Das Ergebnis zeigt, dass ein Firmenimage unabhängig von der Branche einen direkten Einfluss auf die Erwartungen hat. Die Einstellung gegenüber einem Unternehmen zeigt den größten Einfluss auf das, was sich der Kunde erwartet. Im Gegenteil dazu hat der Standardisierungsgrad nur einen geringen Einfluss auf die Erwartung. Ein überraschendes Resultat zeigt die Signifikanz der Werbung. In dieser Untersuchung ist Werbung die einzige Variable, die keinen signifikanten Einfluss auf das Firmenimage und auf die Erwartungen hat.[417]

Die Verwendung von deskriptiven 'should' und normativen ‚will' - Formulierungen als Referenzstandards wird, unter anderem von Boulding et al., Kalamas, Laroche und Cézard sowie Laroche et al. untersucht.[418] Boulding et

---

412 Vgl. Homburg/Rudolph (2001), 15; Mackoy (2009), 19f; Wetzels/deRuyter/Lemmik (2000), 345f.
413 Vgl. Webster (1991), 8.
414 Vgl. Ofir/Simonson (2001), 171ff.
415 Vgl. Ofir/Simonson (2001), 167.
416 Vgl. Clow et al. (1997).
417 Vgl. Clow et al. (1997), 241.
418 Vgl. Boulding et al. (1993), Kalamas/Laroche/Cézard (2002); Laroche et al. (2004).

al. untersuchen die beiden Referenzstandards sowohl in einer Laborumgebung als auch in der Realität. Die Ergebnisse von beiden Tests zeigen, dass ‚should'- und ‚will'-Formulierungen als Erwartungen einen unterschiedlichen Einfluss auf die tatsächliche Wahrnehmung der Dienstleistungsqualität haben.[419] Kalamas, Laroche und Cézard untersuchen die Einflussgrößen auf die beiden Erwartungslevels anhand der technischen und funktionalen Dimensionen von Grönroos.[420] Die Autoren zeigen, dass interne und externe Informationen, Werte, die Beteiligung im Prozess und Wahrnehmung der Erwartungen wie sie ‚sein sollten' und wie sie ‚sein werden', einen unterschiedlichen Einfluss annehmen.[421]

Hamer und Sudharshan untersuchen eine mögliche Veränderung der Erwartungs-haltungen von Dienstleistungsqualität über einen bestimmten Zeitraum[422] und erweitern die Ergebnisse von Boulding et al.[423] Gemäß der Untersuchung von Boulding et al. werden deskriptive Erwartungen generell niedriger bewertet als normative Erwartungen. Die beiden Erwartungslevels würden jedoch das gleiche Niveau aufweisen, wenn ein Dienstleistungsunternehmen eine exzellente Dienstleistungsqualität liefern kann und das auch möchte. Im Gegensatz zu normativen Erwartungen wird von deskriptiven Erwartungen angenommen, dass sie sich über einen bestimmten Zeitraum relativ schnell verändern.[424] Die Ergebnisse von Hamer und Sudharshan zeigen eine signifikante Veränderung der Erwartungen während eines Kontaktes mit dem Dienstleistungsunternehmen. Die normative als auch die deskriptive Erwartung haben wiederum einen signifikanten Einfluss auf die Beurteilung der tatsächlichen Leistungswahrnehmung. Der Regressionskoeffizient der deskriptiven Erwartung ändert sich von $\alpha=0,81$ auf $\alpha=0,24$, während die Veränderung der normativen Erwartung von $\alpha=0,82$ auf $\alpha=0,73$ fällt.[425] Zu einem ähnlichen Ergebnis kommen Licata, Chakraborty und Krishnan.[426]

Yi und La untersuchen, inwiefern das Vertrauen oder die Zuversicht in die Erfüllung der Erwartungen einen Einfluss auf die Variablen des C/D-Paradigmas[427] hat.[428] Dazu werden die Probanden in ‚high-confidence' und

419 Vgl. Boulding et al. (1993), 23ff.
420 Vgl. Kalamas/Laroche/Cézard (2002), 294.
421 Vgl. Kalamas/Laroche/Cézard (2002), 303ff.
422 Vgl. Hamer/Sudharshan (1999), 276f.
423 Vgl. Boulding et al. (1993), 14ff.
424 Vgl. Boulding et al. (1993), 24.
425 Vgl. Hamer/Sudharshan (1999), 286f.
426 Vgl. Licata/Chakraborty/Krishnan (2008), 183.
427 Das C/D-Paradigma wird in Kapitel 4.1 erläutert.
428 Vgl. Yi/La (2004).

‚low-confidence' Gruppen geteilt. Die Autoren bestätigen bei der ‚high-confidence' Gruppe einen größeren Einfluss der Erwartungen auf die Leistungswahrnehmung als bei der ‚low-confidence' Gruppe.[429] Dieses Verhalten kann durch Selbstschutz oder die sogenannte ‚Selbst-Erfüllenden-Prophezeiung' erklärt werden. Spreng und Page sind der Meinung, dass Assimilations-Effekte größer sind, wenn eine höhere Zuversicht in die Erwartungen gelegt wird, da diese Kunden nur sehr zurückhaltend Abweichungen von ihren Erwartungen akzeptieren.[430]

Weitgehend unterberücksichtigt in der Literatur bleibt jedoch der Einfluss der Erwartungen im Zusammenhang mit einem möglichen ‚Placebo'- oder ‚Nocebo'-Effekt. Die Einstellungen oder Erwartungen eines Individuums werden durch die Erfahrungen des Alltags geprägt und beeinflussen die Beurteilung bestimmter Leistungen von Produkten oder Dienstleistungen. Beispielsweise verbinden Kunden oftmals günstigere Produkte mit schlechter Qualität und teure Produkte mit guter Qualität.[431] Die Einstellung und die Erwartung können damit die subjektive Wahrnehmung oder Erfahrung mit einer Dienstleistung beeinflussen.[432]

Dieser Effekt nennt sich ‚Placebo'-Effekt (‚I shall please'). *„In more colloquial terms, a placebo is essentially a "sugar pill"*[433] und stammt aus dem Bereich der Medizin. Dieser Effekt ist aber nur vorhanden, wenn der Patient auch erwartet, dass das Medikament eine positive Wirkung hat. Das heißt, der Patient hat eine positive Erwartung gegenüber dem Medikament. Eine negative Erwartung würde bei dem Patienten mit dem bestimmten Medikament zu stärkeren Schmerzen und gesundheitsschädlichen psychologischen Veränderungen führen. Dieser Effekt wird ‚Nocebo'-Effekt genannt. Nichts desto trotz, sowohl ‚Placebo'- also auch ‚Nocebo'-Effekte berücksichtigen abhängige Reaktionen, die durch die Erfahrung mit einem bestimmten Medikament gemacht wurden. Dieser Zusammenhang zeigt, dass sowohl der ‚Placebo'- als auch der ‚Nocebo'-Effekt von früheren Erfahrungen beeinflusst werden.[434]

Die Studie von Shiv, Carmon und Ariely ist eine von wenigen in der Marketing-literatur, die den ‚Placebo'-Effekt bei Qualitätsbeurteilungen untersuchen.[435] Die Autoren gehen der Frage nach, inwiefern der Preis einen ‚Place-

429 Vgl. Yi/La (2004), 38.
430 Vgl. Spreng/Page (2001), 1193.
431 Vgl. Rao/Monroe (1989), 355.
432 Vgl. Allison/Uhl (1964), 38f.
433 Irmak/Block/Fitzsimons (2005), 406.
434 Vgl. Brodal (2010), 211.
435 Vgl. Irmak/Block/Fitzsimons (2005).

bo'-Effekt bei einer Qualitätsbeurteilung verursacht und ob dieser Effekt bewusst oder unbewusst erfolgt. Die Autoren kamen zu dem Schluss, dass Marketingaktivitäten, die über den Preis erfolgen, durch die Erwartungen beeinflusst werden und der Prozess der Erwartungen, die einen ,Placebo'-Effekte verursachen, unbewusst erfolgt.[436] Die Untersuchungsergebnisse von Shiv, Carmon und Ariely wurden von Irmak, Block und Fitzsimons bestätigt und durch eine Kontrollvariable erweitert.[437]

Die beiden Untersuchungen zeigen, dass der ,Placebo'-Effekt aufgrund verschiedener Erwartungen über die Wirksamkeit eines Produktes erfolgen kann. Während Shiv, Carmon und Ariely den Prozess der Erwartungsbildung als unbewusst identifizierten, erfolgte die Erwartungsbildung bei Irmak, Block und Fitzimons als ein bewusster Prozess.

Die oben geführte Diskussion mit den ausgewählten Untersuchungen zu den unterschiedlichen Einflussgrößen zeigt, dass die Erhebung der Erwartungen keinesfalls trivial und nicht zu ignorieren ist. Ein Konsens, ob und welche Erwartungslevels als geeignet gelten, herrscht bis heute, trotz des umfangreichen wissenschaftlichen Diskurses, nicht.[438]

5.2.3. SERVQUAL im Versicherungskontext

Obwohl die SERVQUAL-Skalen in der Versicherungsbranche[439] überprüft wurden, finden sie in der weiteren wissenschaftlichen Literatur nur vereinzelt Anwendung.[440]

Kuo testet die fünf Dimensionen von SERVQUAL an den fünf größten Versicherungsunternehmen in Taiwan anhand der ,Fuzzy Comprehensive Evaluation'–Methode. Diese Methode erlaubt, die unterschiedlichen Positionen der Versicherungsunternehmen hinsichtlich ihrer Dienstleistungsqualität zu klären und empfiehlt bestimmte Priorisierungen für eine Dienstleistungsstrategie vorzunehmen.[441]

Lin, Chiu und Hiseh beispielsweise versuchen, einen Zusammenhang zwischen den Eigenschaften eines Dienstleistungsunternehmens und der

436 Vgl. Shiv/Carmon/Ariely (2005), 391.
437 Vgl. Irmak/Block/Fitzsimons (2005), 406.
438 Vgl. Santos/Boote (2003), 142.
439 Weitere Untersuchungen in der Versicherungsbranche, jedoch nicht mit SERVQUAL, stammen etwa von Anderson/Fornell/Rust (1997), Beloucif/Donaldson/Kazanci (2004), Beloucif/Donaldson/Waddell (2006), Crosby/Stephens (1987), Durvasula et al. (2004), Joseph/Stone/Anderson (2003), Martinez/Martínez (2010), Schlesinger/von der Schulenburg (1993).
440 Vgl. Martínez/Martínez (2010), 104.
441 Vgl. Kuo (2010), 84.

Dienstleistungsqualität in vier unterschiedlichen Dienstleistungsbranchen (Lebensversicherung, Immobilien, Information, Sicherheit) zu finden. In ihrer Untersuchung wurde die Dimension ‚Materielles' von der Skala entfernt und SERVPERF anstelle SERVQUAL verwendet.[442]

Sachdev und Verma untersuchen anhand von SERVQUAL die relative Wichtigkeit der Dienstleistungsdimension in vier unterschiedlichen Dienstleistungsbranchen (Bank, Versicherung, Fast-Food und Beauty Center). Die Autoren verwenden dazu die erweiterte SERVQUAL-Skala, um die Toleranzzonen in der jeweiligen Branche zu eruieren.[443]

Die Studie von Stafford, Stafford und Wells stellt eine der wenigen Ausnahmen dar, die SERVQUAL in ihrer ursprünglichen Form von 1991 verwenden und explizit nur eine bestimmte Versicherungssparte, die KFZ-Versicherung, untersuchen. Die Autoren prüfen den Einfluss von Dienstleistungsqualität auf die Kundenzufriedenheit im Schadensprozess von KFZ-Versicherungen. Sie betonen, dass die Dimensionen von SERVQUAL sich hervorragend für die Messung der Dienstleistungsqualität von KFZ–Versicherungen eignen.[444]

Eine weitere Untersuchung stammt von Tsoukas und Rand. Die beiden Autoren untersuchen den Pfad der Dienstleistungsqualität zur Kundenzufriedenheit und Loyalität bei Versicherungsunternehmen in Griechenland. Als Basis für ihre Befragung lehnen sich die Autoren an die SERVQUAL-Skala an, aber modifizieren diese für die griechische Versicherungsbranche.[445]

Zusammenfassend kann festgehalten werden, dass Dienstleistungsqualität in der Versicherungsbranche unterschiedlich konzeptualisiert wird. Aufgrund der generischen Eigenschaften von SERVQUAL wird der Forscher gezwungen, die vorgeschlagenen Merkmale zu modifizieren, um sie in einem branchenspezifischen Kontext anwenden zu können. Babakus und Boller weisen darauf hin, dass es notwendig ist, branchenspezifische Messmodelle für die Dienstleistungsqualität zu entwickeln.[446]

Einen Bedarf für die vorliegende Arbeit liefert Mattila. Denn gemäß Mattila besteht ein Bedürfnis, Länder- bzw. kulturspezifische Messskalen zu entwickeln, da Messskalen, die in einem Land oder Kultur entwickelt worden sind, nicht notwendigerweise in einer anderen kulturellen Umgebung anwendbar sind. Kulturelle Faktoren haben einen größeren Einfluss bei der Beurteilung einer Dienstleistung als bei einem tangiblen Produkt.[447] Für Theil

442 Vgl. Lin/Chiu/Hsieh (2001), 61f.
443 Vgl. Sachdev/Verma (2004), 103f.
444 Vgl. Stafford/Stafford/Wells (1998), 427.
445 Vgl. Tsoukatos/Rand (2006), 507.
446 Vgl. Babakus/Boller (1992), 265; Carman (1990), 50.
447 Vgl. Laroche/Kalamas/Cleveland (2005); Mattila (1999), 256.

und Ferguson besteht ein Einfluss von kulturellen Unterschieden aufgrund von sozioökonomischen Faktoren wie Werte, Normen, Religionen und Nationalität bei Entscheidungsprozessen. Ungeklärt dabei ist jedoch noch, bei welcher Methode Individuen oder Organisationen ein Risiko wahrnehmen, analysieren und dementsprechend quantifizieren.[448]

In der vorliegenden Arbeit wird daher die modifizierte SERVQUAL-Skala aus dem Jahr 1991 verwendet. Der Grund liegt darin, dass diese Skala in der wissenschaftlichen Literatur ausreichend empirische Unterstützung erfährt, jedoch in der Versicherungsbranche noch zu wenig Berücksichtigung fand. In den oben diskutierten Untersuchungen wurden die SERVQUAL-Skalen weitgehend modifiziert. Mit dieser Arbeit wird geprüft, ob die modifizierte SERVQUAL-Skala, wie sie von PBZ vorgeschlagen wurden, in der Versicherungsbranche im deutschsprachigen Raum angewendet werden kann.

Eine zusätzliche Verfeinerung erfolgte durch die Konkretisierung in der Versicherungssparte. Aus den Untersuchungen von Tsoukatos und Rand[449] sowie Kuo[450] geht beispielsweise nicht hervor, welche Sparten der Versicherungsbranche damit abgedeckt werden oder ob Differenzen innerhalb der Sparten bestehen. Mit dieser Arbeit wird die Dienstleistungsqualität daher analog zu Stafford, Stafford und Wells[451] konkret für die KFZ-Sparte erhoben.

Ein weiterer Grund liegt darin, dass diese Skalen von Zeithaml, Parasuraman und Berry in der deutschen Sprache vorliegen[452]. Dieser Umstand ist insofern relevant, denn SERVQUAL wurde in englischer Sprache entwickelt und meist in der Originalsprache verwendet. Auch wenn die Skalen sorgfältig übersetzt werden, die Übersetzung und der kulturelle Einfluss können zu einer Diskrepanz führen und die Konstrukt-Validität negativ beeinflussen.[453]

Ein zusätzlicher Vorteil der modifizierten SERVQUAL-Skala besteht in der Verknüpfung zur Prospect Theory. Denn durch die Erhebungsmöglichkeit der Erwartungen wird ein sogenannter Referenzpunkt gebildet, der eine Kerneigenschaft der Prospect Theory zur Erklärung von Kundenzufriedenheit darstellt. Die Eigenschaften der Prospect Theory wurden im Kapitel 4.3 erläutert.

---

448 Vgl. Theil/Ferguson (2003), 34.
449 Vgl. Tsoukatos/Rand (2006).
450 Vgl. Kuo (2010).
451 Vgl. Stafford/Stafford/Wells (1998).
452 Vgl. Zeithaml/Parasuraman/Berry (1992), 200ff.
453 Vgl. Herk/Poortinga/Verhallen (2005), 353f; Mattila (1999), 256; Witkoswki/ Wolfinbarger (2002), 875f; Ausführungen zur Konstrukt-Validität sind etwa zu finden bei Shadish/Cook/Campbell (2010), 64ff.

6. Untersuchungsdesign

In diesem Kapitel wird das Untersuchungsdesign der vorliegenden Arbeit vorgestellt. Zunächst werden die Vorbereitungsarbeiten der Erhebung erläutert. Die Probanden der vorliegenden Untersuchung sind Studenten. Daher werden im zweiten Abschnitt die Vor- und Nachteile der ausgewählten Stichprobe beschrieben. Da die Stichprobengröße einen wesentlichen Einfluss auf die Reliabilität und auf die Aussagekraft des statistischen Tests hat, wird im letzten Abschnitt die notwendige Stichprobengröße für die vorliegende Arbeit diskutiert.

6.1. Vorbereitung der Erhebung

Die Datenerhebung wurde von 12 Studenten der Wirtschaftsuniversität Wien im Mai 2010 im Rahmen einer Lehrveranstaltung für Risikomanagement und Versicherungs-wirtschaft durchgeführt. Als Vorbereitung für das Erhebungsinstrument wurde den Studenten vor Beginn der Lehrveranstaltung der Basisartikel Johns, Avci und Karatepe aus dem ‚The Service Industries Journal' gegeben.[454]

Die Aufgabe der Studenten bestand darin, die relevante Methodik für das Erhebungsinstrument (SERVQUAL) und dieses in den Kontext von Versicherungen zu setzen. Zum besseren Verständnis und zur leichteren Einordnung von SERVQUAL in der wissenschaftlichen Literatur wurde den Studenten die Entwicklung und der Status Quo zu den Konstrukten Kundenzufriedenheit und Dienstleistungsqualität präsentiert.

In weiterer Folge wurde ihnen der Fragebogen der beiden Konstrukte (SERVQUAL und Gesamtzufriedenheit) mit einer Anleitung zur Verfügung gestellt. Zusätzlich erhielten die Studenten eine kodierte SPSS-Vorlage, die als Unterstützung zur Datenerhebung und Datenauswertung diente. Das SERVQUAL Messinstrument erfordert ein ‚within-subject'–Design, bei dem zwei Messungen am selben Proband vorgenommen werden.

Als Untersuchungsobjekt fungiert ein spezifisches Versicherungsprodukt, die KFZ-Versicherung in Österreich. Dornhelm-Rauschmeier, Fitzsimons und Eszler zeigen in ihrer Untersuchung, dass 25 % der Studenten eine Kraftfahrzeug-Haftpflicht-, Voll- oder Teilkasko-Versicherung, 22 % eine Haushaltsversicherung, 20 % eine private Krankenversicherung, 16 % eine Lebens- /Rentenversicherung, 13 % eine private Unfallversicherung, 9 % eine Rechts-

454 Vgl. Johns/Avci/Karatepe (2004).

schutzversicherung, aber nur je 4 % eine Feuer- bzw. eine Diebstahlversicherung abgeschlossen haben.[455] Folglich umfasst die Grundgesamtheit alle Studenten, die eine Kraftfahrzeug-, Haftpflicht-, Voll- oder Teilkasko-Versicherung in Österreich abgeschlossen haben, d.h. eine aktuelle KFZ-Versicherung bei einem Versicherungsunternehmen haben.

6.2. Stichprobe

In der vorliegenden Arbeit wird als Stichprobe ein Studenten-Sample verwendet. Die Nutzung eines solchen Samples wird immer wieder diskutiert, dennoch sprechen mehrere Gründe für Studenten als Probanden anstelle eines heterogenen Samples.

Calder, Philips und Tybout differenzieren zwischen zwei Studienarten: Als ‚effects application research' beschreiben die Autoren jene Studien, bei denen Einflussgrößen aufzudecken sind, die für die eigentliche Welt von Bedeutung sind. Unter ‚theory application research' bezeichnen sie Studien, bei denen nicht die Ergebnisse, sondern die theoretische Generalisierbarkeit im Vordergrund stehen.[456] Ist der Untersuchungsgegenstand also von theoretischer Natur, favorisieren die Autoren die Verwendung von Studenten als homogene Stichprobe, denn diese reduzieren die Fehlervarianz sowie den β-Fehler und führen dadurch zu einer höheren statistischen Aussagekraft[457] - unter der Voraussetzung, dass die Theorie wahr ist.[458]

Heterogene Stichproben hingegen erschweren die Aufdeckung von Fehlern in der Theorie und Prognosen können somit schwerer getroffen werden. Daher schwächen heterogene Samples die angewendeten Tests.[459] Bei Studenten-Samples, also bei homogenen Samples, ergeben sich allerdings geringere Unterschiede zwischen den Skalen und somit kleinere Standardabweichungen. Außerdem erzielen sie höhere Konsistenzen zwischen den Skalen und somit höhere Korrelationen als bei Nicht-Studenten-Samples.[460]

Studenten-Samples können, obwohl sie kein Substitut für ‚die wirkliche Welt' sind, in ausgesuchten Situationen als die beste Alternative angesehen werden. Wyld und Jones meinen damit Pilotstudien mit langer oder komple-

455 Vgl. Dornhelm-Rauschmeier/Fitzsimons/Eszler (2009), 2.
456 Vgl. Calder/Philips/Tybout (1981), 198.
457 Vgl. Calder/Phillips/Tybout (1981), 200.
458 Vgl. Sternthal/Tybout/Calder (1996), 208.
459 Vgl. Calder/Philips/Tybout (1981), 200.
460 Vgl. Peterson (2001), 454.

xer Aufgabenstellung sowie Studien, bei denen sich die Grundgesamtheit außerhalb der Reichweite des Forschers befindet.[461]

In der Literatur werden Studenten häufig für Untersuchungen herangezogen:

- Hamer beispielsweise versucht in seiner Untersuchung, den Zusammenhang zwischen Kundenerwartungen und der Kundenwahrnehmungen der Dienstleistungs-qualität darzustellen. Für diese Untersuchung verwendet der Autor Antworten von 143 Studenten.[462]
- In der Untersuchung von Stoddard und Fern werden zwei Experimente zu Rahmungs-Effekten von Entscheidungen durch simulierte Kaufgruppen durchgeführt. Für das erste Experiment wurden 188 und für das zweite 288 Studenten eines Marketing-Kurses von zwei Universitäten befragt. Die Autoren betrachten ein Studenten-Sample als adäquat, da das vorrangige Ziel ihrer Untersuchung das Testen einer Theorie war.[463]
- Payne, Laughhunn und Crum prüfen in drei Experimenten die Beziehung von Spielpaaren zu einem bestimmten Referenzpunkt mit Variationen durch Hinzufügen und Abziehen eines bestimmten Betrages für alle Ergebnisse. In den ersten beiden Experimenten wurde ein Studenten-Sample von n=30 verwendet. Aufgrund der Kritik gegen ein Studenten-Sample überprüften die Autoren ihre Ergebnisse im dritten Experiment mit 84 Managern verschiedener europäischer Unternehmen. Im dritten Experiment sind die Ergebnisse ähnlich den vorhergegangenen Experimenten.[464]

Aus der oben geführten Diskussion können drei Punkte zusammenfassend festgehalten werden:

- Studenten-Samples finden in der wissenschaftlichen Literatur häufig Anwendung.
- Eine homogene Gruppe erhöht die Wahrscheinlichkeit, die Varianz im experimentellen Verfahren zu reduzieren.
- Studenten-Samples eignen sich für das Testen von Theorien.

461 Vgl. Wyld/Jones (1997), 28.
462 Vgl. Hamer (2006), 223.
463 Vgl. Stoddard/Fern (2002), 66ff.
464 Vgl. Payne/Laughhunn/Crum (1980), 1050.

Da das vorrangige Ziel dieser Arbeit ist, die Untersuchungsergebnisse mit den Eigenschaften der Prospect Theory beschreiben zu können, ist für diesen Zweck ein Studenten-Sample zu favorisieren.

6.3. Stichprobengröße

Empirische Untersuchungen durchzuführen bedeutet, Daten systematisch über gewisse Dinge oder Tatsachen zu erheben und diese anschließend auszuwerten, um neue Erkenntnisse zu erhalten. Um statistisch signifikante Ergebnisse bei einer Untersuchung zu erzielen, ist gemäß Cohen und dem Konzept der statistischen Power-Analyse für Verhaltenswissenschaften eine bestimmte Stichprobengröße (n) notwendig. Die drei Parameter, um (n) bestimmen zu können, setzen sich zusammen aus:[465]

- der Power bzw. der Aussagekraft eines statistischen Tests[466]
- dem Signifikanz-Kriterium
- der Effektgröße (ES) des existierenden Phänomens

In der vorliegenden Arbeit wird zur Ermittlung der geeigneten Stichprobengröße der t-Test verwendet. Wenn keine Basis vorhanden ist, um den geeigneten Power-Wert festzulegen, empfiehlt Cohen einen Wert von 0,80 anzunehmen, der zu einem $\beta = 0{,}20$ führt. Der Grund für diese Größe liegt darin, dass ein Signifikanzniveau $\alpha = 0{,}05$ mit einem $\beta = 0{,}20$ eine relative Seriösität der beiden Messfehler mit der Folge von $\beta/\alpha = 0{,}20/0{,}05$ gewährleistet. Die Folge von $\beta/\alpha = 0{,}20/0{,}05$ bedeutet, dass der Alpha-Fehler viermal schwerwiegender ist als der Beta-Fehler. Der Autor äußert sich aber nicht dazu, ob der Wert $\alpha = 0{,}05$ für einen einseitigen oder zweiseitigen Test gedacht ist. Der angestrebte Wert von 0,80 für die Power-Regelung gilt solange in der Annahme, dass in einer Untersuchung eine Basis für weitere Untersuchungen gefunden werden kann.467 Für Shadish, Cook und Campbell ist ein zweiseitiger t-Test ausreichend, wenn die Stichprobengröße groß genug ist.[468] Gemäß der Empfehlung von Cohen wird für die vorliegende Untersuchung ein $\alpha_1 = 0{,}025$ bzw. $\alpha_2 = 0{,}05$ festgelegt.

Das Ziel der Untersuchung ist es, kleine Phänomene im Zusammenhang zwischen Dienstleistungsqualität und Kundenzufriedenheit zu entdecken.

---

465 Vgl. Cohen (1988), 4.

466 Einen Überblick über Methoden, die die Aussagekraft eines statistischen Tests beeinflussen, geben Shadish/Cook/Campbell (2010), 45ff.

467 Vgl. Cohen (1988), 56.

468 Vgl. Shadish/Cook/Campbell (2010), 48.

Daher wird als Effektstärke ein d = 0,2 gewählt. Zusammenfassend wurden folgende Parameter für die vorliegende Untersuchung gewählt:

- Power = 0,8
- $\alpha_2 = 0,05$
- d = 0,2

Damit ist mit den gewählten Parametern gemäß Cohen eine Stichprobengröße von n = 310 für die vorliegende Untersuchung erforderlich.[469]

469 Vgl. Cohen (1988), 54, Tabelle 2.4.1; Auch Glaser empfiehlt die Stichprobengröße gemäß dem Konzept der statistischen Power-Analysen zu eruieren. Vgl. dazu Glaser (1979), 134.

7. Untersuchungsergebnisse

> „Das Risiko, den Kontakt mit der Wirklichkeit zu verlieren, würde unerträglich, wenn wir nicht weiterhin nach Beweisen dafür suchen wollten, dass auf unsere Messungen **wirklich Verlaß ist.**“[470]

Gemäß dem Zitat von Hartmann findet der Leser in diesem Kapitel zunächst die Reliabilitäts- und Faktoren-Analyse, um zu zeigen, wie ‚verlässlich' und ‚valide' die Messinstrumente sind. Bunge beschreibt die Anforderungen folgendermaßen:

> „A scientific valid concept must have a definite intension or connotation. In other words, the intensional vagueness of a scientific concept should be minimal."[471]

Anschließend werden die Ergebnisse der Mittelwerte, der Häufigkeiten und der Regressionsanalyse dargestellt. Die Datenanalyse erfolgt mit SPSS14.

7.1. Reliabilitätsanalyse

Für die Beurteilung der Reliabilität werden unterschiedliche Verfahren verwendet.[472] In der vorliegenden Untersuchung wird dazu die Item-Konsistenzanalyse angewendet, bei der als gebräuchlichster Koeffizient das ‚Cronbachs Alpha' (α) dient.[473] Der Vorteil besteht in der Anwendung von dichotomen und polytomen Merkmalen. Das Cronbachs Alpha entspricht dem Mittelwert aller möglichen Testhalbierungskoeffizienten und kann aus den Korrelationen aller Merkmale untereinander berechnet werden [474] Das Cronbachs Alpha gibt dazu Auskunft über die Reliabilität einer Skala, die aus einer oder mehreren Variablen zusammengesetzt ist. Zusätzlich wird darüber Auskunft gegeben, welchen Beitrag die einzelnen Merkmale zur Gesamtskala leisten und ob sich die Reliabilität steigern lässt, wenn einzelne Merkmale, insbesondere mit einem geringeren Wert, nicht in die Skala miteinbezogen werden.[475]

---

470 Hartmann (1970), 111 Hervorhebung im Original.

471 Bunge (1967), 155.

472 Weitere Verfahren sind der Paralleltest, Test-Retest-Design und die Testhalbierung. Vgl. dazu Diekmann, (2010), 250f; Paier (2010), 74.

473 Vgl. Janssen/Laatz (2010), 590.

474 Vgl. Diekmann, (2010), 250f; Paier (2010), 74.

475 Vgl. Brosisus (2006), 800.

7.1.1. Cronbachs Alpha

Gemäß Churchill sollte die Berechnung des Alpha Koeffizienten das erste Kriterium zur Beurteilung des Erhebungsinstruments sein: *„Coefficient alpha* ***absolutely*** *should be the first measure one calculates to assess the quality of the instrument."*[476]

Ein geringes Alpha deutet an, dass die Stichprobe des ausgewählten Merkmals die Gesamtskala schlecht widerspiegelt, während ein hohes Alpha eine gute Abbildung dessen darstellt.[477] Mit anderen Worten, je höher das Cronbachs Alpha, desto höher ist die Validität der Gesamtskala. Sind bei einzelnen Merkmalen identische Varianzen und Fehlervarianzen festzustellen, ist Cronbachs Alpha eine zutreffende Schätzung der Reliabilität.[478]

Die wissenschaftliche Literatur fordert häufig einen Wert von mindestens $\alpha = 0{,}8$, damit eine zusammengesetzte Skala als hinreichend zuverlässig angesehen werden kann. In einigen Fällen werden auch Werte von $\alpha = 0{,}7$ akzeptiert.[479] Resultiert ein Cronbachs Alpha von mindestens $\alpha = 0{,}8$, können die einzelnen Merkmale sinnvoll zu einer Gesamtskala addiert werden. Ein ‚notwendiger' Wert für Alpha hängt jedoch vom Ziel der Untersuchung ab.[480]

Je stärker die einzelnen Merkmale miteinander korrelieren desto höher ist der Wert des Cronbachs Alpha. Daher wird der Wert oftmals als Maß für die Eindimensionalität der Merkmale aufgefasst. Aus dem Cronbachs Alpha wird versucht, Erkenntnisse darüber zu gewinnen, ob die Merkmale tatsächlich dieselbe Größe messen und in einer gemeinsamen Skala aufgehen sollten. Korrelieren die Merkmale stark untereinander, liegt ihnen tatsächlich dieselbe Größe oder Hintergrundvariable zugrunde. Ist der Wert gering, bilden die Merkmale offenbar unterschiedliche Dimensionen ab und es ist möglicherweise nicht sinnvoll, sie zu einer Skala zusammenzufassen. Cronbachs Alpha gibt jedoch nur bedingt Aufschluss darüber, inwieweit alle Merkmale eine Dimension abbilden.[481]

Die Differenzen in den Mittelwerten geben Aufschluss, inwiefern die unterschiedlichen Messungen systematisch voneinander abweichen. Idealerweise weisen Merkmale, die denselben Sachverhalt auf unterschiedlichen Wegen unter Berücksichtigung eines einheitlichen Wertebereichs abbilden und additiv zu einer gemeinsamen Skala zusammengefasst werden, die gleichen Mittelwerte auf. Unterliegen die Merkmale zusätzlich einem gleich

---

476 Churchill (1979), 68; Hervorhebung im Original.
477 Vgl. Churchill (1979), 68.
478 Vgl. Brosisus (2006), 800.
479 Vgl. Legcevic/Strossmayer (2008), 126.
480 Vgl. Brosisus (2006), 800; Churchill (1979), 68.
481 Vgl. Brosius (2006), 801.

starken Zufallsfehler, so müssen diese in etwa gleich hohe Standardabweichungen aufweisen.[482]

Wie bereits oben diskutiert, empfiehlt es sich, die Konstrukte Qualität und Kundenzufriedenheitskonstrukte unterschiedlich zu betrachten.[483] Damit beide Konstrukte zu einer Gesamtskala zusammengeführt werden können, ist es notwendig, sie separat auf ihre Reliabilität und Validität zu überprüfen.

7.1.2. Cronbachs Alpha SERVQUAL

Die Ergebnisse der Reliabilitätsanalyse der vorliegenden Untersuchung werden in Tabelle 7-1 dargestellt. Der erste Vergleich erfolgt auf der Erwartungs-, Leistungs- und GAP-Ebene.

Tabelle 7-1: Cronbachs Alpha für Erwartungs-, Leistungs- und GAP-Werte von SERVQUAL (Quelle: eigene Darstellung)

Cronbachs Alpha (α)	Erwartungswerte	Leistungswerte	GAP
Gusenbauer (2010)	0,92	0,96	0,93

Das Cronbachs Alpha zeigt für die Erwartungen einen Wert von $\alpha = 0{,}92$, für die Leistungswahrnehmung $\alpha = 0{,}96$ und für den resultierenden GAP ein $\alpha = 0{,}93$. Wenn einzelne Merkmale nicht in die Skala miteinbezogen werden, liegt das Cronbachs Alpha bei den Erwartungen zwischen $\alpha = 0{,}918$ und $\alpha = 0{,}930$, bei der Leistungs-wahrnehmung zwischen $\alpha = 0{,}954$ und $\alpha = 0{,}959$, für den GAP zwischen $\alpha = 0{,}919$ und $\alpha = 0{,}930$.

Zusätzlich wurde die Reliabilität von SERVQUAL auf der Dimensions-Ebene geprüft. Die Ergebnisse sind in Tabelle 7-2 dargestellt. Das Cronbachs Alpha für die GAP-Werte der fünf Dimensionen erzielt in der vorliegenden Untersuchung einen Wert zwischen $\alpha = 0{,}78$ und $\alpha = 0{,}86$. Dabei wurde festgestellt, dass sich in der Literatur ausschließlich PBZ dazu äußern, auf welche Ebene - in diesem Fall auf die GAP-Werte - sich die Werte beziehen.[484] Da jedoch die GAP-Werte jene Werte sind, die bedeutend sind, wird davon ausgegangen, dass die Autoren damit die GAP-Werte angeben. In Anlehnung an PBZ wurden für diese Betrachtung ebenfalls die GAP-Werte herangezogen.

482 Vgl. Brosius (2006), 801.

483 Vgl. Anderson/Fornell/Lehmann (1994), 54f.

484 Vgl. Parasuraman/Berry/Zeithaml (1991), 424; keine Auskunft darüber geben beispielsweise Lassar/Manolis/Winsor (2000), 254; Witkowski/Wolfinbarger (2002), 877ff.

Tabelle 7-2: Cronbachs Alpha von SERVQUAL auf Dimensionsebene

(Quelle: eigene Darstellung)

Cronbachs Alpha GAP Werte	Materielles	Zuverlässigkeit	Entgegen-kommen	Souveränität	Einfühlung
Gusenbauer (2010)	0,775	0,858	0,858	0,859	0,852

7.1.3. Cronbachs Alpha Zufriedenheit

Die Ergebnisse der Reliabilitätsanalyse für das Kundenzufriedenheits-Konstrukt zeigen in Tabelle 7-3 sehr hohe Werte. Bei der vorliegenden Untersuchung konnte ein Cronbachs Alpha gesamt von $\alpha = 0{,}97$ generiert werden. Bei der Betrachtung der einzelnen Dimension ergibt sich eine Bandbreite von $\alpha = 0{,}88$ und $\alpha = 0{,}93$.

Tabelle 7-3: Cronbachs Alpha für die Kundenzufriedenheit

(Quelle: eigene Darstellung)

	Gusenbauer (2010)
Dimension/Branche	**Versicherung**
Gesamte Zufriedenheit	0,92
Produkt-Zufriedenheit	0,85
Außendienst-Zufriedenheit	0,93
Innendienst-Zufriedenheit	0,89
Relative Qualität	0,91

Die hohen α-Werte der einzelnen Dimensionen zeigen, dass die Zufriedenheits-Skala ein hohes Maß an Reliabilität aufweist.

7.2. Faktorenanalyse

In der Faktorenanalyse wird versucht, aus einer Reihe beobachtbarer Merkmale solche Gruppen zu identifizieren, denen derselbe Hintergrundfaktor zugrunde liegt. Das Resultat einer Faktorenanalyse dient als Basis für eine Skalenkonstruktion, indem die demselben Faktor zugeordneten Merkmale zu einer einheitlichen Skala zusammengefasst werden, um so den gemeinsamen Hintergrundfaktor zu erheben.[485]

In der empirischen Sozialforschung wird davon ausgegangen, dass sich eine Menge miteinander korrelierender Beobachtungsvariablen auf eine

485 Vgl. Brosius (2006), 763.

kleinere Menge latenter Variablen (Faktoren) zurückführen lässt.486 Zu Beginn einer Faktorenanalyse werden eine große Anzahl von Variablen gebildet, von denen vorab nicht bekannt ist, ob und in welcher Weise sie miteinander zusammenhängen, für die aber angenommen wird, dass sie bestimmte komplexe Sachverhalte repräsentieren. Mit der Faktorenanalyse kann untersucht werden, ob sich unter den betrachteten Variablen solche Gruppen von Variablen befinden, denen jeweils eine komplexe Hintergrundvariable zugrunde liegt. Diese sogenannten Hintergrundvariablen werden im Rahmen der Faktoren-Analyse als Faktoren bezeichnet. [487]

Mit einer Faktorenanalyse kann somit die Aufdeckung latenter Strukturen, eine Datenreduktion der Variablen als auch die Entwicklung oder die Überprüfung eines bestimmten Messinstruments erfolgen.[488]

Bei der Entwicklung des SERVQUAL-Instruments wurden bereits latente Strukturen entdeckt und die Faktoren von 97 auf 22 reduziert und überprüft.[489] In der vorliegenden Arbeit wird die Faktorenanalyse dazu eingesetzt, das Messinstrument in einem bisher neuen Untersuchungskontext, der KFZ-Versicherung, zu prüfen.

Bei der Auswertung der Daten wird die Hauptkomponentenmethode (Principal Component Analysis)[490] verwendet. Die Hauptkomponentenmethode findet in der wissenschaftlichen Literatur breite Anwendung.[491] Das mag auch der Grund sein, weshalb bei SPSS diese Methode bereits voreingestellt ist.

Bei der Hauptkomponentenmethode erfolgt eine lineare Kombination der Variablen. Der erste Faktor (erste Hauptkomponente) wird so bestimmt, dass ein möglichst großer Teil der Gesamtstreuung aller beobachteten Variablen im statistischen Sinne erklärt wird. Der zweite Faktor (zweite Hauptkomponente) wird hinterher so ermittelt, dass er zum ersten Faktor vollkommen unkorreliert ist (er verhält sich orthogonal) und einen möglichst großen Teil der verbliebenen durch den ersten Faktor nicht erklärten Streu-

---

486 Vgl. Janssen/Lataz (2010), 555.

487 Vgl. Brosius (2006), 763; Janssen/Laatz (2010), 555.

488 Vgl. Janssen/Laatz (2010), 555.

489 Vgl. Parasuraman/Berry/Zeithaml (1991), 424; Parasuraman/Zeithaml/Berry (1988), 18.

490 Weitere Extraktionsmethoden sind die Hauptachsen-Faktorenanalyse, Ungewichtete kleinste Quadrate, Verallgemeinerte kleinste Quadrate, Maximum Likelihood, Alpha-Faktorisierung oder die Image-Faktorisierung. Vgl. Janssen/Laatz (2010), 565f.

491 Vgl. Johns/Aveci/Karatepe (2004), 94; Lasser/Manolis/Winsor (2000), 254; Legcevic/Strossmayer (2008), 126.

ung erklärt. Mit dieser Vorgehensweise lassen sich immer weitere Faktoren bestimmen, bis im Extremfall so viele Faktoren ermittelt werden wie auch beobachtete Variablen im Faktorenmodell enthalten sind.[492]

Zwei Tatsachen dazu sind hier offensichtlich: Werden *n* beobachtete Variablen auf insgesamt *n* (senkrecht zueinander stehende) Faktoren zurückgeführt, so kann damit die gesamte Streuung der beobachteten Variablen durch die Faktoren erklärt werden. Allerdings wird die Anzahl der Dimensionen nicht reduziert. Erfolgt jedoch eine Beschränkung auf weniger als *n* Faktoren, um *n* Variablen zu erklären, so nimmt die Erklärungsgüte des Faktormodells ab. Hier existiert also ein Trade-Off zwischen dem Grad der Dimensionsreduktion und der Genauigkeit, mit der sich die beobachteten Variablen durch die identifizierten Hintergrundvariablen erklären lassen.[493]

7.2.1. Eigenwert SERVQUAL

Unter dem Eigenwert (Eigenvalue) wird jener Faktor verstanden, der den Betrag der Gesamtstreuung aller beobachteten Variablen durch diesen Faktor erklärt. Dabei ist zu beachten, dass die Variablen zuvor einer Transformation in sogenannte z-Werte unterworfen wurden. Daraus resultiert, dass jede Variable anschließend eine Standardabweichung von 1 und einen Mittelwert von 0 aufweist. Dadurch beträgt die gesamte zu erklärende Streuung mit 22 bzw. 17 Variablen ebenfalls 22 bzw. 17.[494]

Der Berechnung der Eigenwerte liegt das Kaiser-Kriterium zugrunde, nach dem Faktoren mit einem Eigenwert von mindestens 1 ausgewählt werden. Diese Prämisse liegt darin begründet, dass jede Variable bereits eine Varianz von 1 hat. Dadurch soll jeder ausgewählte Faktor mindestens diese Varianz binden.[495]

Die Eigenwerte für die Erwartungen von SERVQUAL sind in Tabelle 7-4 dargestellt. Im Ergebnis weisen 4 Faktoren einen höheren Eigenwert als 1 auf. Der erste Faktor weist einen Eigenwert von 9,52 auf und ist mit 43% für die Gesamtstreuung verantwortlich. Der zweite Faktor erklärt absolut 2,35 und damit 10,8% der gesamten Streuung. Aus der kumulierten Spalte ist ersichtlich, dass die vier Faktoren, deren Eigenwert > 1 ist, bereits 65% der Gesamtstreuung erklären. Da ab dem Faktor 5 der Wert kleiner als 1 ist, wird für die weitere Faktoren-Analyse mit 4 Faktoren weitergerechnet.[496]

---

492 Vgl. Brosius (2006), 772f.
493 Vgl. Brosius (2006), 773.
494 Vgl Brosius (2006), 773.
495 Vgl. Janssen/Laatz (2010), 564.
496 Vgl. Janssen/Laatz (2010), 564.

Tabelle 7-4: Eigenwerte der Erwartungen

(Quelle: eigene Darstellung)

Erklärte Gesamtvarianz

Komponente	Anfängliche Eigenwerte		
	Gesamt	% der Varianz	Kumulierte %
1	9,52	43,28	43,28
2	2,35	10,86	53,96
3	1,49	6,76	60,72
4	1,13	5,15	65,87

Extraktionsmethode: Hauptkomponentenanalyse.

Die Eigenwerte der tatsächlichen Leistungswahrnehmung sind in Tabelle 7-5 dargestellt. Während der erste Faktor 12,09 absolut und damit 55% der gesamten Streuung erklärt, liegen die Werte beim zweiten Faktor bei 2,17 und 10%. Der dritte Faktor erfüllt noch das Kaiser-Kriterium und trägt mit den ersten beiden Faktoren zu 70% der Gesamtstreuung bei. Hier werden für die weitere Analyse nur drei Faktoren benutzt.[497]

Tabelle 7-5: Eigenwerte der tatsächlichen Leistungswahrnehmung

(Quelle: eigene Darstellung)

Erklärte Gesamtvarianz

Komponente	Anfängliche Eigenwerte		
	Gesamt	% der Varianz	Kumulierte %
1	12,09	54,96	54,96
2	2,17	9,88	64,84
3	1,21	5,52	70,36

Extraktionsmethode: Hauptkomponentenanalyse.

Bei der Analyse der GAP-Eigenwerte konnten ebenfalls drei Faktoren mit einem Eigenwert höher als 1 identifiziert werden. In der kumulierten Betrachtungsweise erklären diese 60% der Varianz. Die Ergebnisse sind in Tabelle 7-6Tabelle 7-6 zusammengefasst.

Tabelle 7-6: Eigenwerte der GAP-Komponenten

(Quelle: eigene Darstellung)

Erklärte Gesamtvarianz

Komponente	Anfängliche Eigenwerte		
	Gesamt	% der Varianz	Kumulierte %
1	9,44	42,91	42,91
2	2,36	10,72	53,63
3	1,47	6,67	60,29

Extraktionsmethode: Hauptkomponentenanalyse.

497 Vgl. Janssen/Laatz (2010), 564.

7.2.2. Eigenwert Zufriedenheit

Eine Besonderheit liegt bei den Eigenwerten der Zufriedenheitsskala in Tabelle 7-7 vor. Hier erklärt der erste Faktor einen Wert von 11,22 absolut und damit 66% der gesamten Streuung. Der zweite Faktor erklärt nur noch 0,381 und 4,9% der gesamten Streuung. Da lediglich ein Faktor einen Eigenwert höher als 1 aufweist kann keine Rotation der Faktorladungen erfolgen.

Tabelle 7-7: Eigenwerte der kumulativen Zufriedenheit

(Quelle: eigene Darstellung)

	Anfängliche Eigenwerte		
Komponente	Gesamt	% der Varianz	Kumulierte %
1	11,22	65,99	65,99

Extraktionsmethode: Hauptkomponentenanalyse.

7.2.3. Faktorladungen

Für den Analytiker sind die gefundenen Faktoren erst dann wertvoll, wenn sie sich inhaltlich interpretieren lassen. Dazu wird die Relation der Faktoren zu den beobachteten Variablen betrachtet.[498] Diese Beziehung wird in einer Faktormatrix dargestellt. Eine Faktormatrix zeigt für jede beobachtete Variable des Faktormodells die Koeffizienten an, mit denen die ausgewählten Faktoren in die Gleichung zur Erklärung der Variablen eingehen. Diese Koeffizienten werden als Faktorladungen bezeichnet.[499] In der Faktorenanalyse werden drei Arten von Faktoren unterschieden:[500]

Allgemeiner Faktor:	Die Ladungen sind für alle Variablen hoch
Gemeinsamer Faktor:	Die Ladungen sind für mindestens zwei Variablen hoch
Einzelrestfaktor:	Die Ladung ist nur für eine Variable hoch

Die Anfangslösung der Faktorenextraktion führt rein rechnerisch zu einer Lösung der Bedingungen, jedoch selten zu inhaltlich sinnvollen Lösungen. Eine Besonderheit stellt hier die Einfaktorlösung dar, die in dieser Untersuchung auf die Kundenzufriedenheitsskala zutrifft.[501]

498 Weitere Instrumente, die für eine Bewertung der Faktoren hilfreich sind, sind die orthogonalen Faktoren, reproduzierender Korrelationskoeffizient sowie das Residuum. Vgl. dazu Brosius (2006), 778.

499 Vgl. Brosius (2006), 777.

500 Janssen/Laatz (2010), 556.

501 Vgl. Janssen/Laatz (2010), 566.

Bei der Analyse der Eigenwerte wurden jeweils unterschiedliche Faktoren gemäß dem Kaiser-Kriterium identifiziert, die je nach ihrem Eigenwert eine bestimmte Aussagekraft für die beobachteten Variablen besitzen. Bisher wurden die Faktoren als rein rechentechnische Ergebnisse betrachtet und noch nicht interpretiert. Eine Faktorenanalyse bleibt jedoch ohne Erklärungskraft, wenn die Bedeutung der Faktoren inhaltlich nicht bestimmt werden kann.[502]

Die Interpretation von Faktoren resultiert aus der Beziehung, die diese zu den Beobachtungsvariablen einnehmen. Die Relationen der Faktoren zu den einzelnen Variablen sind der Faktorladungsmatrix zu entnehmen. Kleine Faktorladungen zeigen einer geringen Bedeutung, große Faktorladungen eine große Bedeutung des Faktors für die entsprechende Variable. Ein Faktor gilt als leicht interpretierbar, wenn einige Variablen, die untereinander eine homogene Bedeutung haben, hoch auf ihn laden und parallel dazu die Ladungen der anderen Variablen auf diesen Faktor gering sind. Umgekehrt ist eine sinnvolle Interpretation nur schwer möglich, wenn ein Faktor zu sämtlichen Variablen des Modells eine relativ starke Korrelation aufweist.[503]

Um dieses Problem zu umschiffen, werden die Faktoren einer Rotation unterzogen. Eine Rotation führt dazu, dass sich die Faktorladungen auch in einem Koordinationssystem darstellen lassen und die Ladungsmatrix einer Drehung der Achsen, die in einem bestimmten Winkel ϕ (Phi) um ihren eigenen Ursprung rotiert, unterworfen wird.[504]

Für die Rotationsmethoden sind zwei von Bedeutung: die orthogonale (rechtwinkelige) und die oblique (schiefwinkelige) Rotation. Dem orthogonalen Verfahren wird unterstellt, dass die Faktoren untereinander nicht korrelieren und die Faktorachsen bei seiner Drehung im rechten Winkel zueinander verbleiben. Bei der obliquen Rotation hingegen wird keine Korrelation zwischen den Faktoren angenommen. Dementsprechend stehen die Achsen nicht mehr senkrecht, sondern in einem schiefen Winkel zueinander.[505]

In der wissenschaftlichen Literatur werden beide Methoden verwendet. Während Johns, Avci und Karatepe, Legcevic und Strossmayer sowie Witkowski und Wolfinbarger das orthogonale Verfahren anwenden[506], wird bei PBZ sowie Babakus und Boller eine schiefwinkelige Rotation benutzt.[507]

---

502 Vgl. Brosius (2006), 779.
503 Vgl. Brosius (2006), 780.
504 Vgl. Brosius (2006), 780; Janssen/Laatz (2010), 567.
505 Vgl. Broisus (2006), 781; Janssen/Laatz (2010), 567ff.
506 Vgl. Johns/Avci/Karatepe (2004), 94; Legcevic/Strossmayer (2008), 123; Witkowski/Wolfinbarger (2002), 877.
507 Vgl. Babakus/Boller (1992), 261; Parasuraman/Berry/Zeithaml (1991), 424.

Bei der orthogonalen Rotation stehen drei weitere Methoden zur Verfügung: die Varimax-, die Quartimax- und sowie Equamax-Methode. Die Varimax-Methode ist das gebräuchlichste Verfahren, dessen Vorteil vor allem in einer besseren Interpretierbarkeit der Faktoren liegt.[508] Aus diesem Grund werden die Faktor-ladungen der vorliegenden Untersuchung mit dem Varimax-Verfahren durchgeführt.

7.2.3.1. Faktorladungen SERVQUAL

Die rotierten Faktorladungen aus Tabelle 7-8 zeigen für alle fünf Dimensionen bei den Erwartungen, der tatsächlichen Leistungswahrnehmungen als auch bei den GAPs jeweils eine homogene Faktorladung für einen bestimmten Faktor. Die farblich hervorgehobenen Faktorladungen bilden jeweils eine homogene Faktorstruktur. Zwei Ausnahmen liegen jedoch vor, die ein Hinweis sein könnten, dass der Kunde die beiden Dimensionen nicht unterschiedlich betrachtet. Die Dimension ‚Zuverlässigkeit' in der Spalte der Erwartungen weist einen gemeinsamen Faktor auf. Bei der Dimension ‚Entgegenkommen' weisen für die tatsächliche Leistungswahrnehmung zwei Faktoren für alle Variablen dieser Dimension eine hohe Faktorladung auf.

Für das SERVQUAL-Konstrukt liegen in dieser Untersuchung ein allgemeiner bzw. ein gemeinsamer Faktor für die Dimensionen vor. Die durchgängig hohen Faktorladungen bedeuten eine hohe Korrelation der Variablen mit den Faktoren und implizieren, dass die Varianz der Originalwerte mit den Faktoren gut erklärt wird.[509]

508 Vgl. Brosius (2006), 781.
509 Vgl. Legcevic/Strossmayer (2008), 127.

Tabelle 7-8: Rotierte Faktorladungen mit Varimax

(Quelle: eigene Darstellung)

Rotierte Komponentenmatrix(a)										
	Komponente Erwartungen				Komponente tatsächliche Leistungswahmehmung			Komponente GAP		
Varimax	1	2	3	4	1	2	3	1	2	3
Modern aussehende Betriebs/Geschäftsausstattungen	3	-1	-3	90	6	11	89	4	-5	86
Angenehm ins Auge fallende Einrichtungen	5	4	4	90	11	10	88	5	-7	88
Adrett gekleidete Arbeitnehmer	4	19	6	75	32	1	73	8	5	72
Gute Gestaltung ihrer Broschüren und sonstigen Mitteilungen für die Kundschaft	27	19	41	52	26	43	60	13	38	56
Einhaltung des versprochenen Termins etwas zu erledigen	73	17	39	4	28	80	17	21	73	6
Aufrichtiges Interesseeiner Lösung	68	25	40	6	45	70	13	31	71	-4
Service wird gleich beim ersten Mal richtig ausgeführt	38	-5	72	8	27	83	2	15	79	8
Dienste werden zu den versprochenen Terminen geleistet	52	11	69	0	27	83	14	20	79	8
Irrtumsfreie Belege	41	17	60	0	28	70	15	36	62	2
Auskunft wann genau der Service geleistet wird	8	42	67	3	49	59	15	37	59	-2
Prompte Kundenbedienung	21	26	73	9	51	66	13	48	62	4
Hilfsbereitschaft der Mitarbeiter	24	41	65	3	62	64	11	49	66	2
Erfüllung von Wünschen	3	46	54	13	63	50	3	58	46	7
Vertrauensvolle Mitarbeiter	67	40	23	7	67	49	16	68	39	16
Sicherheit	71	34	17	10	63	56	11	63	47	7
Fachwissen	56	49	25	18	75	27	21	62	33	17
Höflichkeit	70	29	15	7	63	56	6	65	41	3
Individuelle Aufmerksamkeit	44	69	18	3	77	39	14	72	35	-1
Kundenfreundliche Öffnungszeiten	17	67	9	14	63	15	23	68	1	11
Aufrichtiges Interesse an Kundenproblemen	37	71	24	5	77	31	19	79	15	-2
Verständnis für Kundenbedürfnisse	24	75	27	6	73	36	29	68	39	8
Persönliche Widmung	33	72	26	11	78	32	16	74	30	8

Extraktionsmethode: Hauptkomponentenanalyse.
a. Die Rotation ist in 10 Iterationen konvergiert.

7.2.3.2. Faktorladungen Zufriedenheit

Die Faktorladungen für das Zufriedenheitskonstrukt wurden aufgrund ihres Einzelfaktors nicht rotiert. Die resultierenden Faktorladungen sind sowohl auf Merkmalsebene als auch auf Dimensionsebene in Tabelle 7-9 dargestellt.

Daraus ist ersichtlich, dass die Faktorladungen für die einzelnen Merkmale zwischen 70 und 86 aufweisen. Auf Dimensionsebene liegen die Werte zwischen 91 und 93.

Tabelle 7-9: Faktorladungen Zufriedenheit

(Quelle: Eigene Darstellung)

Komponentenmatrix(a)

		Merkmalsebene 1	Dimensions-ebene
Gesamt-Zufrieden-heit	Zufriedenheit mit der Erfüllung der Erwartung	86	91
	Gesamtzufriedenheit mit der Kfz-Versicherung	86	
Produkt-Zufriedenheit	Zufriedenheit mit Berücksichtigung individueller Anforderungen	86	91
	Zufriedenheit mit der Verständlichkeit (Transparenz) der Polizze	77	
	Zufriedenheit mit dem Preis-Leistungsverhältnis	76	
Außendienst-Zufriedenheit	Zufriedenheit mit der Beziehung zum Berater	85	90
	Zufriedenheit mit der Aufklärung durch den Berater	87	
	Zufriedenheit mit dem Fachwissen des Beraters	86	
	Zufriedenheit mit der Freundlichkeit des Beraters	81	
Innendienst-Zufriedenheit	Zufriedenheit mit der Zuverlässigkeit der Verwaltung	84	94
	Zufriedenheit mit der Verständlichkeit der Schreiben	77	
	Zufriedenheit mit der Wartezeit bis zur Zustellung der Polizze	71	
	Zufriedenheit mit der Transparenz der Prämienabrechnung	74	
	Zufriedenheit mit der Freundlichkeit des Verwaltungspersonals	78	
Relative Qualität	Allgemeine Einschätzung des Versicherungsunternehmens im Vergleich	84	91
	Einschätzung des Preis-Leistungsverhältnisses des Versicherungsunternehmens im Vergleich zur besten Alternative	80	
	Einschätzung der Beratung beim Versicherungsunternehmen im Vergleich zur besten Alternative	85	

Extraktionsmethode: Hauptkomponentenanalyse.
a. 1 Komponente extrahiert

7.3. Mittelwerte

Um das statistische Lage- und Verteilungsmaß der Variablen zuordnen zu können, wird ein gepaarter t-Test durchgeführt. Oftmals geben diese Werte einen ersten Hinweis über mögliche Zusammenhänge zwischen den betrachteten Variablen und dient als Auftakt für weitere Analysen.[510]

Zunächst werden die Mittelwerte der einzelnen Konstruktkomponenten dargestellt. In den nächsten Abschnitten werden die Mittelwerte von SERVQUAL und Kunden-zufriedenheit jeweils auf Dimensions- und Merkmalsebene dargestellt.

Die Tabelle 7-10 gibt einen Überblick der Mittelwertvergleiche der aggregierten Ebenen der einzelnen Konstrukte. Der Mittelwert der Erwartungen liegt bei m = 5,878 mit einer Varianz von 0,395. Die Schwankungsbreite liegt bei 2,39 und bewegt sich im Bereich zwischen 4,123 und 6,513.

Tabelle 7-10: Mittelwertvergleich der einzelnen Komponenten mit ihrer Varianz

(Quelle: eigene Darstellung)

Auswertung der Itemstatistiken	Mittelwert	Minimum	Maximum	Bereich	Varianz
Item-Mittelwerte Erwartungen	5,88	4,12	6,51	2,39	0,395
Item-Mittelwerte tatsächliche Leistungswahrnehmung	5,28	4,46	5,70	1,24	0,101
Item-Mittelwerte GAP	-0,60	-0,94	0,35	1,29	0,130
Item-Mittelwerte Zufriedenheit	5,15	4,90	5,49	0,59	0,028

Bei der tatsächlichen Leistungswahrnehmung resultiert ein Mittelwert von m = 5,285 und bewegt sich im Bereich zwischen m = 4,461 und m = 5,697. Die Varianz dazu beträgt 0,101.

Der Mittelwert der GAP-Komponenten liegt bei m = -0,600 und variiert zwischen m = -0,939 und m = 0,352. Das bedeutet eine Schwankungsbreite von 1,290. Die resultierende Varianz liegt bei 0,130.

Bei der Zufriedenheitskomponente wurde ein Mittelwert von m = 5,146 eruiert. Die Schwankungsbreite liegt bei 0,592 und bewegt sich im Bereich zwischen m = 4,900 und m = 5,492. Die Varianz ist mit 0,028 als sehr gering zu beurteilen.

---

510 Vgl. Brosius (2006), 461; Janssen/Laatz (2010), 321.

7.3.1. Mittelwerte von SERVQUAL

Im folgenden Abschnitt werden nun die erhaltenen Mittelwerte von SERVQUAL und anschließend von der kumulativen Kundenzufriedenheit detaillierter betrachtet.

7.3.1.1. Mittelwertvergleich der einzelnen Merkmale

Für die einzelnen Merkmale wurden in weiterer Folge anhand eines gepaarten t-Tests der Mittelwert und die dazugehörige Standardabweichung für die Erwartungen, die tatsächliche Leistungswahrnehmung und den GAP ermittelt. Die Mittelwerte sind in Tabelle 7-11 dargestellt. Die Mittelwerte der ersten drei Merkmale der Dimension ‚Materielles' befinden sich im positiven Bereich. Das vierte Merkmal der Dimensionen sowie die übrigen Merkmale befinden sich im negativen Bereich. Auffällig verhält sich auch der t-Wert der positiven GAP-Mittelwerte, wenn der GAP-Mittelwert der einzelnen Merkmale dem Gesamt-Mittelwert m = -0,600 gegenüber gestellt wird. Die Korrelationen zwischen den Mittelwerten der Erwartungen zu den GAP-Mittelwerten sind signifikant negativ. Die Korrelation der Erwartungen hingegen signifikant positiv bei einer Wahrscheinlichkeit von $\alpha_2 = 0{,}05$.

Tabelle 7-11: Mittelwerte der Erwartungen, Leistungswahrnehmung und Differenz von SERVQUAL sowie die Korrelation der einzelnen Komponenten

(Quelle: eigene Darstellung)

	Mittelwert Erwartungen	**Mittelwert Leistungswahr-nehmung**	**Mittelwert GAP**	**Korrelation Erwartung zu Gap***
Modern aussehende Betriebs/Geschäftsausstattungen	4,25	4,55	0,33	-0,67
Angenehm ins Auge fallende Einrichtungen	4,12	4,46	0,35	-0,62
Adrett gekleidete Arbeitnehmer	5,10	5,12	0,02	-0,61
Gute Gestaltung ihrer Broschüren und sonstigen Mitteilungen für die Kundschaft	5,90	5,29	-0,62	-0,52
Einhaltung des versprochenen Termins etwas zu erledigen	6,36	5,55	-0,82	-0,51
Aufrichtiges Interesse einer Lösung	6,19	5,51	-0,69	-0,54
Service wird gleich beim ersten Mal richtig ausgeführt	6,22	5,43	-0,79	-0,51
Dienste werden zu den versprochenen Terminen geleistet	6,51	5,58	-0,94	-0,43
Irrtumsfreie Belege	6,22	5,49	-0,74	-0,48
Auskunft, wann genau der Service geleistet wird	6,07	5,33	-0,76	-0,56
Prompte Kundenbedienung	6,06	5,30	-0,78	-0,53
Hilfsbereitschaft der Mitarbeiter	6,35	5,55	-0,81	-0,47
Erfüllung von Wünschen	5,92	5,03	-0,91	-0,46
Vertrauensvolle Mitarbeiter	6,30	5,48	-0,83	-0,45
Sicherheit	6,03	5,38	-0,66	-0,50
Fachwissen	5,95	5,41	-0,55	-0,45
Höflichkeit	6,37	5,70	-0,67	-0,51
Individuelle Aufmerksamkeit	6,09	5,37	-0,73	-0,50
Kundenfreundliche Öffnungszeiten	5,48	4,93	-0,55	-0,52
Aufrichtiges Interesse an Kundenproblemen	5,99	5,50	-0,51	-0,40
Verständnis für Kundenbedürfnisse	5,80	5,03	-0,78	-0,44
Persönliche Widmung	6,02	5,26	-0,76	-0,43

7.3.1.2. Mittelwertvergleich GAP-Werte

Die Tabelle 7-12 veranschaulicht die Mittelwerte der einzelnen Dimensionen von SERVQUAL. Während der Mittelwert der Dimension ‚Materielles' m = 0,021 mit einer Varianz von 0,203 beträgt, zeigt die Dimension ‚Zuverlässigkeit' einen Mittelwert von m = -0795 mit einer Varianz von 0,009 auf. Die Dimension ‚Entgegenkommen' hat einen Mittelwert von -0,815 und die geringste Varianz mit 0,004. Die Mittelwerte der Dimensionen Souveränität und Einfühlung betragen jeweils m = -0,679 bzw. m = -0,666 mit einer Varianz von 0,014 bzw. 0,016.

Tabelle 7-12: Mittelwertvergleich der GAP-Dimensionen

(Quelle: eigene Darstellung)

GAP-Mittelwerte - 0,600	Mittelwert	Minimum	Maximum	Bereich	Maximum / Minimum	Varianz
Item-Mittelwerte **Materielles**	0,021	-0,616	0,352	0,968	-0,571	0,203
Item-Mittelwerte **Zuverlässigkeit**	-0,795	-0,939	-0,690	0,248	0,735	0,009
Item-Mittelwerte **Entgegenkommen**	-0,815	-0,910	-0,761	0,148	0,837	0,004
Item-Mittelwerte **Souveränität**	-0,679	-0,832	-0,545	0,287	0,655	0,014
Item-Mittelwerte **Einfühlung**	-0,666	-0,777	-0,510	0,268	0,656	0,016

Wird jedoch zwischen den positiven und negativen Abweichungen differenziert, ergibt sich, wie in Tabelle 7-13 abgebildet, ein etwas anderes Bild. Hier beträgt der Mittelwert der positiven Abweichungen m = 0,233 bei einer Varianz von 0,033. Wird die Varianz der Dimension ‚Materielles' aus der Tabelle 7-12 mit der Varianz der positiven Merkmale verglichen, so lässt sich erkennen, dass das vierte Merkmal der Dimension ‚Materielles' für einen Großteil der Varianz verantwortlich ist. Der Grund liegt möglicherweise darin, dass die Mittelwerte von GAP 1-3 eine positive Abweichung haben, während für GAP 4 eine negative Abweichung vorliegt. Die negativen Abweichungen weisen einen Mittelwert von m = -0,731 und eine Varianz von 0,014 auf.

Tabelle 7-13: Mittelwertvergleich der positiven und negativen Abweichungen

(Quelle: eigene Darstellung)

GAP-Mittelwerte	Mittelwert	Minimum	Maximum	Bereich	Maximum / Minimum	Varianz
Item-Mittelwerte **positive Merkmale**	0,233	0,023	0,352	0,329	15,571	0,033
Item-Mittelwerte **negative Merkmale**	-0,731	-0,939	-0,510	0,429	0,543	0,014

7.3.2. Mittelwerte der Zufriedenheit

Bei der kumulativen Kundenzufriedenheit ergibt sich ein etwas anderes Bild. In Tabelle 7-14 werden die Mittelwerte mit ihrer Standardabweichung sowie die Mittelwerte der jeweiligen Dimension und ihre Varianz veranschaulicht. Die Mittelwerte der einzelnen Merkmale bewegen sich im Bereich zwischen m = 4,91 und m = 5,50. Ihre Standardabweichungen liegen zwischen 1,225 und 1,450. Bei einer Betrachtung der einzelnen Dimensionen ist festzustellen, dass die Gesamtzufriedenheit einen Mittelwert von m = 5,22, die Produkt-Zufriedenheit ein m = 5,10, die Außendienst-Zufriedenheit ein m = 5,33, die Innendienst-Zufriedenheit ein m = 5,03 und die Relative Qualität ein m = 5,08 aufweisen. Die Varianz der Dimensionen bewegt sich auf einem sehr niedrigen Niveau zwischen 0,000 und 0,021.

Tabelle 7-14: Mittelwertvergleich der kumulativen Zufriedenheit

(Quelle: eigene Darstellung)

	Itemstatistiken	Mittelwert	Std.-Abweichung	Mittelwerte / Dimensionen	Varianz
Gesamt-Zufriedenheit	Zufriedenheit mit der Erfüllung der Erwartung	5,23	1,240	5,22	0,000
	Gesamtzufriedenheit mit der Kfz-Versicherung	5,22	1,298		
Produkt-Zufriedenheit	Zufriedenheit mit Berücksichtigung individueller Anforderungen	5,19	1,298	5,10	0,007
	Zufriedenheit mit der Verständlichkeit (Transparenz) der Polizze	5,04	1,343		
	Zufriedenheit mit dem Preis-Leistungsverhältnis	5,07	1,372		
Außendienst-Zufriedenheit	Zufriedenheit mit der Beziehung zum Berater	5,31	1,393	5,33	0,021
	Zufriedenheit mit der Aufklärung durch den Berater	5,26	1,450		
	Zufriedenheit mit dem Fachwissen des Beraters	5,47	1,388		
	Zufriedenheit mit der Freundlichkeit des Beraters	5,50	1,407		
Innendienst-Zufriedenheit	Zufriedenheit mit der Zuverlässigkeit der Verwaltung	5,15	1,237	5,03	0,010
	Zufriedenheit mit der Verständlichkeit der Schreiben	5,10	1,378		
	Zufriedenheit mit der Wartezeit bis zur Zustellung der Polizze	5,00	1,417		
	Zufriedenheit mit der Transparenz der Prämienabrechnung	4,91	1,430		
	Zufriedenheit mit der Freundlichkeit des Verwaltungspersonals	5,13	1,433		
Relative Qualität	Allgemeine Einschätzung des Versicherungsunternehmens im Vergleich	5,00	1,225	5,01	0,006
	Einschätzung des Preis-Leistungsverhältnisses des Versicherungsunternehmen im Vergleich zur besten Alternative	4,94	1,298		
	Einschätzung der Beratung beim Versicherungsunternehmen im Vergleich zur besten Alternative	5,09	1,387		

7.4. Häufigkeitstabelle

Im B-Teil des Fragebogens wurden die Probanden gebeten, zunächst 100 Punkte der jeweils beschriebenen Dimension zuzuordnen und diese anschließend zu priorisieren.

Sieben Fälle wurden für diese Analyse nicht berücksichtigt, da bei diesen Fällen die Summe von 100 Punkten nicht erreicht wurde. Die Ergebnisse sind in Abbildung 7-1 dargestellt. Aus dies er Abbildung geht hervor, dass in der vorliegenden Untersuchung die Dimension ,Zuverlässigkeit', gefolgt von der Dimension ,Souveränität' als wichtigste Dimension mit 28% bzw 26% beurteilt wird. Die Dimension ,Materielles' wird mit 11% als relativ unwichtig bewertet.

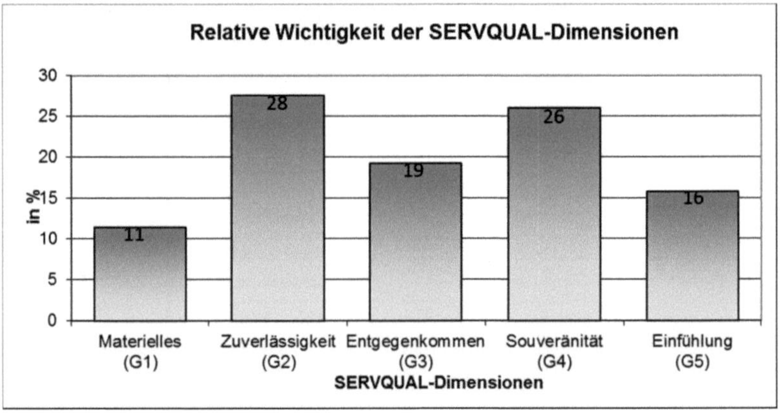

Abbildung 7-1: Relative Wichtigkeit der SERVQUAL-Dimensionen

(Quelle: eigene Darstellung)

Die Priorisierung der Dimensionen spiegelt, relativ betrachtet, in Tabelle 7-15 ein ähnliches Bild wie Abbildung 7-1 wieder. Aus der ersten Spalte ist ersichtlich, dass bei der Frage nach den wichtigsten Merkmalen die Dimension Zuverlässigkeit mit 120 Nennungen, respektive 39%, als wichtigstes Kriterium beurteilt wird. Knapp gefolgt von der Dimension Souveränität mit 114 Nennungen und 37%. In der zweiten und dritten Spalte wurde bei der Auswertung ein weiterer Fall nicht berücksichtigt, da dieser lediglich eine Priorisierung für das wichtigste Merkmal vornahm. Die absoluten und relativen Häufigkeiten des zweitwichtigsten Merkmals nehmen eine ähnliche Rangfolge, jedoch in einer reduzierten Häufigkeit, ein. In der ersten Spalte bilden die beiden Dimensionen eine kumulierte Häufigkeit von 66 %, während in der zweiten Spalte diese nur noch 60 % repräsentieren. In der letzten Spalte wird das unwichtigste Merkmal dargestellt. Die Dimension Materielles stellt mit einer Häufigkeit von 189 Nennungen 61 % dar.

Tabelle 7-15: Absolute und relative Häufigkeit der Nennungen

(Quelle: eigene Darstellung)

	Welches der fünf Merkmale ist Ihnen am wichtigsten?			Welches der fünf Merkmale ist Ihnen am zweitwichtigsten?			Welches der fünf Merkmale ist Ihnen am wenigsten wichtig?		
		Häufigkeit	Prozent		Häufigkeit	Prozent		Häufigkeit	Prozent
Gültig	G2	120	39	G2	95	31	G1	189	61
	G4	114	37	G4	89	29	G5	45	15
	G3	36	12	G3	75	24	G3	29	9
	G5	21	7	G5	34	11	G4	22	7
	G1	12	4	G1	9	3	G2	17	5
		7	2		7	2		7	2
				-	1	0	-	1	0
	Gesamt	310	100	Gesamt	310	100	Gesamt	310	100

7.5. Regressionsanalyse

Die Analyse für den Zusammenhang der beiden Konstrukte erfolgt in Anlehnung an Anderson & Sullivan, Mittal, Ross & Baldasare sowie Ting & Chen.[511] Dement-sprechend wird der asymmetrische und nicht-lineare Einfluss eines jeden Merkmals auf die Kundenzufriedenheit mit dem folgenden Regressionsmodell beschrieben:

$$\text{Zufriedenheit} = \text{Konstante} + \beta_1 \times LN\_GAP + \beta_2 \times LP\_GAP$$

Die Messung der Variablen für jedes SERVQUAL-Merkmal ist geteilt in LN_GAP und LP_GAP. Der Buchstabe L von LN_GAP und LP_GAP kennzeichnet den natürlichen Logarithmus. N_GAP steht für negative und P_GAP für positive Abweichungen. Dazu werden die Abweichungen jedes Merkmals in positive und negative Abweichungen geteilt. Ist die Abweichung eines bestimmten Merkmals negativ, dann wird die Variable für negative Abweichungen N_GAP_x in $LN\{-(GAP_x)\}$ transformiert und die positiven Abweichungen LP_GAP_x dem Wert 0 gleichgesetzt. Ist die Abweichung einer Variable positiv, wird P_GAP_x zu $LP\ (GAP_x)$ transformiert, während die negative Abweichung $LN\_\ GAP_x$ dem Wert 0 gleichgesetzt wird. Das bedeutet beispielsweise, weicht eine Beurteilung von den Erwartungen mit -4 ab, erfolgt

511 Vgl. Anderson/Sullivan (1993); Mittal/Ross/Baldasare (1998); Ting/Chen (2002).

$LN\_GAP_x = \ln \{-(-4)\}$ und $LP\_GAP_x = 0$. Erzielt ein Merkmal eine positive Abweichung von beispielsweise 3, erfolgt $LP\_GAP_x = \ln \{3\}$ und $LN\_GAP_x = 0$.[512]

Durch diese Methode resultieren zwei Koeffizienten für jedes Merkmal (β_1 und β_2), in Summe somit 44 Koeffizienten. Die Gesamtzufriedenheit wird als die abhängige und LN_GAP und LP_GAP als die unabhängige Variable verwendet und damit eine lineare Regressionsanalyse für jedes der 22 SERVQUAL-Merkmale durchgeführt. Die Frage, ob die logarithmische oder die lineare Regressionsanalyse eine stärkere Erklärung liefert, wird von Ting und Chen in diesem Zusammenhang untersucht. Die Autoren kommen zum Ergebnis, dass sowohl die logarithmische als auch die lineare Regressionsanalyse signifikant die gleiche Erklärungskraft aufweisen.[513] In der vorliegenden Untersuchung wird daher das lineare Regressionsmodell verwendet.

Mit dieser Vorgehensweise werden anhand der Regressionskoeffizienten drei Ziele verfolgt:[514]

- Je größer der absolute Wert des Koeffizienten ist, desto größer ist auch der Einfluss des jeweiligen Qualitätsmerkmals auf die Kundenzufriedenheit. Damit kann eine Asymmetrie zwischen den positiven und negativen Abweichungen gezeigt werden.
- Der positive und der negative Zusammenhang zwischen dem Qualitätsmerkmal und der Kundenzufriedenheit kann durch den positiven und den negativen Wert des Koeffizienten bestimmt werden.
- Indem die Abweichungen einer logarithmischen Transformation unterzogen wurden, kann, wenn der Koeffizient signifikant ist, eine abnehmende Sensitivität der Kundenzufriedenheit gegenüber der Dienstleistungsqualität festgestellt werden. Mit anderen Worten, es wird damit ein nicht-linearer Zusammenhang unterstützt.

7.5.1. Asymmetrie versus Linearität

Die Ergebnisse der Regressionsanalyse werden zunächst auf Dimensionsebene und anschließend auf Merkmalsebene dargestellt.

In Tabelle 7-16 werden die Regressionskoeffizienten auf Dimensionsebene dargestellt. Die absoluten Werte der Regressionskoeffizienten der ne-

512 Vgl. Anderson/Sullivan (1993), 135; Ting/Chen (2002), 558f. Mittal/Ross/Baldasare (1998), 42f transformieren die negativen Abweichungen beispielsweise LN-GAPx = -ln {-(-4)}. Eine ähnliche Vorgehensweise ist bei Stan et al. (2007), 363 sowie Sirdeshmukh/Singh/Sabol (2002), 26 zu finden.

513 Vgl. Ting/Chen (2002), 563.

514 Vgl. Mittal/Ross/Baldasare (1998), 43; Ting/Chen (2002), 559.

gativen Abweichungen (LN_Dimension$_x$) übersteigen weitgehend die Regressionskoeffizienten der positiven Abweichungen (LP_Dimension$_x$).

Tabelle 7-16: Regressionskoeffizienten der SERVQUAL-Dimensionen

(Quelle: eigene Darstellung)

LN_Dimension$_x$	Regressions-koeffizient (β_1)	t-Wert	Signifikanz
Materielles	-0,477	-1,540	0,127
Zuverlässigkeit	-1,111	-6,102	0,000
Entgegenkommen	-1,384	-9,204	0,000
Souveränität	-1,155	-7,711	0,000
Einfühlung	-1,215	-7,017	0,000
LP_Dimension$_x$			
Materielles	0,243	0,904	0,368
Zuverlässigkeit	0,500	0,829	0,416
Entgegenkommen	0,257	0,764	0,450
Souveränität	0,380	0,695	0,492
Einfühlung	0,139	0,326	0,747

In Tabelle 7-17 werden die Regressionskoeffizienten auf Merkmalsebene gezeigt. Die Nummerierung (GAP 1-22) entspricht den Merkmalen in der in Abbildung 5-3 dargestellten Reihenfolge. Die unterschiedlichen Farben dienen lediglich zur besseren Zuordnung der Merkmale zur jeweiligen Dimension. Die Regressions-koeffizienten der negativen Abweichungen (β_1) übersteigen zum Großteil jene der positiven Abweichungen (β_2). Zum Beispiel beträgt für GAP 1 das β_1 = -0,530, während das β_2 einen Wert von 0,065 aufweist. Zusätzlich zeigt der Vergleich der Regressionskoeffizienten, dass das Ausmaß der Asymmetrie für jedes Merkmal unterschiedlich ausgeprägt ist.

Drei Ausnahmen bilden jedoch die Regressionskoeffizienten von GAP 3, GAP 4 und GAP 19. Hier übersteigt der Wert des Koeffizienten der positiven Abweichungen jenen der negativen Abweichung. Bei GAP 3 beträgt das β_1 = 0,242 und das β_2 = 0,395, bei GAP 4 beträgt das β_1 = -0,714 und das β_2 = -1,480 sowie bei GAP 19 jeweils β_1 = -0,506 und β_2 = 0,544.

Tabelle 7-17: Regressionskoeffizienten auf Merkmalsebene

(Quelle: eigene Darstellung)

	Regressions-koeffizient (β_1)	t-Wert	Signifikanz	Regressions-koeffizient (β_2)	t-Wert	Signifikanz
GAP 1	-0,530	-1,804	0,074	0,065	0,327	0,744
GAP 2	-0,693	-2,193	0,031	-0,224	-1,123	0,263
GAP 3	-0,242	-0,861	0,392	0,395	1,803	0,074
GAP 4	-0,714	-3,406	0,001	-1,480	-2,365	0,022
GAP 5	-0,981	6,093	0,000	-0,128	-0,284	0,778
GAP 6	-1,089	6,624	0,000	-0,266	-0,649	0,520
GAP 7	-0,957	5,379	0,000	0,523	1,403	0,169
GAP 8	-0,957	6,103	0,000	0,389	0,679	0,504
GAP 9	-1,042	6,184	0,000	-0,459	-0,991	0,329
GAP 10	-0,932	4,947	0,000	0,219	0,883	0,382
GAP 11	-1,142	7,254	0,000	-0,348	-1,395	0,170
GAP 12	-1,378	8,643	0,000	0,458	1,456	0,155
GAP 13	-1,026	6,535	0,000	-0,098	-0,308	0,760
GAP 14	-1,182	7,956	0,000	-0,140	-0,297	0,768
GAP 15	-0,955	6,355	0,000	0,250	0,997	0,324
GAP 16	-0,817	4,665	0,000	-0,126	-0,431	0,669
GAP 17	-0,864	5,052	0,000	0,092	0,183	0,856
GAP 18	-1,177	7,230	0,000	0,528	1,749	0,087
GAP 19	-0,506	2,716	0,007	0,544	1,980	0,053
GAP 20	-1,079	5,485	0,000	0,056	0,202	0,840
GAP 21	-1,033	6,700	0,000	-0,139	-0,530	0,599
GAP 22	-0,898	5,380	0,000	0,278	0,950	0,349

7.5.2. Lexikografischer versus risikoaverser Verlauf

Um einen lexikografischen oder einen risikoaversen Verlauf feststellen können, ist die Signifikanz bei $\alpha_2 = 0,05$ und $t_{krit} = \pm 1,960$ des jeweiligen Regressions-koeffizienten zu berücksichtigen ist.

Aus Tabelle 7-16 ist ersichtlich, dass die negativen Regressionskoeffizienten für die Dimensionen ‚Zuverlässigkeit', ‚Entgegenkommen', ‚Souveränität' und ‚Einfühlung' signifikant sind. Für die Dimension ‚Materielles' ist der negative Regressions-koeffizient nicht signifikant. Die positiven Abweichungen hingegen weisen durchwegs keine signifikanten Regressionskoeffizienten auf.

Auf Merkmalsebene in Tabelle 7-17 weisen die negativen Abweichungen mit Ausnahme von GAP 1 und GAP 3 einen signifikanten Koeffizienten β_1 auf.

Die Koeffizienten der negativen Abweichungen von GAP 1 und GAP 3 sind mit einem t-Wert von -1,804 und -0,861 nicht signifikant.

Für die positiven Abweichungen ergibt sich ein gegensätzliches Bild. Hier bilden GAP 4 und GAP 19 die Ausnahme, indem sie einen signifikanten Koeffizienten aufweisen, während die übrigen nicht signifikant sind.

Um den Verlauf der Merkmale der nicht signifikanten negativen Abweichungen näher zu untersuchen, wurden die logarithmierten Extremwerte abhängig von ihrem Ausmaß separat untersucht. Für GAP 1 bedeutet dies Werte von 0,69 und 1,79. Für GAP 3 betragen die extremen Abweichungen 0,69 und 1,61. Aus der Tabelle 7-18 ist zu entnehmen, dass der Einfluss bei extremen Abweichungen größer ist als bei geringen Abweichungen, der Koeffizient jedoch weder für die extrem geringen noch für die extrem großen Abweichungen signifikant ist. Interessant ist jedoch, dass die extremen Abweichungen von GAP 1 einen negativen Koeffizienten besitzen, während für GAP 3 ein positiver resultiert.

Tabelle 7-18: Regressionsanalyse der Extremwerte

(Quelle: eigene Darstellung)

	LN_GAP		
Transformation: '(ln (- gap_xneg))	*Regressions-koeffizient (β_1)*	*t-Wert*	*Signifikanz*
GAP 1_0,69	*-0,416*	*-1,052*	*0,294*
GAP 1_1,79	*-0,684*	*-0,992*	*0,322*
GAP 3_0,69	*0,078*	*0,206*	*0,837*
GAP 3_1,61	*0,485*	*0,632*	*0,528*

8. Interpretation und Diskussion der Ergebnisse

Die Vertreter des Empirismus übersehen, was Albert Einstein mit Worten umschrieben hat:

> „ [...] *daß auf bloßer Empirie allein die Erkenntnis nicht erblühen kann, sondern nur aus dem Vergleich von Erdachtem und dem Beobachteten.*" [515]

Wenn Einstein von dem ‚Erdachten' spricht, hat er theoretische Spekulationen im Sinn. Das Wissen über die strukturellen Eigenschaften der Realität ist deshalb als spekulativ einzustufen, weil es stets fallibel ist.[516] Mit anderen Worten: man kann niemals sicher sein, die Wahrheit in Händen zu haben.[517]

Damit bei Basissätzen der Bezug zur Realität gewahrt bleibt, muss ihnen der Spiegel der Wirklichkeit vorgehalten werden. Voraussetzung dafür ist, dass sie in einer Weise formuliert sind, die eine kritische Prüfung erlauben.[518] Im folgenden Kapitel werden nun den in Kapitel 1.2 diskutierten theoretischen Basissätzen den empirischen Basisätzen zugeführt und überprüft, ob das Erdachte durch das Beobachtete falsifiziert werden kann.

Zunächst wird die Reliabilität und Validität von SERVQUAL und von Zufriedenheit interpretiert und diskutiert. Anschließend erfolgt eine Interpretation der Mittelwerte beider Konstrukte. Die Häufigkeitstabelle gibt nachher Auskunft über die relative Wichtigkeit der einzelnen SERVQUAL-Dimensionen. Die Regressionsanalyse bildet das Herzstück, indem die beiden Konstrukte in Zusammenhang gebracht und mit den Eigenschaften der Wertefunktion der Prospect Theory erklärt werden. Der letzte Abschnitt gibt einen Überblick über die falsifizierten bzw. vorläufig bewährten Basissätze.

---

515 Einstein (1991), 151.

516 Diese Einsicht ist in aller Deutlichkeit ebenfalls bereits bei Einstein ausgesprochen, der in seinem Aufsatz über -Geometrie und Erfahrung- feststellt: „Insofern sich die Sätze der Mathematik auf die Wirklichkeit beziehen, sind sie nicht sicher, und insofern sie sicher sind, beziehen sie sich nicht auf die Wirklichkeit"; Einstein (1991), S. 119f.

517 Vgl. Schanz (1976), 69.

518 Vg. Schanz (1988a), 12.

8.1. Interpretation der Skalen-Reliabilität und -Validität

In diesem Abschnitt wird die Reliabilität und Validität von SERVQUAL und von Kundenzufriedenheit jeweils separat interpretiert. Bei der Interpretation wird versucht, nicht nur die Ergebnisse zu erklären und zu beschreiben, sondern auch den Ergebnissen von ähnlichen Studien gegenüber zu stellen.

8.1.1. Interpretation der Reliabilität und Validität von SERVQUAL

Im ersten Schritt der Datenanalyse wurde der Frage nachgegangen, ob die verwendeten Messinstrumente als verlässlich im Versicherungskontext betrachtet werden können, um weitere Analysen durchführen zu können.

Tabelle 8-1: Cronbachs Alpha für Erwartungs-, Leistungs- und GAP-Werte von SERVQUAL

(Quelle: eigene Darstellung)

Cronbachs Alpha (α)	Erwartungswerte	Leistungswerte	GAP
Gusenbauer (2010)	0,92	0,96	0,93
Johns, Avci, Karaptepe (2004)	0,93	0,95	0,94
Ishak et al. (2006)	0,76	0,63	-

Tabelle 8-1 stellt die Ergebnisse der vorliegenden Untersuchung gegenüber den Resultaten von Johns, Avci und Karatepe sowie Ismail et al. dar. Daraus ist erkennbar, dass für die vorliegende Untersuchung für das Cronbachs Alpha ein Wert zwischen α = 0,92 und α = 0,96 vorliegt.

Johns, Avci und Karatepe gehen der Dienstleistungsqualität von Reiseagenturen in Nord-Zypern auf den Grund. Die Autoren verfolgten dabei das Ziel, die Dimensionalität der Daten zu untersuchen und inwiefern sich SERVQUAL als geeignetes Instrument zur Verbesserung der Dienstleistungsqualität bei Reise-agenturen eignet. Für ihre Untersuchung verwenden die Autoren eine Sample-Größe von n = 337. D as generierte Alpha beträgt für die Erwartungen α = 0,93, für die Leistungswahrnehmung α = 0,95 und für den GAP α = 0,94.[519]

Zu einem ähnlichen Ergebnis kommen Ishak et al. Die Autoren untersuchen in Malaysien bei einem Wirtschaftsprüfungs-Unternehmen den Einfluss von Dienstleistungsqualität auf die Kundenzufriedenheit und deren Loyalität. Mit einer Sample-Größe von n = 115 identifizierten die Autoren für die Erwartungskomponente des SERVQUAL-Konstrukts ein Cronbachs Alpha von

519 Vgl. Johns/Avci/Karatepe (2004), 93.

α = 0,76 und für die Performance-Komponente α = 0,63. Die Cronbachs Alpha Werte für die GAP-Komponente geht aus der Untersuchung nicht hervor.[520]

Churchill empfiehlt, bei einem Konstrukt mit mehreren Dimensionen das Alpha für jede Dimension zu berechnen.[521] Die Tabelle 8-2 zeigt eine Gegenüberstellung des resultierenden Cronbachs Alpha der SERVQUAL-Dimensionen der vorliegenden Untersuchung mit den Ergebnissen von PBZ sowie Tsoukatos und Rand aus der Versicherungsbranche. Daraus ist zu erkennen, dass in der vorliegenden Untersuchung die Dimension Materielles mit α = 0,78 einen etwas geringeren Wert als die übrigen vier Dimensionen aufweist. Dennoch gelten diese Werte als ausreichend, um sie zu einer Gesamtskala zusammenzuführen.[522]

Tabelle 8-2: Gegenüberstellung Cronbachs Alpha von SERVQUAL auf Dimensionsebene (Quelle: eigene Darstellung)

Cronbachs Alpha		Gusenbauer (2010)	Parasauramann, Berry, Zeithaml (1991)		Tsoukatos, Rand (2006)
Dimension/Branche	# der Merkmale	Versicherung	Versicherung 1	Versicherung 2	Versicherung
Materielles	4	0,78	0,80	0,84	0,87
Zuverlässigkeit	5	0,86	0,92	0,92	0,94
Entgegenkommen	4	0,86	0,92	0,93	0,93
Souveränität	4	0,86	0,87	0,91	0,93
Einfühlung	5	0,85	0,85	0,89	0,90

Bei der Verfeinerung von SERVQUAL wurde das Instrument von PBZ unter anderem bei zwei Versicherungsunternehmen geprüft. Die Stichprobengröße wurde für die jeweiligen Branchen nicht explizit erwähnt, die Stichprobengröße liegt jedoch zwischen n = 290 und n = 487. Das Cronbachs Alpha erzielt bei den beiden Unternehmen einen Wert zwischen α = 0,80 und α = 0,93. 523

Tsoukatos und Rand untersuchen den Einfluss von Dienstleistungsqualität auf die Kundenzufriedenheit und Loyalität mit SERVQUAL von drei griechischen Versicherungsunternehmen. Die Stichprobengröße beträgt gesamt n = 519. SERVQUAL wurde in dieser Untersuchung an die lokalen Bedürfnisse

520 Vgl. Ishak et al. (2006), 746.
521 Vgl. Churchill (1979), 69.
522 Vgl. Brosius (2006), 800.
523 Vgl. Parasuraman/Berry/Zeithaml (1991), 423.

angepasst, sodass SERVQUAL aus 25 Merkmalen besteht. Das Cronbachs Alpha zeigt eine Wert zwischen $\alpha = 0{,}87$ und $\alpha = 0{,}93$.[524]

Zur Ermittlung der Validität wurde eine explorative Faktorenanalyse mit einer Varimax-Rotation für die Erwartungen, Leistungen und für die GAP-Werte durchgeführt. Die Tabelle 7-8 zeigt, dass die Faktorladungen untereinander eine homogene Bedeutung haben und hoch auf die jeweilige Dimension mit $y > 0{,}50$ laden. Das bedeutet, dass die Ergebnisse zwar für eine Multidimensionalität des Konstrukts stehen, aber die fünf Dimensionen nicht unbedingt notwendig sind, wie sie von PBZ vorgeschlagen wurden. [525]

Dieses Ergebnis ist konsistent mit den Ergebnissen von Babkus und Boller[526], Cronin und Taylor[527] sowie Johns, Avci und Karatepe[528]. Diese Divergenz spricht jedoch dafür, dass die zu untersuchende Branche eventuell einen Einfluss auf die Multidimensionalität der SERVQUAL-Skalen hat.

Basierend auf den oben gezeigten Messergebnissen und Gegenüberstellungen lässt sich festhalten, dass SERVQUAL als ein verlässliches Messinstrument für die Erhebung der Dienstleistungsqualität bei KFZ-Versicherungen betrachtet und alle Merkmale in die Gesamtskala miteinbezogen werden können. Diese Feststellung begründet sich darin, dass das Cronbachs Alpha in der vorliegenden Untersuchung einerseits die in der Literatur geforderten Werte bis $\alpha = 0{,}7$ und $\alpha = 0{,}8$[529] bei allen Merkmalen überschreitet. Gemäß Cortina ist ein Alpha von 0,70 ausreichend, selbst wenn eine geringe Korrelation zwischen den Merkmalen vorliegt und wenn die Anzahl der Merkmale 20 übersteigt.[530] Zudem erreichen vergleichbare Studien, die SERVQUAL als Messinstrument anwenden, ähnliche Werte für das Cronbachs Alpha wie in der vorliegenden Arbeit.

Die hohen homogenen Faktorladungen der einzelnen Merkmale zeigen, dass diese jeweils eine Dimension repräsentieren. Diese Differenzierung kommt durch die klare Trennung bei der relativen Gewichtung zum Ausdruck. Unter zusätzlicher Berücksichtigung des hohen Cronbachs Alpha der einzelnen Dimensionen ($\alpha = 0{,}78 - 0{,}85$) wird die theoretische Annahme $A1_0$ falsifiziert und dafür das Negat der Annahme **$A1_1$** vorläufig akzeptiert:

> **SERVQUAL** ist **ein zuverlässiges und valides** Messinstrument zur Beurteilung der Dienstleistungsqualität von KFZ-Versicherern.

---

524 Vgl. Tsoukatos/Rand (2006), 508.
525 Parasuraman/Berry/Zeithaml (1991).
526 Vgl. Babkus/Boller (1992), 259.
527 Vgl. Cronin/Taylor (1992), 62.
528 Johns/Avci/Karatepe (2004), 94.
529 Vgl. Brosius (2006), 800; Churchill (1979), 68.
530 Vgl. Cortina (1993), 102.

8.1.2. Interpretation der Reliabilität und Validität von Zufriedenheit

Die Messergebnisse Tabelle 8-3 zeigen eine Gegenüberstellung des Cronbachs Alpha der vorliegenden Untersuchung mit den Ergebnissen von Hermann, Huber und Braunstein. Dabei ist festzustellen, dass, obwohl beide Untersuchungen sich auf Kunden mit einer KFZ-Versicherung konzentrieren, das Konstrukt in der vorliegenden Untersuchung für alle fünf Dimensionen ein höheres Cronbachs Alpha aufweist. Während das Cronbachs Alpha in dieser Untersuchung einen Wert zwischen $\alpha = 0{,}85$ und $\alpha = 0{,}92$ aufweist, wurde bei Hermann, Huber und Braunstein ein Cronbachs Alpha zwischen $\alpha = 0{,}72$ und $\alpha = 0{,}86$ ermittelt.[531] Bemerkenswert ist der Umstand, dass die Dimension ‚Gesamtzufriedenheit' das höchste α mit 0,92 aufweist.

Ein etwas anderes Ergebnis zeigt sich bei dem Zufriedenheits-Konstrukt, in dem nur ein Faktor bereits 66 % der gesamten Streuung erklärt. Dieses Ergebnis ist nicht konsistent mit der Faktorenanalyse von Hermann, Huber und Braunstein. In ihrer Untersuchung verweist die Faktorenanalyse auf die drei Dimensionen Produkt-Zufriedenheit, Außendienst-Zufriedenheit und Innendienst-Zufriedenheit[532], während in der vorliegenden Untersuchung die Faktorenanalyse nur eine Dimension extrahiert.

Tabelle 8-3: Gegenüberstellung Cronbachs Alpha für die Kundenzufriedenheit

(Quelle: eigene Darstellung)

	Gusenbauer (2010)	Hermann, Huber, Braunstein (2000)
Dimension/Branche	Versicherung	Versicherung
Gesamtzufriedenheit	0,92	0,81
Produktzufriedenheit	0,85	0,79
Außendienstzufriedenheit	0,93	0,86
Innendienstzufriedenheit	0,89	0,74
Relative Qualität	0,91	0,73

Bei einer Faktorenanalyse mit den einzelnen Dimensionen wird dennoch jeweils eine Faktorladung zwischen y = 0,91 und y = 0,93 für alle vier Dimensionen generiert, wobei die Außendienst-Zufriedenheit mit y = 0,924 am besten die Gesamtzufriedenheit repräsentiert.

Das Resultat bedeutet, dass die Zufriedenheit in der KFZ-Versicherungsbranche nicht ein multi-dimensionales, sondern ein ein-dimensionales Kon-

531 Vgl. Hermann/Huber/Braunstein (2000), 302f.
532 Vgl. Hermann/Huber/Braunstein (2000), 307.

strukt darstellt. Die Ergebnisse stehen somit im Widerspruch mit der Untersuchung von Hermann, Huber und Braunstein.[533] Die unterschiedlichen Ergebnisse der vorliegenden Untersuchung zu jenen von Hermann, Huber und Braunstein zeigen, dass hier noch keine eindeutige Klärung, wie das Konstrukt ‚Kundenzufriedenheit' zu konzeptualisieren ist, vorliegt. Diese Unterschiede sind auch in der Literatur zu finden, in der Zufriedenheit in manchen Untersuchungen mit nur einer[534] und in anderen mit mehreren[535] Variablen erhoben wird.

Die hohen Faktorladungen des Konstrukts Kundenzufriedenheit sowie das hohe Cronbachs Alpha bestätigen ebenso, dass auch in der Versicherungsbranche das Konstrukt der Gesamtzufriedenheit als verlässlich und valide einzustufen ist. Aus diesem Grund muss die theoretische Annahme $A2_0$ falsifiziert und das Negat der Annahme $\mathbf{A2_1}$ vorläufig akzeptiert werden:

> Das **Messinstrument** zur Beurteilung der Zufriedenheit von KFZ-Versicherungsnehmern **ist zuverlässig und valide**.

Die Faktorenanalyse zeigt jedoch, dass zur Erhebung der Kundenzufriedenheit kein mehrdimensionales Konstrukt notwendig, sondern die Beurteilung von Kundenzufriedenheit mit einer Dimension ausreichend ist. Das bedeutet, dass die theoretische Annahme $\mathbf{A3_0}$ nicht falsifiziert werden kann und sich vorläufig bewährt:

> Das Kundenzufriedenheitskonstrukt besitzt bei KFZ-Versicherungen **keinen** mehrdimensionalen Charakter.

8.2. Interpretation der Mittelwerte

In diesem Abschnitt werden zunächst die Mittelwerte der einzelnen SERVQUAL-Komponenten und anschließend die Mittelwerte von Kundenzufriedenheit interpretiert.

8.2.1. Interpretation der Mittelwerte von SERVQUAL

Tabelle 7-10 zeigt die Mittelwerte der Erwartungen, Leistungswahrnehmung sowie der GAP-Werte, die die Differenz zwischen den Erwartungen darstellt.

---

533 Vgl. Hermann/Huber/Braunstein (2000), 307.

534 Vgl. Aga/Safakli (2007), 98; Cronin/Taylor (1992); 67; Johns/Avci/Karatepe (2004), 88; Spreng/Shi/Page (2009), 542; Streukens/deRuyter (2004), 104.

535 Vgl. Babin/Griffin (1998), 130; Boshoff/Gray (2004), 30; Garbarino/Johnson (1999), 76; Homburg/Giering (2001), 51; Lassar/Manolis/Winsor (2000)252; Lee/Lee/Yoo (2000), 223; Ueltschy et al. (2007), 414.

Weil der GAP-Mittelwert m = -0,600 beträgt, kann der Trugschluss entstehen, dass die KFZ-Versicherungsnehmer grundsätzlich mit ihrem Versicherer unzufrieden sind.

Die Tabelle 7-11, in der die Mittelwerte der einzelnen Merkmale dargestellt sind, gibt jedoch ein etwas differenzierteres Bild wider. Daraus ist zu entnehmen, dass die Probanden eine relativ niedrige Erwartung gegenüber den Merkmalen ‚Angenehm ins Auge fallende Einrichtungen' mit m = 4,12 sowie für ‚Modern aussehende Betriebs-/Geschäftsausstattungen' mit m = 4,25 zeigen. Auffallend ist jedoch, dass diese Merkmale auch eine relativ niedrige Ausprägung in der Leistungswahrnehmung verzeichnen, aber die Leistungswahrnehmung dennoch über den Erwartungen liegt, sodass die beiden Merkmale auch die höchsten positiven GAP-Abweichungen aufweisen. Eine annähernd indifferente Ausprägung weist das Merkmal ‚Adrett gekleidete Arbeitnehmer' mit einem GAP-Wert von m = 0,02 auf.

Zu einem ähnlichen Ergebnis gelangen Aga und Safakli bei der Untersuchung der Dienstleistungsqualität von Steuerberatungs-Unternehmen in Nordzypern und deren Einfluss auf die Kundenzufriedenheit. Von den verwendeten 19 SERVQUAL-Merkmalen erreichen drei Merkmale der Dimension ‚Materielles' ebenso eine positive Abweichung, während die übrigen Merkmale eine negative Abweichung aufweisen.[536]

Der Mittelwertvergleich auf Dimensionsebene in Tabelle 7-12 zeigt, dass die Dimension ‚Materielles' die einzige Dimension ist, die einen positiven Mittelwert aufweist. Wird dieses Ergebnis weiters mit der Tabelle 7-11 verglichen, ist zu erkennen, dass die Probanden für die Dimension ‚Materielles' durchwegs geringe Erwartungen haben und diese von der Wahrnehmung übertroffen werden. Weiters ist aus der Tabelle 7-11 zu entnehmen, dass relativ hohe Erwartungen an die Merkmale ‚Dienste werden zu den versprochenen Terminen geleistet', ‚Höflichkeit' sowie die ‚Einhaltung des versprochenen Termins, etwas zu erledigen' mit jeweils m = 6,51, m = 6,37 sowie m = 6,36 gestellt wurden. Die Leistungswahrnehmung mit m = 5,33 differiert bei dem Merkmal mit der höchsten Erwartung, sodass eine Differenz von m = -0,94 entsteht. Das Merkmal ‚Höflichkeit' hingegen weist eine relativ hohe Leistungswahrnehmung mit m = 5,70 auf, sodass die Differenz mit m = -0,67 nicht so stark ausgeprägt erscheint. Das Merkmal ‚Einhaltung des versprochenen Termins, etwas zu erledigen' weist jedoch einen Mittelwert von m = 5,55 auf, sodass ein GAP- Wert von m = -0,82 resultiert.

Das bedeutet, dass die KFZ-Versicherungsunternehmen die Erwartungen zu den Merkmalen aus der Dimension ‚Materielles' übertreffen. Die hohen Erwartungen der zwei Merkmale der Dimension ‚Zuverlässigkeit' hingegen

---

536 Vgl. Aga/Safakli (2007), 93.

zeigen, dass die KFZ-Versicherer nicht die Erwartungen ihrer Kunden erfüllen. Das könnte einerseits bedeuten, dass die Versicherungsunternehmen sich zu stark auf die ‚Betriebs-/ Geschäftsausstattungen und Einrichtungen' konzentrieren. Fraglich ist natürlich, welche Elemente der Proband oder auch ein Versicherungsunternehmen schlussendlich zu diesem Merkmal zählt. Andererseits, so zeigen die Ergebnisse, haben die KFZ-Versicherer noch einen Aufholbedarf, wenn sie als ‚zuverlässige' KFZ-Versicherer bei ihren Kunden punkten möchten.

Dieses Ergebnis ist konsistent mit der Untersuchung von Ishak et al. Die Autoren prüfen ebenfalls den Einfluss von Dienstleistungsqualität auf die Kundenzufriedenheit bei einem Steuerberatungsunternehmen mit SERVQUAL. Obwohl sich Ismail et al. darauf berufen, die 22 Merkmale mit den fünf Dimensionen, wie sie von PBZ vorgeschlagen wurden, zu verwenden, so ist dennoch eine unterschiedliche Zuordnung zu den Merkmalen erkennbar. Die Dimension ‚Materielles' beispielsweise besteht in der Untersuchung von Ismail et al. lediglich aus drei Merkmalen[537], während PBZ dafür vier Merkmale vorsehen. Dieser Hinweis ist insofern relevant, dass auch in der Untersuchung von Ishak et al. die Dimension ‚Materielles' bei den Erwartungen den geringsten Mittelwert mit m = 5,5 auf zeigt, während die Leistungswahrnehmung bei m = 5,7 liegt. Damit stellt sie ebenfalls die einzige Dimension dar, in der die Leistungswahrnehmung über den Erwartungen liegt.[538]

In der letzten Spalten in Tabelle 7-11 sind die Korrelationskoeffizienten der Mittelwerte der Erwartungen zu den GAP-Werten dargestellt. Diese Korrelations-koeffizienten sind alle signifikant bei einer Wahrscheinlichkeit von p = 0,05. Diese signifikanten Korrelationskoeffizienten sind ein Indikator, dass hier ein Verzerrungseffekt in Form eines Halo-Effekts vorliegen könnte, wie er in Abschnitt 4.1.3 beschrieben wird.[539] Das bedeutet, dass die hohen Erwartungen nicht allein ausschlaggebend für die ‚extremen' Abweichungen sind.

Ähnlich äußern sich dazu Kahneman und Tversky. Ihrer Meinung nach wird ein Individuum, das ‚Friede' mit seinem Verlust geschlossen hat, wieder Glücksspiele akzeptieren, die für ihn ansonsten unakzeptabel wären. Gemäß dieser Beobachtung erhöht sich die Tendenz, während eines Spieltages einen Verlust zu akzeptieren oder Gewinne mit risikofreudigem Spiel zu erzielen.[540]

---

537 Vgl. Ishak et al. (2006), 746; Parasuraman/Berry/Zeithaml (1991), 446.
538 Vgl. Ishak et al. (2006), 747.
539 Vgl. Wirtz/Bateson (1995), 92f; ähnlich van Doorn (2008).
540 Vgl. Kahneman/Tversky (1979), 287.

Eine weitere mögliche Veränderung des Referenzpunktes erfolgt nach Ansicht von Kahneman und Tversky, wenn ein Individuum seine Entscheidungsprobleme als endgültige Werte formuliert, anstelle Verluste und Gewinne in Relation zu einem Referenzpunkt zu setzen. In diesem Fall nimmt der Referenzpunkt den Wert 0 (Null) auf der Werte-Achse (y-Achse) ein und wird in jedem Bereich konkav sein.[541]

Eine weitere Analyse eines möglichen Verzerrungseffektes wäre notwendig, um eine genauere Aussage darüber treffen zu können.

8.2.2. Interpretation der Mittelwerte von Kundenzufriedenheit

Die Tabelle 7-14 zeigt eine Übersicht der Messergebnisse für das Konstrukt Kundenzufriedenheit. Aus dieser Tabelle sind die Mittelwerte sowohl für die einzelnen Merkmale als auch für die vier Dimensionen, die die Gesamtzufriedenheit beeinflussen, ersichtlich.

Die Außendienst-Zufriedenheit wird mit m = 5,33, gefolgt von der Produkt-Zufriedenheit mit m = 5,10, bei den Probanden am besten beurteilt. Die Relative Qualität mit m = 5,01 und die Innendienst-Zufriedenheit m = 5,03 hingegen werden relativ schwach beurteilt. Die Gesamtzufriedenheit weist einen Mittelwert von m = 5,22 auf. Diese Werte spiegeln sich im Cronbachs Alpha in Tabelle 8-3 wider. Diese Tabelle zeigt, dass die Außendienst-Zufriedenheit der vorliegenden Unter-suchung mit α = 0,93 den höchsten Werte aufweist. In der Untersuchung von Hermann, Huber und Braunstein repräsentiert der höchste Wert mit α = 0,86 ebenfalls die Außendienst-Zufriedenheit.

Die Merkmale ‚Freundlichkeit des Beraters' sowie das Merkmal ‚Fachwissen des Beraters' weisen mit m = 5,5 und m = 5,47 die höchste Zufriedenheit auf. Die geringste Zufriedenheit erhält das Merkmal ‚die Transparenz der Prämienabrechnung' mit m = 4,91.

Eickenberg weist darauf hin, dass es für den Kunden wichtig ist zu erkennen, welche Vorteile er mit dem Kauf der angebotenen Versicherung verbindet und wie sich die Berechnung der Prämie zusammensetzt. Dies gibt dem Kunden ein Gefühl von Objektivität und Transparenz in der Prämienberechnung und schafft Raum für gegenseitiges Vertrauen.[542] Die geringe Beurteilung der ‚Transparenz der Prämienabrechnung' zeigt, dass hier bei KFZ-Versicherungen ein Potential für Verbesserungen gegeben ist.

541 Vgl. Kahneman/Tversky (1979), 287.
542 Vgl. Eickenberg (2009), 146.

8.3. Interpretation der Häufigkeitstabelle

Im B-Teil des Fragebogens wurden die Probanden gebeten, 100 Punkte der jeweilig beschriebenen Dimension zuzuordnen und diese anschließend zu priorisieren. Die Ergebnisse der vorliegenden Untersuchung wurden in Abbildung 7-1 veranschaulicht. Aus Abbildung 8-1 ist ersichtlich, dass für einen KFZ-Versicherungsnehmer die Dimension ‚Materielles' relativ unwichtig erscheint, während der Dimension ‚Zuverlässigkeit' eine relativ hohe Wichtigkeit beigemessen wird. Daraus lässt sich eine Rangfolge der Wichtigkeiten abbilden, in der sich ‚Zuverlässigkeit' (G2) als wichtigste Dimension, ‚Souveränität' (G4) als zweitwichtigste, ‚Entgegenkommen' (G5) als drittwichtigste und ‚Einfühlung' (G5) gefolgt von ‚Materielles' (G1) als weniger wichtige Dimension darstellen.

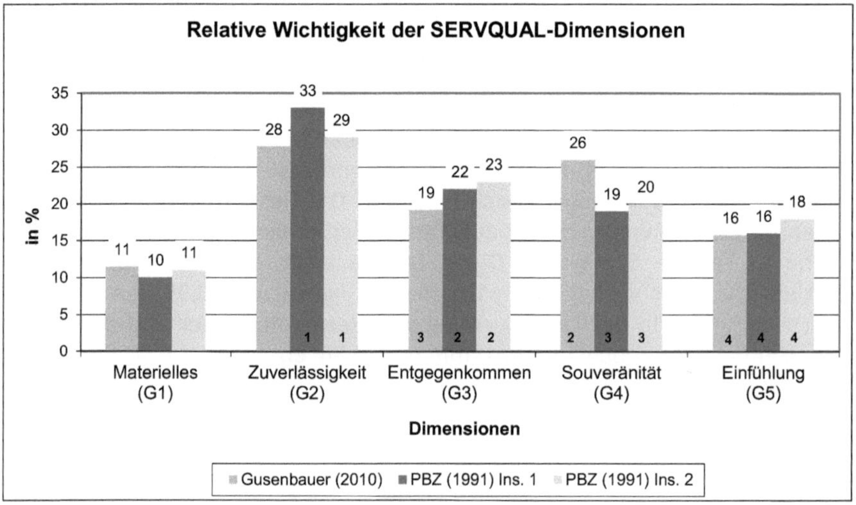

Abbildung 8-1: Gegenüberstellung der relativen Häufigkeiten der SERVQUAL-Dimensionen (Quelle: eigene Darstellung)

Zusätzlich geht hervor, dass die relativen Wichtigkeiten der Dimensionen Materielles, Zuverlässigkeit und Einfühlung mit den Ergebnissen von PBZ konsistent sind.[543] Eine unterschiedliche Rangfolge ist bei den Dimensionen ‚Entgegenkommen' und ‚Souveränität' festzuhalten. Während in der vorliegenden Arbeit die Dimension ‚Souveränität' mit 26 % als zweitwichtigstes Kriterium beurteilt, wird die Dimension ‚Entgegenkommen' mit 19 % als

543 Vgl. Parasuraman/Berry/Zeithaml (1991), 431.

drittwichtigstes Kriterium beurteilt. Bei PBZ ist es genau umgekehrt.[544] Zu gleichen Rangfolge wie PBZ kommen ebenso Witkowski und Wolfinbarger.[545]

Das Argument von PBZ, dass die relative Wichtigkeit in allen Branchen gleich ist[546], kann gemäß der vorliegenden Ergebnisse nur beschränkt für die Dimensionen ‚Materielles', ‚Zuverlässigkeit' und ‚Einfühlung' gestützt werden. Die relative Wichtigkeit unterscheidet sich bei den Dimensionen ‚Entgegenkommen' und ‚Souveränität'.

Diese extremen Differenzen der Dimensionen ‚Zuverlässigkeit' und ‚Materielles' mit 28 % vs. 11 % lassen sich auch auf die unterschiedlichen Erwartungen zurückführen. Während die Dimension ‚Materielles' für die Erwartungen einen Mittelwert von m = 4,84 aufweist, liegt der Mittelwert für die Dimension ‚Zuverlässigkeit' bei m = 6,30.

In Tabelle 7-8 werden die rotierten Faktorladungen von SERVQUAL gezeigt. Aus dieser Tabelle geht jedoch hervor, dass für die Dimensionen ‚Zuverlässigkeit' und ‚Entgegenkommen' Überlappungen vorliegen. Wie bereits in Kapitel 7.2.3 erläutert, könnten die Überlappungen ein Hinweis sein, dass die beiden Dimensionen vom Kunden nicht unterschieden werden können. Die relative Häufigkeit zeigt jedoch klar, dass der Kunde die beiden Dimensionen unterscheidet. Dieses Ergebnis bedeutet, wenn auch indirekt, dass die beiden Dimensionen unterschiedlich betrachtet werden sollten.[547]

8.4. Interpretation der Regressionsanalyse mit den Eigenschaften der Prospect Theory

Dieser Abschnitt zeigt, wie der Zusammenhang zwischen Dienstleistungsqualität und Kundenzufriedenheit mit den Eigenschaften der Prospect Theory in Verbindung gebracht werden kann. Neben der Referenzpunktbezogenheit sowie einer konkaven Verlauf im positiven Bereich bzw einen konvexen Verlauf im negativen Bereich der Wertefunktion wird die abnehmende Sensitivität sowohl im positiven als auch im negativen Bereich als dritte Eigenschaft betrachtet.[548]

Daher wird im ersten Abschnitt diskutiert, inwiefern ein asymmetrischer Zusammenhang zwischen den beiden Konstrukten vorliegt. Im zweiten Ab-

544 Vgl. Parasuraman/Berry/Zeithaml (1991), 431.
545 Vgl. Witkowski/Wolfinbarger (2002), 879.
546 Vgl. Parasuraman/Berry/Zeithaml (1991), 431.
547 Vgl. Parasuraman/Berry/Zeithaml (1991), 431.
548 Vgl. Kahnemann/Tversky (1979), 278ff.

schnitt wird diskutiert, ob eine abnehmende Sensitivität der negativen Abweichungen vom Referenzpunkt vorliegt und inwiefern die Extremwerte der negativen Beurteilungen einen lexikografischen oder einen risikoaversen Verlauf aufweisen.

8.4.1. Interpretation von Asymmetrie versus Linearität

Die Feststellung, ob eine Asymmetrie oder eine Linearität vorliegt, wird durch die transformierten Regressionskoeffizienten bestimmt. Weisen die absoluten Werte der Regressionskoeffizienten eine Differenz auf, so ist ein asymmetrischer Zusammen-hang festzustellen.

Die negativen Regressionskoeffizienten auf Dimensionsebene in Tabelle 7-16 übertreffen in absoluten Werten jene der positiven Regressionskoeffizienten. Somit kann auf Dimensionsebene ein asymmetrischer Zusammenhang festgestellt werden.

Gemäß der Regressionskoeffizienten in Tabelle 7-17, in der die jeweiligen Merkmale dargestellt werden, besteht für jedes Merkmal eine Differenz zwischen den positiven und den negativen absoluten Werten. Das bedeutet einen asymmetrischen Zusammenhang zwischen den positiven und negativen Abweichungen der Dienstleistungsqualität und der Kundenzufriedenheit. Eine negative Asymmetrie liegt vor, wenn der absolute Wert des Regressionskoeffizienten von den negativen Abweichungen (β_1) jene der positiven (β_2) übersteigt. Die Ergebnisse in Tabelle 7-17 zeigen, dass die Regressionskoeffizienten der negativen Abweichungen (β_1) jene der positiven (β_2) mit drei Ausnahmen (GAP 3, GAP 4, GAP 19) übersteigen. Eine negative Beurteilung hat mit Ausnahme von GAP 3, GAP 4 und GAP 19 somit einen größeren Einfluss als die positive Beurteilung auf die Gesamtzufriedenheit. Mit anderen Worten: es liegt für diese Variablen ein negativ asymmetrischer Zusammen-hang vor. Dieser negativ asymmetrische Zusammenhang entspricht dem Verlauf der hypothetischen Wertefunktion der Prospect Theory, wie sie in Abbildung 4-3 dargestellt ist. Für die Variablen GAP 3, GAP 4 und GAP 19 hingegen, bei denen $\beta_2 > \beta_1$ ist, liegt ein positiv asymmetrischer Zusammenhang vor. Basierend auf diesen Ergebnissen wird daher die theoretische Annahme $A4_0$ falsifiziert und das Negat der Annahme **$A4_1$** vorläufig akzeptiert:

> Die negativen und positiven Abweichungen eines bestimmten SERVQUAL-Merkmals weisen **einen negativ asymmetrischen Zusammenhang** zur Erklärung der Gesamtzufriedenheit bei KFZ-Versicherungsnehmern auf.

Zu einem ähnlichen Resultat kommen Mittal, Ross und Baldasare. In ihrer Untersuchung ermitteln sie den Zusammenhang zwischen der Leistungswahrnehmung bestimmter Eigenschaften eines Autos und deren Einfluss auf die Gesamtzufriedenheit. In ihren Ergebnissen weisen fünf Variablen eine negative Asymmetrie auf, während die sechste Variable eine positive Asymmetrie zeigt.[549]

Eine positive Asymmetrie stellt ebenfalls van Doorn fest. Van Doorn widmet sich diesem Zusammenhang unter anderem[550] in Business-to-Business Dienstleistungen. Sie findet einen positiv asymmetrischen Zusammenhang zwischen den Transport-bezogenen Eigenschaften und deren Einfluss auf die Preis-Zufriedenheit.[551]

Zu einem komplett gegensätzlichen Ergebnis kommen Streukens und de Ruyter. Gemäß ihren Resultaten haben positive und negative Beurteilungen von Dienstleistungsqualität die gleiche Auswirkung auf die Kundenzufriedenheit. Die Autoren weisen jedoch darauf hin, dass der Grund für einen linearen Zusammenhang darin liegt, dass die untersuchten Dienstleistungen (Reinigung, Fast-Food Restaurant und Supermarkt) den meisten Probanden so bekannt waren, dass sie ‚realistische' Erwartungen an die untersuchte Dienstleistung hatten und daher keine ‚großen' Abweichungen dazu vorliegen.[552]

Bei der Untersuchung von Streukens und de Ruyter ist jedoch die verwendete Sample-Größe für die jeweilige Branche zu kritisieren. Für die Reinigungs-Branche wurde ein n = 203, für die Fast-Food Branche ein n = 200 und für den Supermarkt lediglich ein n = 108 gewählt. In Betracht der Anforderungen an statistische Power-Analysen für Verhaltenswissenschaften führen die verwendeten Stichprobengrößen von Streukens und de Ruyter entweder zu mittleren bis großen zu untersuchenden Effekt-Größen, die entdeckt werden können, oder sie führen zu einer reduzierten ‚Power' des statistischen Tests.[553] Eventuell sind diese Parameter ein weiterer Grund, dass kein asymmetrischer Zusammenhang festgestellt wurde.

Indirekt liefert die Argumentation von Streukens und de Ruyter einen Hinweis auf die Wichtigkeit der Formulierung von Erwartungen und der Bedeutung der Erwartungen in den unterschiedlichen Branchen. Diese Begründung spricht für eine Verwendung von SERVQUAL, um einen Zusammenhang zwischen Dienstleistungsqualität und Zufriedenheit feststellen zu können.

---

549 Vgl. Mittal/Ross/Baldasare (1998), 43.

550 Der Untersuchung von Van Doorn konzentriert sich vornehmlich auf Verzerrungseffekte. Vgl. Van Doorn (2008).

551 Vgl. Van. Doorn (2008), 132.

552 Vgl. Streukens/de Ruyter (2004), 108.

553 Vgl. Cohen (1988), 8ff.

8.4.2. Interpretation von lexikografischen versus risikoaversen Verlauf

Um eine abnehmende Sensitivität sowie einen lexikografischen oder einen risikoaversen Verlauf der extremen Beurteilungen feststellen zu können, ist relevant, ob der jeweilige Regressionskoeffizient aus Tabelle 7-17 signifikant ist oder nicht.

Ein signifikanter Regressionskoeffizient, der auf einem natürlichen Logarithmus basiert, spricht für eine abnehmende Sensitivität. Das bedeutet, dass für die positiven und für die negativen Abweichungen der Messergebnisse der Regressionskoeffizient signifikant sein muss um eine abnehmende Sensitivität nachweisen zu können.

Die negativen Regressionskoeffizienten auf Dimensionsebene in Tabelle 7-16 sind für die Dimension ‚Materielles' nicht signifikant. Für die Dimensionen ‚Zuver-lässigkeit', ‚Entgegenkommen', ‚Souveränität' und ‚Einfühlung' liegt ein signifikanter negativer Regressionskoeffizient vor. Auf Dimensionsebene kann zusammenfassend gefolgert werden, dass für die Dimension ‚Materielles' zwar eine negative Asymmetrie jedoch keine abnehmende Sensitivität und kein lexikografischer Verlauf vorliegt. Somit liegt der Verdacht eines risikoaversen Verlaufs der Wertefunktion für die Dimension ‚Materielles' nahe. Für die übrigen Dimensionen liegt die abnehmende Sensitivität gemäß der Wertefunktion der Prospect Theory beschrieben werden.

Die Regressionskoeffizienten der positiven Abweichungen in Tabelle 7-16 sind bei allen fünf Dimensionen nicht signifikant. Somit liegt hier keine abnehmende Sensitivität im Sinne der Wertefunktion der Prospect Theory vor.

In Tabelle 7-17 sind die Messergebnisse der Regressionskoeffizienten für die einzelnen Merkmale dargestellt. Aus dieser Tabelle ist zu entnehmen, dass bei den negativen Abweichungen (LN_GAP) mit Ausnahme von GAP 1 und GAP 3 alle Merkmale einen signifikanten negativen Regressionskoeffizienten aufweisen. Für diese Merkmale kann somit eine abnehmende Sensitivität aufgrund ihrer Signifikanz gezeigt und der Verlauf der Funktion im negativen Bereich gemäß der hypothetischen Wertefunktion erklärt werden.

Die Messergebnisse der Regressionskoeffizienten der positiven Abweichungen (LP_GAP) zeigen hingegen ein sehr heterogenes Bild. GAP 4 und GAP 19 besitzen einen signifikanten Regressionskoeffizienten auf, während die übrigen nicht signifikant sind. Obwohl GAP 4 einen signifikanten Regressionskoeffizienten aufweist ist sein Wert negativ. Das bedeutet, dass eine positive Erfüllung dieses Merkmals einen negativen Einfluss auf die Kundenzufriedenheit. Ein möglicher Grund für die negativen Regressionskoeffizienten kann in der Skalenstruktur liegen, denn Mittal, Ross und Baldasare sowie Ting und Chen verwenden ein anderes semantisches Differenzial als SER-

VQUAL.[554] Da diese Schlussfolgerung nicht plausibel ist, endet hier die Interpretation der positiven Abweichungen mit negativen Regressionskoeffizienten, indem man sich damit begnügen muss, dass sich manche Daten einer sinnvollen Interpretation entziehen.

Jene Regressionskoeffizienten (LP_GAP) die einen positiven nicht signifikanten Regressionskoeffizienten aufweisen, weisen somit keine abnehmende Sensitivität auf und können nicht mit der hypothetischen Wertefunktion der Prospect Theory erklärte werden.

Zusammenfassend lassen sich der Zusammenhang zwischen der Dienstleistungsqualität und der Kundenzufriedenheit mit den Eigenschaften der Prospect Theory erklären. Eine Ausnahme dazu bilden die Variablen GAP 1 und 3. Aus der oben geführten Diskussion kann die theoretische Annahme $A5_0$ falsifiziert und das Negat der Annahme **$A5_1$** mit Ausnahme von GAP 1 und GAP 3 vorläufig akzeptiert werden:

> Der Zusammenhang zwischen den negativen Abweichungen der einzelnen SERVQUAL-Merkmale und der Zufriedenheit **lassen sich durch eine abnehmende Sensitivität** gemäß der Prospect Theory beschreiben. Ausnahme: GAP 1 und GAP 3.

Für Crum, Laughhunn und Payne liegen bei den Extremwerten zwei mögliche Varianten vor, welche Form eine Funktion an ihren Enden einnehmen kann. Die Autoren bezeichnen diese als einen ‚lexikografischen' und einen ‚risikoaversen' Verlauf.[555] Bei einem lexikografischen Verlauf verläuft die Funktion ‚parallel' zur horizontalen Achse (Abszisse) und nimmt eine ähnliche Form einer abnehmenden Sensitivitäts-Kurve ein. Mittal, Ross und Baldasare formulieren diesen Zustand für Extremwerte folgendermaßen:

> *„As the values get more extreme, a logarithmic function tapers off and thus resembles the diminishing sensitivity curve."*[556]

Bei einem ‚risikoaversen' Verlauf hingegen nimmt die Funktion eine Form ein, die ‚parallel' zur vertikalen Achse (Ordinate) verläuft.

Das Fehlen einer abnehmenden Sensitivität wie sie für GAP 1 und GAP 3 vorliegt, bedeutet nicht zwingend ‚parallel' zur vertikalen Achse. Die in Tabelle 7-18 dargestellten Regressionskoeffizienten β_1 für die Extremwerte von GAP 1 sind nicht signifikant negativ und von GAP 3 nicht signifikant positiv. Indem die Regressionskoeffizienten von LN_GAP 3 nicht signifikant positiv sind, entziehen sie sich einer sinnvollen Interpretation und werden an dieser Stelle nicht weiter diskutiert.

554 Vgl. Mittal/Ross/Baldasare (1998), 42; Ting/Chen (2002), 557.
555 Vgl. Crum/Laughhunn/Payne (1981), 23.
556 Vgl. Mittal/Ross/Baldasare (1998), 43.

Bei GAP 1 resultiert ein β_1 = -0,416 für die extrem geringen Abweichungen und ein β_1 = -0,684 für die extrem großen Abweichungen. Die Tatsache, dass der Extremwert, der weiter vom Referenzpunkt entfernt liegt, jenen, der näher beim Referenzpunkt ist übersteigt, könnte ein Hinweis auf einen ‚risikoaversen' Verlauf sein. Die möglichen Abweichungen von LN_GAP 1 werden in Tabelle 8-4 dargestellt. Die Regressionskoeffizienten für die Werte (0,69; 1,1 und 1,79) würden auf einen ‚risikoaversen' Verlauf hindeuten. Indem der Regressionskoeffizient von der Abweichung mit dem Wert von LN_GAP 1,39 positiv ist, kann ein ‚risikoaverser' Verlauf ausgeschlossen werden.

Tabelle 8-4: Extremwertbetrachtung der negativen Abweichungen

(Quelle: eigene Darstellung)

	LN_GAP		
Transformation: (ln (- gap_xneg))	**Regressions-koeffizient (β_1)**	**t-Wert**	**Signifikanz**
GAP 1_0,69	-0,416	-1,052	0,294
GAP 1_1,1	-0,604	-1,412	0,159
GAP 1_1,39	1,284	1,448	0,149
GAP 1_1,79	-0,684	-0,992	0,322

Die geführte Diskussion zu den möglichen Verläufen der Extremwerte der negativen Abweichungen zeigt, dass alle Extremwerte mit Ausnahme von GAP 1 und GAP 3 einer abnehmenden Sensitivitätskurve, somit einem lexikografischen und nicht einem risikoaversen Verlauf aufweisen. Daher wird die theoretische Annahme $A6_0$ nicht falsifiziert, sondern vorläufig mit Ausnahme von GAP 1 und GAP 3 als bewährt akzeptiert:

> **$A6_0$: Extrem hohe negative Abweichungen** vom Referenzwert einzelner SERVQUAL-Merkmale und deren Einfluss auf die Kundenzufriedenheit nehmen **keinen risikoaversen Verlauf** bei der Wertefunktion der Prospect Theory ein.

8.5. Überblick der geprüften Basissätze

Die folgende Tabelle 8-5 gibt dem Leser nochmals einen Überblick über die geprüften Basissätze. In der Spalte der linken Spalte sind die zu falsifizierenden Basissätze dargestellt. Rechts daneben befindet sich jeweils das dazugehörige Negat der singulären Konsequenz.

Die roten Kreuze neben der Spalte der theoretischen Annahmen zeigen eine Falsifizierung der theoretischen Annahmen. Damit ist das Negat der

Annahme vorläufig zu akzeptieren. Das grüne Häkchen in der Spalte der zu falsifizierenden theoretischen Annahmen hingegen zeigt, dass sich die theoretische Annahme vorläufig bewährt hat und nicht falsifiziert werden konnte.

Tabelle 8-5: Überblick der falsifizierten Annahmen

(Quelle: eigene Darstellung)

		theoretische Annahme		Negat der Annahme	
Konstrukt	A_1	SERVQUAL ist **kein** zuverlässiges und valides Messinstrument zur Beurteilung der Dienstleistungsqualität von Kfz-Versicherern.	✗	SERVQUAL ist **ein** zuverlässiges und valides Messinstrument zur Beurteilung der Dienstleistungsqualität von Kfz-Versicherern.	✓
Konstrukt	A_2	Das Messinstrument zur Beurteilung der Zufriedenheit von Kfz-Versicherungsnehmern **ist nicht zuverlässig und valide.**	✗	DasMessinstrument zur Beurteilung der Zufriedenheit von Kfz-Versicherungs-nehmern **ist zuverlässig und valide.**	✓
Konstrukt	A_3	Das Kundenzufriedenheitskonstrukt besitzt bei Kfz-Versicherungen **keinen mehrdimensionalen Charakter.**	✓	Das Kundenzufriedenheitskonstrukt besitzt bei Kfz-Versicherungen **einen mehrdimensionalen Charakter.**	✗
Theorie	A_4	Die negativen und positiven Abweichungen eines bestimmten SERVQUAL-Merkmals weisen **keinen negativ asymmet-rischen Zusammenhang** zur Erklärung der Gesamtzufriedenheit bei Kfz-Versicherungsnehmern auf.	✗	Die negativen und positiven Abweichungen eines bestimmten SERVQUAL-Merkmals weisen **einen negativ asymmet-rischen Zusammenhang** zur Erklärung der Gesamtzufriedenheit bei Kfz-Versicherungsnehmern auf.	✓
Theorie	A_5	Der **Zusammenhang** zwischen den negativen Abweichungen der einzelnen SERVQUAL-Merkmale und der Zufriedenheit **läßt sich nicht** durch **eine abnehmende Sensitivität** gemäß der Prospect Theory beschreiben.	✗	Der **Zusammenhang** zwischen den negativen Abweichungen der einzelnen SERVQUAL-Merkmale und der Zufriedenheit **läßt sich** durch **eine abnehmende Sensitivität** gemäß der Prospect Theory beschreiben.	✓
Theorie	A_6	**Extrem hohe negative Abweichungen** vom Referenzwert einzelner SERVQUAL-Merkmale und deren Einfluss auf die Kundenzufriedenheit nehmen **keinen risikoaversen Verlauf** bei der Wertefunktion der Prospect Theory ein.	✓	**Extrem hohe negative Abweichungen** vom Referenzwert einzelner SERVQUAL-Merkmale und deren Einfluss auf die Kundenzufriedenheit nehmen einen **risikoaversen Verlauf** bei der Wertefunktion der Prospect Theory ein.	✗

Zusammenfassend zeigt die Tabelle 8-5, dass die theoretischen den empirischen Annahmen zugeführt und damit $A1_0$, $A2_0$, $A4_0$ sowie $A5_0$ falsifiziert werden. Das bedeutet, dass jeweils das korrespondierende Negat der theoretischen Annahme vorläufig zu akzeptieren ist. Diese Falsifizierung erfolgt ganz im Sinne von Popper, denn: *„Ein empirisch-wissenschaftliches System muss an* *der Erfahrung scheitern können.“* [557] Im Gegensatz dazu konnte die theoretische Annahme $A3_0$ und $A6_0$ nicht falsifiziert werden. Das bedeutet, dass sich diese theoretischen Annahmen vorläufig bewähren und zu akzeptieren sind.

557 Popper (1989),15.

9. Schlussfolgerung und Ausblick

Das letzte Kapitel gibt einen Überblick über die wesentlichen Beiträge der vorliegenden Arbeit für die Wissenschaft, für die Praxis sowie Limitierungen und aus der Untersuchung entstandene Fragestellungen.

9.1. Implikationen für die Wissenschaft

Die vorliegende Arbeit wird ihrem Anspruch nur dann gerecht, wenn sie einen Beitrag zur Scientific Community leistet. Aus diesem Grund stellt sich die Frage nach dem wissenschaftlichen Beitrag der Arbeit. Das Ziel der vorliegenden Arbeit war es, den wissenschaftlichen Kenntnisstand über den Zusammenhang zwischen Dienstleistungsqualität und Kundenzufriedenheit bei KFZ-Versicherungsnehmern anhand der Prospect Theory zu erweitern. Die Untersuchung geht in mehrfacher Hinsicht über die bisherigen wissenschaftlichen Untersuchungen hinaus:

Nach Wissen der Verfasserin wird in dieser Arbeit erstmalig der Zusammenhang von Dienstleistungsqualität mit SERVQUAL mit einem multiattributiven Kundenzufriedenheitskonstrukt bei KFZ-Versicherungsnehmern untersucht. Frühere Betrachtungen haben entweder keine Differenzierung bei den Versicherungssparten vorgenommen oder haben Kundenzufriedenheit lediglich als ein eindimensionales Konstrukt berücksichtigt. Besonders erwähnenswert an der vorliegenden Untersuchung ist, dass ein asymmetrischer Zusammenhang zwischen Dienstleistungsqualität und Kundenzufriedenheit nachgewiesen werden konnte.

Die vorliegende Untersuchung hat nach Wissen der Verfasserin erstmalig in der Versicherungsbranche untersucht, inwiefern sich der asymmetrische Zusammen-hang der einzelnen Merkmale mit der Prospect Theory erklären und beschreiben lässt. Dabei wurde festgestellt, dass nicht für alle Merkmale ein negativ asymmetrischer Zusammenhang, sondern für einige auch ein positiv asymmetrischer Zusammenhang vorliegt.

Zusätzlich zeigt diese Arbeit nach Wissen der Verfasserin erstmalig, dass die negativen Extremwerte bei der Beurteilung von Dienstleistungsqualität und deren Einfluss auf die Kundenzufriedenheit bei KFZ-Versicherungsnehmern eine abnehmende Sensitivität aufweisen, wie sie von der Prospect Theory postuliert wird.

Die drei Aspekte verdeutlichen die neuen Erkenntnisse für die Versicherungsbranche über den Zusammenhang zwischen Dienstleistungsqualität und Kundenzufriedenheit gegenüber bisherigen Untersuchungen. Zusammenfassend kann für die Prospect Theory festgehalten werden, dass sie zur Beschreibung und Erklärung von Dienstleistungsqualitätsurteilen und Kundenzufriedenheit im Kontext von KFZ-Versicherungsentscheidungen beiträgt. Somit kann die eingangs formulierte Forschungsfrage positiv beantwortet werden.

Darüber hinaus ist die Vorgehensweise zur Bestimmung der Stichprobengröße auf der Basis von statistischen Power-Analysen hervorzuheben. Somit konnte sichergestellt werden, dass mögliche kleine Effekte der Zusammenhänge zwischen den Konstrukten von Dienstleistungsqualität und Kundenzufriedenheit entdeckt werden.

In der vorliegenden Untersuchung wurden die beiden Konstrukte der Dienstleistungsqualität und Kundenzufriedenheit zunächst isoliert analysiert. Erst nach jeweiliger Überprüfung auf ihre Reliabilität und Validität wurden sie zu einer Wirkungskette zusammengeführt. Damit wird gezeigt, ob diese Messinstrumente in der Versicherungsbranche eingesetzt werden können. Die Ergebnisse zeigten, dass SERVQUAL sich für die KFZ-Versicherungsbranche eignet, während das Konstrukt ‚Kundenzufriedenheit' eindimensional eingesetzt ausreicht.

Insgesamt kann damit festgehalten werden, dass mit der vorliegenden Untersuchung der wissenschaftlich fundierte Kenntnisstand über den Zusammenhang zwischen Dienstleistungsqualität und Kundenzufriedenheit bei KFZ-Versicherungsnehmern in mehrfacher Hinsicht erweitert wurde. Darüber hinaus resultieren aus dieser Arbeit Erkenntnisse, die über den inhaltlich betrachteten Bereich hinausgehen.

In theoretischer Hinsicht ist zu erwähnen, dass in dieser Arbeit die Prospect Theory eine zentrale Rolle spielt. Sie wurde zur theoretischen Fundierung des negativ asymmetrischen Zusammenhangs zwischen Dienstleistungsqualität und Kundenzufriedenheit herangezogen. Die auf die Prospect Theory gestützte Argumentation konnte für alle fünf SERVQUAL-Dimensionen empirisch bestätigt werden. Gleiche Bestätigung gilt auf Merkmalsebene mit Ausnahme von GAP 3, GAP 4 und GAP 19. Vor diesem Hintergrund sollte diese Theorie zukünftig stärkere Beachtung in Untersuchungen für Dienstleistungsqualität und Kundenzufriedenheit finden.

9.2. Implikationen für die Praxis

Die Versicherungsbranche ist geprägt durch ihr introvertiertes Verhalten in Bezug auf Veröffentlichung der Ergebnisse von Dienstleistungsqualität und Kundenzufriedenheit und ihrer Konsequenzen. Die KFZ-Sparte bildet hier keine Ausnahme. Soweit der Autorin bekannt ist, liegt keine veröffentlichte Untersuchung basierend auf SERVQUAL im deutschsprachigen Raum für KFZ-Versicherungen vor. Managern von Versicherungsunternehmen stehen die Untersuchungsergebnisse zur Verfügung, um ein besseres Verständnis für das Verhalten von Kunden zu bekommen.

Die Implikationen, die aus dieser Untersuchung gewonnen werden können, sind trotz einiger Limitierungen relevant für die Praxis.

Die Autorin der vorliegenden Arbeit empfiehlt aufgrund der Untersuchungsergebnisse, dass die beiden Konstrukte Dienstleistungsqualität und Kundenzufriedenheit in der Praxis unterschiedlich zu erheben sind. Gemäß den Ergebnissen sind das Konstrukt Kundenzufriedenheit als eindimensionales Konstrukt und Dienstleistungs-qualität als mehrdimensionales Konstrukt zu operationalisieren.

Die Diskussion zeigt weiters die Relevanz der Erwartungskomponente. Natürlich bedeutet die Erhebung der Erwartungskomponente einen zusätzlichen Aufwand sowohl für den Probanden oder Kunden als auch für den Forscher. Eine wichtige Frage, ob nun die Erwartungskomponente und Leistungswahrnehmung oder nur die Leistungswahrnehmung erhoben werden soll, hängt von dem Ziel der Untersuchung ab. Wird das Ziel verfolgt, Schwachstellen in der Dienstleistungsqualität zu identifizieren, so ist die Erhebung der Erwartungskomponente unumgänglich. Wird jedoch nur das Ziel verfolgt, Abweichungen in der Leistungswahrnehmung zu messen, so reicht die Erhebung der Leistungswahrnehmung aus.

Wenn KFZ-Versicherer Interesse zeigen, ihre Dienstleistungsqualität zu verbessern, so sollte anhand der Ergebnisse verstärkt auf die Merkmale der Dimensionen ‚Zuverlässigkeit' und ‚Entgegenkommen' Rücksicht genommen werden. Dies wird durch die Formulierung der hohen Erwartungen an die Merkmale der beiden Dimensionen als auch durch die Gewichtung der unterschiedlichen Dimensionen unterstützt. Das bedeutet, wenn die Mitarbeiter eines KFZ-Versicherers das aufrichtige Interesse zeigen, etwas zu einem bestimmten Termin zu erledigen oder ein Kundenproblem zu lösen und eine dementsprechende Hilfsbereitschaft der Mitarbeiter um Kunden zu helfen und prompt zu bedienen, so würde sich die Leistungswahrnehmung eines KFZ-Versicherers verbessern.

Die Dimension ‚Materielles' hingegen wird bei KFZ-Versicherungsunternehmen von den Probanden als am wenigsten wichtig eingestuft. Das bedeutet jedoch nicht, dass diese Dimension unwichtig ist. Diese Aussage spiegelt sich auch in den relativ geringen Erwartungen wieder. Auch die Beurteilung der Leistungswahrnehmung zeigt, dass ‚angenehm ins Auge fallende Einrichtungen' und ‚modern aussehende Betriebs-/Geschäftsausstattungen' in ihrer Wichtigkeit nur relativ gering beurteilt wurden.

Die Ergebnisse des Regressionsmodells zeigen einerseits, dass nicht zwangsweise eine große Differenz zwischen den Erwartungen und der Leistungswahrnehmung auch einen großen Einfluss auf die Zufriedenheit hat. Demnach hat eine ‚mangelnde Hilfsbereitschaft der Mitarbeiter' mit β_1 = -1,378 den größten Einfluss auf die Zufriedenheit, während das Merkmal ‚Dienste zu einem versprochenen Termin zu leisten' zwar die größte

Abweichung erfährt, aber die Zufriedenheit mit β_1 = -0,957 weniger stark beeinflusst.

Andererseits zeigen die Ergebnisse, dass negative Abweichungen, mit Ausnahme von GAP 3[558], GAP 4[559] und GAP 19[560], die Zufriedenheit wesentlich stärker beeinflussen als positive Abweichungen. Dieser negativ asymmetrische Zusammenhang darf in der Praxis nicht unberücksichtigt bleiben.

Als zufriedenheitsstiftende Merkmale dienen dem Kunden in erster Linie die Freundlichkeit und das Fachwissen des Beraters. Auf diese Merkmale achtet der Versicherungsnehmer in stärkerem Maße als auf die ‚Produkt-Zufriedenheit'. Im Vergleich zur Kundenzufriedenheit bestimmen die ‚Relative Qualität' und die ‚Innendienst-Zufriedenheit' nur unwesentlich die Gesamtzufriedenheit. Obwohl der ‚Relativen Qualität' zum Mitbewerber nur eine geringe Bedeutung beigemessen wird, kann sich ein Versicherungsanbieter seiner Versicherungsnehmer nicht immer gewiss sein.

Die strategischen Implikationen dieser Untersuchung sind klar: Maximierung der Gesamtzufriedenheit nicht durch Maximierung sondern durch Optimierung der Dienstleistungsqualität. Das bedeutet, die größte Auswirkung einer Investition erhält ein Manager, wenn er in jene Merkmale investiert, die nicht nur eine große negative Differenz zwischen den Erwartungen und der Leistungswahrnehmung aufweisen, sondern wenn er in jene investiert, die einen großen Einfluss auf die Zufriedenheit haben.

Indem gezeigt wurde, dass SERVQUAL als verlässliches und valides Messinstrument zur Beurteilung der Dienstleistungsqualität von KFZ-Versicherungsunternehmen eingesetzt werden kann, stehen damit mehrere potenzielle Anwendungsmöglichkeiten zur Verfügung:

SERVQUAL kann beispielsweise bei Versicherungsunternehmen mit einer Filial- oder Niederlassungsstruktur verwendet werden, um den Level der Dienstleistungs-qualität in jeder Filiale zu verfolgen und festzuhalten. Durch die explizite Beurteilung der Kunden der ihnen vertrauten Filiale der Unternehmung können die durchschnittlichen Wahrnehmungswerte der Filiale mit anderen Filialen verglichen werden. Die Dienstleistungsqualität kann in dieser Form als ein Faktor zur Leistungsbeurteilung und -steuerung der Filial- oder Niederlassungsleiter herangezogen werden.[561]

SERVQUAL liefert einen wertvollen Beitrag, wenn das Instrument regelmäßig eingesetzt wird, um Trends in der Dienstleistungsqualität zu erfassen

558 GAP 3 = Adrett gekleidete Arbeitnehmer

559 GAP 4 = Gute Gestaltung der Broschüren und sonstigen Mitteilungen für die Kundschaft

560 GAP 19 = Kundenfreundliche Öffnungszeiten

561 Vgl. Parasuraman/Zeithaml/Berry (1988), 35.

und/oder wenn das Instrument in Kombination mit anderen Erhebungsformen der Dienstleistungs-qualität in Zusammenhang gebracht wird. SERVQUAL kann ebenso zur Einschätzung der Qualität eines Dienstleistungsunternehmens entlang der fünf Dimension dienen, indem eine Erhebung der Mittelwerte der Merkmalsunterschiede der jeweiligen Dimension stattfindet. Aber es liefert ebenso eine gesamte Messgröße der Dienstleistungsqualität, indem der Mittelwert aller fünf Dimensionen erhoben wird.[562]

SERVQUAL ist auch einsetzbar, um die Dienstleistungsqualität im Vergleich zu seinem Hauptmitbewerber zu eruieren. Die Doppelskala des Instruments mit der separaten Erwartungs- und Wahrnehmungserhebung erleichtert die Erhebung der Qualität von mehreren Firmen durch das Hinzufügen eines jeweiligen Wahrnehmungsabschnittes für jedes Unternehmen. Der Abschnitt zur Erhebung der Erwartungen muss indes nur einmal und nicht für jeden Mitbewerber erhoben werden.[563]

Zusammenfassend kann festgehalten werden, dass SERVQUAL ein breites Anwendungsgebiet bietet. Das Instrument unterstützt Versicherungsunternehmen zur Erhebung von Kundenerwartungen sowie deren Wahrnehmungen der Dienstleistungsqualität. Zusätzlich zeigt das Instrument dem Management jene Bereiche auf, die eine intensivere Aufmerksamkeit und Maßnahmen zur Verbesserung der Servicequalität erfordern.[564]

9.3. Limitierungen und offene Fragestellungen

Mehrere Limitierungen unterliegen der Generalisierbarkeit der Ergebnisse, aus denen jedoch Ansatzpunkte für weitere Forschungsaktivitäten abgeleitet werden können.

Die erste Restriktion liegt im Studenten-Sample. Ein Studenten-Sample bietet den Vorteil einer homogenen Gruppe. Dennoch limitiert es das Ergebnis dahingehend, dass nur eine bestimmte Ziel- und Altersgruppe damit befragt wurde. Eine Untersuchung auch in einem heterogenen Umfeld führt eventuell zu einem anderen Ergebnis.

Die zweite Restriktion der vorliegenden Arbeit liegt darin, dass die erfasste Datenbasis sich ausschließlich auf die Sparte der KFZ-Versicherung konzentriert. Eine interessante Fragestellung für zukünftige Forschungen wäre daher, ob mit einem replizierten Untersuchungsdesign die gefundenen Effekte der vorliegenden Untersuchung in anderen Versicherungs-Sparten bestätigt werden können.

562 Vgl. Parasuraman/Zeithaml/Berry (1988), 31.
563 Vgl. Parasuraman/Zeithaml/Berry (1988), 35.
564 Vgl. Parasuraman/Zeithaml/Berry (1988), 36.

Als dritte Restriktion dieser Arbeit wird die einmalige Erhebung der Datenbasis gesehen. Interessant wäre, ob und wenn ja, wie sich die Erwartungen der Kunden als auch die Leistungswahrnehmung über einen bestimmten Zeitraum verändern und wie sich diese Veränderungen auf die Beurteilung der Gesamtzufriedenheit auswirken.

Als vierte Limitierung ist anzuführen, dass lediglich die zwei Konstrukte, Dienstleistungsqualität und Kundenzufriedenheit untersucht wurden. Die Versicherungsbranche könnte beispielsweise profitieren, wenn in weiteren Forschungsarbeiten die Konstrukte von Loyalität, Wechselabsichten zu einem Mitbewerber und/oder Wiederkaufsabsichten zusätzlich berücksichtigt werden.

Eine fünfte Restriktion liegt in der Ausblendung möglicher Verzerrungseffekte. In Kapitel 8.2.1 wird auf den Verdacht eines möglichen Verzerrungseffektes der Erwartungskomponente hingewiesen. Ein Forschungsansatz könnte dahingehend sein, inwiefern mögliche Verzerrungseffekte der Erwartungskomponente sowohl die Leistungswahrnehmung als auch die Kundenzufriedenheit beeinflussen.

Auch in methodischer Hinsicht sollten von dieser Arbeit Impulse ausgehen. Eine weitere Bereicherung für die Versicherungsbranche könnte eine Gegenüberstellung der zwei Denkmodelle zur Erhebung von Dienstleistungsqualität sein. Das nordische Denkmodell von Grönroos basiert auf der technischen/funktionalen Qualität,[565] SERVQUAL hingegen auf fünf Dienstleistungsdimensionen. Eine Gegenüberstellung könnte zeigen, welches Modell eine höhere Aussagekraft zur Beurteilung von Dienstleistungsqualität von Versicherungsunternehmen hat.

Ein zweiter methodischer Aspekt geht auf die Kritik von Cronin und Taylor zurück. Cronin und Taylor argumentieren, dass „[...] *little if any theoretical or empirical evidence supports the relevance of the expectations-performance GAP as the basis for measuring service quality.*“ [566] Die erklärte Gesamtvarianz der tatsächlichen Leistungswahrnehmungen und der Gap-Komponente in Tabelle 7-5 und Tabelle 7-6 zeigt, dass die Varianz der Leistungswahrnehmung jene des GAPs übersteigen. Dieses lässt den Verdacht aufkommen, dass SERVPERF in der Versicherungsbranche eventuell eine höhere Aussagekraft zur Erklärung von Dienstleistungsqualität hat als SERVQUAL. Weitere Untersuchungen, ob SERVQUAL oder SERVPERF sich besser für die Versicherungsbranche eignet, könnte einen weiteren Ansatz für Untersuchungen bieten.

Der dritte methodische Aspekt schließt die Kritik von Teas mit ein. Die Kritik von Teas wurde in der Weiterentwicklung der SERVQUAL-Skala von

565 Vgl. dazu Grönroos (1984).
566 Cronin/Taylor (1992), 56.

PZB berücksichtigt. Der wesentliche Entwicklungsschritt bestand darin, die Erwartungskomponente mit zwei weiteren Skalen zu versehen. Diese neue SERVQUAL-Struktur kann zur Erhebung der Toleranzzone herangezogen werden. Für ein Versicherungsunternehmen kann die Kenntnis über mögliche Toleranzzonen wichtig sein. Denn davon abhängig, kann es bessere Entscheidungen treffen, ob und wie intensiv in die Verbesserung von bestimmten Eigenschaften oder Merkmalen der Dienstleistungs-qualität investiert werden soll. Dabei ist auch interessant zu prüfen, wie die Differenz der drei unterschiedlichen Erwartungslevels zur Leistungswahrnehmung die Kundenzufriedenheit beeinflusst und ob ein linearer oder ein asymmetrischer Zusammenhang vorliegt.

10. Abstract

Diese Untersuchung verfolgt das Ziel, einen wissenschaftlichen Beitrag zum besseren Verständnis des Zusammenhangs von Dienstleistungsqualität und Kundenzufriedenheit im Kontext von KFZ-Versicherungen zu leisten. In der ersten Zielsetzung wird untersucht, ob sich einerseits SERVQUAL als ein Messinstrument für die Erhebung der Dienstleistungsqualität und andererseits ein multidimensionales Messinstrument für das Zufriedenheitskonstrukt bei KFZ-Versicherungen eignen. In der zweiten Zielsetzung wird versucht mit den Eigenschaften der Prospect Theory den Zusammenhang zwischen den beiden Konstrukten ‚Dienstleistungsqualität' und ‚Kundenzufriedenheit' zu erklären und zu beschreiben.

Die Beantwortung der sechs theoretischen Annahmen basiert auf dem Konzept des raffinierten Falsifikationismus. Gemäß der Messergebnisse können die verwendeten Konstrukte von ‚Dienstleistungsqualität' und ‚Kundenzufriedenheit' vorläufig als zuverlässig und valide betrachtet werden. Für das Konstrukt ‚Zufriedenheit' wurde die angenommene Mehrdimensionalität nicht falsifiziert. Das bedeutet, dass hier eine Eindimensionalität vorliegt. Zwischen den Konstrukten ‚Dienstleistungsqualität' und ‚Kundenzufriedenheit' besteht sowohl auf Dimensions- als auch auf Merkmalsebene ein negativ asymmetrischer Zusammenhang. Die negativen Abweichungen lassen sich durch eine abnehmende Sensitivität gemäß der Prospect Theory vorläufig erklären und beschreiben. Extrem negative Abweichungen die keinen lexikografischen Verlauf aufweisen nehmen nicht automatisch einen risikoaversen Verlauf ein.

The aim of this paper is to give a scientific contribution for a better understanding of the relationship between service-quality and customer-satisfaction with automobile- insurances. The first objective on the one hand is to analyze whether SERVQUAL is an appropriate instrument for measuring service quality of automobile-insurances. On the other hand it is necessary to prove whether customer satisfaction is multi-dimensional construct within automobile-industry. The second objective deals with the relationship between service-quality and customer satisfaction. With the support of the characteristics of the Prospect Theory the relationship will be explained and described.

The methodological answers of the six theoretical assumptions are based on the Lakatos approach: the concept of falsificationism (progressive research programme). According to the empirical findings, the used measuring instruments of service-quality and customer-satisfaction are reliable and valid. The assumption of the multi-dimensionality could have not been falsified with the empirical findings. This means, that customer-satisfaction with the automobile-insurance industry is one-dimensional for the time being. A negative asymmetric relationship exists between service-quality and customer-satisfaction on dimension- as well on item-level. The negative deviation from the reference-point can be explained by a diminishing sensitivity according to the Prospect Theory. Even though extremely high deviations do not take a lexicographic curve it does not mean that they take a risk-averse curve instead.

11. Literaturverzeichnis

Aga, Mehmet; Safakli, Okan V. (2007): En Empirical Investigation of Service Quality and Customer Satisfaction in Professional Accounting Firms: Evidence from North Cyprus, in: Problems and Perspectives in Management, Vol. 5, 31 84-98

Allais, Maurice (1994): An Outline of My Main Contributions to Risk and Utility Theory: Theory, Experience, and Applications; in: Munier, Bertrand; Machina, Mark (Hrsg): Models and Experiments in Risk and Rationality; Dordrecht Boston London, 173-221

Allison, Ralph I.; Uhl, Kenneth (1964): Influence of Beer Brand Identification on Taste Perception, in: Journal of Marketing Research, August, 36-39

Anderson, Eugene. W; Fornell, Claes; Lehmann, Donald R. (1994): Customer Satisfaction, Market Share, and Profitability: Findings from Sweden; in: Journal of Marketing, July, Vol. 58, 53-66

Anderson, Eugene W.; Fornell, Claes; Rust, Roland T. (1997): Customer Satisfaction, Productivity and Profitability: Differences between Goods and Services, in: Marketing Science, Vol. 16, 2, 129 -145

Anderson, Eugene W.; Mittal, Vikas (2000): Strengthening the Satisfaction-Profit Chain, in: Journal of Service Research, Vol. 3, 2, 107-120

Anderson, Eugene W; Sullivan, Mary W. (1993): The antecedents and consequences of customer satisfaction for firms; in: Marketing Science, Vol. 12, 2, Spring, 125-143

Anderson, Paul F. (1983): Marketing, Scientific Progress, and Scientific Method, in: Journal of Marketing, Vol. 47, 18-31

Arnold, Mark J.; Reynolds, Kristy E.; Ponder, Nicole; Lueg, Jason E. (2005): Customer delight in a retail context: investigating delightful and terrible shopping experiences, in: Journal of Business Research, Vol. 58, 1132-1145

Asubonteng, Patrick; McCleary Karl J.; Swan, John, E. (1996): SERVQUAL revisited: a critical review of service quality, in: The Journal of Services Marketing, Vol. 10, 6, 62-81

Babakus, Emin; Boller, Gregory W. (1992): An empirical assessment of the SERVQUAL scale, in: Journal of Business Research, Vol. 24, 3, 253-268

Babin, Barry J.; Griffin, Mitch (1998): The Nature of Satisfaction: An Updated Examination and Analysis, in: Journal of Business Research, Vol. 41, 127-136

Baker, Julie; Cameron, Michaelle (1996): The Effects of the Service Environment of Affect and Consumer Perception of Waiting Time: An Analysis of an Industrial Technology Diffusion, in: Journal of the Academy of Marketing Sciences, Vol. 24, 4; 338 - 349

Bamberg, Günter; Coenenberg, Adolf G.; Krapp, Michael (2008): Betriebswirtschaftliche Entscheidungslehre, 14. Auflage, München

Baumann, Peter (2002): Erkenntnistheorie: Lehrbuch Philosophie, Stuttgart

Bearden, William O.; Teel, Jesse E. (1983): Determinants of Consumer Satisfaction Complaint Report, in: Journal of Marketing Research, Vol. XX, February, 21-28

Bebko, Charlene Pleger (2000): Service intangibility and its impact on consumer expectations of service quality, in: Journal of Services Marketing, Vol. 14, 1, 9-26

Bell, David, E; Howard, Raiffa; Tversky, Amos (1988): Descriptive, Normative and Prescriptive interactions; in: Bell, David, E; Howard, Raiffa, Tversky Amos (Hrsg): Decision making; Cambridge, 9-30

Beloucif, Ahmed; Donaldson, Bill; Kazanci, Ugur (2004): Insurance broker – client relationships: An assessment of quality and duration, in: Journal of Financial Services Marketing, Vol. 8, 4, 327-342

Beloucif, Ahmed; Donaldson, Bill; Waddell, Michaela (2006): A systems view of relationship dissolution, in: Journal of Financial Services Marketing, Vol. 11, 1, 30-48

Berry, Leonard L: Bennett, David R.; Brown, Carter W. (1989): Service Quality – A Profit Strategy for Financial Institutions, Homewood, Illinois

Bitner, Mary Jo; Hubbert, Amy R (1994): Encounter satisfaction versus overall satisfaction versus quality: The customers voice, in: Rust, Roland; Oliver, Richard (Hrsg.): Service Quality: New Directions in theory and practice, Thousand Oaks, 72-94

Bleichrodt, Han; Pinto, Jose L.; Wakker, Peter P. (2001): Making Descriptive use of Prospect Theory to Improve the Prescriptive use of Expected Utility, in: Management Science, Vol. 47, 11, 1498-1514

Bloemer, Jose M.; Kasper, Hands D. (1995): The Complex Relationship between Store Image, Store Satisfaction and Store Loyalty, in: Journal of Economic Psychology, Vol. 16, 311-329

Blume, Lawrence; Brandenburger, Adam; Dekel, Eddie (1991): Lexicographic Probabilities and Choice under Uncertainty, in: Econometrica, Vol. 59, 1, 61-79

Boshoff, C.; Gray, B. (2004): The relationship between service quality, customer satisfaction and buying intentions in the private hospital industry, in: South African Journal of Business Management, Vol. 35, 4, 27-37

Boulding, William; Kalra, Ajay; Staelin, Richard; Zeithaml, Valerie (1993): A Dynamic Process Model of Service Quality: From Expectations to Behavioral Intentions; in: Journal of Marketing Research; Vol. XXX, February, 7-27

Brodal, Per (2010): The Central Nervous System – Structure and Function, 4. Auflage, Oxford

Brady, Michael K; Cronin, Joseph, J. (2001): Some New Thoughts on Conceptualizing Perceived Service Quality: A Hierarchical Approach, in: Journal of Marketing, Vol. 65, 3, 34-49

Brady, Michael K.; Cronin, Joseph J.; Brand, Richard, R. (2002): Performance-only measurement of service quality: a replication and extension, in: Journal of Business Research, Vol. 55, 17-31

Bristor, Julia M. (1985): Consumer Behavior from a Contemporary Philosophy of Science Perspective: An Organizational Framework; in: Advances in Consumer Research, Vol. 12, 300-304

Brockhaus (1984): Der neue Brockhaus: Lexikon und Wörterbuch in 5 Bänden und einem Atlas, 7. Auflage, Wiesbaden

Brodbeck, May (1982): Recent Developments in the Philosophy of Science; in: Bush, Ronald F.; Hunt, Shelby D. (Hrsg.): Marketing Theory: Philosophy of Science Perspectives, American Marketing, Chicago, 1-6

Brosius, Felix (2006): SPSS 14, Heidelberg

Brown, Stephen W.; Swartz, Teresa A. (1989): A Gap Analysis of Professional Service Quality, in: Journal of Marketing, Vol. 53, April, 92-98

Brown, Tom J.; Churchill, Gilbert A. Jr.; Peter, Paul J. (1993): Research note: Improving the measurement of service quality, 1993, in: Journal of Retailing, Vol. 69, 1, 127-139

Brown, James R; Dant, Rajiv P. (2008): Scientific method and retailing research: A retrospective, in: Journal of Retailing, Vol. 84, 1-13

Bruhn, Manfred (1999): Messung der Dienstleistungsqualität für Versicherungs-unternehmen – Modell und empirische Ergebnisse; in: Zvers-Wiss, Vol. 88, 109-147

Bruhn, Manfred (2008): Qualitätsmanagement für Dienstleistungen – Grundlagen, Konzepte, Methoden, Berlin-Heidelberg, 7. Auflage, Wiesbaden

Bunge, Mario Augusto (1967): Scientific Research – the search for system; Band 1; Berlin

Brunel, Frederic F; Nelson, Michelle R. (2003): Message Order Effects and Gender Differences in Advertising Persuasion, in: Journal of Advertising Research, September, September, 330-343

Büker, Bernd (1991): Qualitätsbeurteilung investiver Dienstleistungen – Operationalisierungsansätze an einem empirischen Beispiel zentraler EDV-Dienste, Frankfurt am Main

Cadotte, Ernest R, Woodruff, Robert B.; Jenkins, Roger L. (1987): Expectations and Norms in Models of Consumer Satisfaction, in: Journal of Marketing Research, Vol. XXIV, August, 305-314

Calder, Booby J.; Phillips, Lynn W.; Tybout, Alice M. (1981): Designing Research for application, in: Journal of Consumer Research, 1981, Vol. 8, 2, 197-207

Cardozo, Richard N. (1965): An Experimental Study of Customer Expectation, and Satisfaction, in: Journal of Marketing Research, Vol. II, August, 244-249

Carman, James M. (1990): Consumer Perceptions of Service Quality: An Assessment of the SERVQUAL Dimensions, in: Journal of Retailing, Vol. 66, 1, 33-55

Carrier, Martin (2008): Wissenschaftstheorie zur Einführung, Hamburg

Caro, Laura M.; Garcia, Jose, A. (2007): Cognitive–affective model of consumer satisfaction. An exploratory study within the framework of a sporting event, in: Journal of Business Research, Vol. 60, 2, 108-114

Caruana, Albert; Ewing, Michael T.; Ramaseshan, B. (2000): Assessment of the Three-Column Format SERVQUAL: An Experimental Approach, in: Journal of Business Research, Vol. 49, 57-65

Chalmers, Alan F. (1986): Wege der Wissenschaft: Einführung in die Wissenschaftstheorie; Bergemann, Niels; Altstötter-Gleich, Christine (Hrsg.): Wege der Wissenschaft: Einführung in die Wissenschaftstheorie, 2. Auflage, Heidelberg

Chalmers, Alan F. (2001): Wege der Wissenschaft: Einführung in die Wissenschaftstheorie; Bergemann, Niels; Altstötter-Gleich, Christine (Hrsg.): Wege der Wissenschaft: Einführung in die Wissenschaftstheorie, 5. Auflage, Heidelberg

Chmielewicz, Klaus (1994): Forschungskonzeptionen der Wirtschaftswissenschaften, 3. Auflage, Stuttgart

Churchill, Gilbert. A. (1979): A Paradigm for Developing Better Measures of Marketing Constructs, in: Journal of Marketing Research, Vol. 16, 1, 64-73

Churchill, Gilbert. A.; Surprenant, Carol (1982): An investigation into the determinants of customer satisfaction, in: Journal of Marketing Research, Vol. 19, November, 491-504

Clow, Kenneth E.; Kurtz, David L.; Ozment, John; Ong, Soo, B. (1997): The antecedents of consumer expectations of services: an empirical study across four industries, in: The Journal of Services Marketing, Vol. 11, 4, 230-248

Cohen, Jacob (1988): Statistical Power Analysis for the Behavioral Sciences, 2. Auflage, New Jersey

Corsten, Hans; Gössinger, Ralf (2007): Dienstleistungsmanagement, München-Wien, 5. Auflage

Cortina, Jose M. (1993): What Is Coefficient Alpha? An Examination of Theory and Applications, in: Journal of Applied Psychology, Vol. 78, 1, 98-104

Cronin, Joseph J; Taylor, Steven A. (1992): Measuring Service Quality: a reexamination and extension, in: Journal of Marketing, Vol. 56, 3, 55-68

Cronin, Joseph J; Taylor, Steven A. (1994): SERVPERF versus SERVQUAL, in: Journal of Marketing, Vol. 58, 1, 125-132

Crosby, Lawrence A.; Stephens, Nancy (1987): Effects of Relationship Marketing on Satisfaction, Retention, and Prices in Life Insurance Industry, in: Journal of Marketing Research, Vol. XXIV, 404-411

Crosby, Lawrence A.; Evans, Kenneth R.; Cowles, Deborah (1990): Relationship Quality in Services Selling: An Interpersonal Influence Perspective, in: Journal of Marketing, Vol. 54, 68-81

Crum, Roy L.; Laughhunn, Dan J.; Payne, John W. (1981): Risk- Seeking Behavior and Its Implications for Financial Models, in: Financial Management, *Winter, 20-27*

Currim, Imran; Sarin, Rakesh (1989): Prospect versus Utility, in: Management Science, Vol. 35, 1, 22-41

Dabholkar, Pratibha A.; Overby, Jeffery W. (2005): Linking process and outcome to service quality and customer satisfaction evaluations, in: International Journal of Service Industry Management, Vol.16, 1, 10-27

Dahlby, Bev; West, Douglas S. (1986): Price Dispersion in an Automobile Insurance Market, in: Journal of Political Economy, Vol. 94, 418-438

Deshpande, Rohit (1983): "Paradigms Lost": On Theory and Method in Research in Marketing, in: Journal of Marketing, Vol. 47, 101-110

Dick, Alan S; Basu, Kunal (1994): Customer Loyalty: Toward an Integrated Conceptual Framework, 1994, in: Journal of the Academy of Marketing Science, Vol. 22, 2, 9-13

Diekmann, Andreas (2010): Empirische Sozialforschung – Grundlagen, Methoden, Anwendung; 20. Auflage, Reinbek bei Hamburg

Dion, Paul A.; Rajshekjar, Javalgi; Dilorenzo-Aiss, Janet (1998): An Empirical Assessment of the Zeithaml, Berry and Parasuraman Expectations Model, in: The Service Industries Journal, Vol. 18, 4, 66-86

Dornhelm-Rauschmeier, Flora; Fitzsimons, Elsa-Maria; Eszler, Erwin (2009): Sind Studierende ein lohnendes Kundensegment für Versicherungsunternehmen?, in: Theil, Michael (Hrsg.): Arbeitspapiere zum Tätigkeitsfeld Risikomanagement und Versicherung, Nr. 19, Wien

Dröge, Cornelia; Halstead, Diane; Mackoy, Robert D. (1997): The Role of Competitive Alternatives in the Postchoice Satisfaction Formation Process, in: Journal of the Academy of Marketing Science, Vol. 25, 1, 18-30

Dubé, Laurette; Morgan, Michael S. (1998): Capturing the dynamics of in-process consumption emotions and satisfaction in extended service transactions, in: International Research in Marketing, Vol. 15, 309-320

Durvasula, Srinivas; Lyonski, Steven; Mehta, Subhash C.; Tang, Buck Peng (2004): Forging relationships with services: The antecedents that have an impact on behavioural outcomes in the life insurance industry, in: Journal of Financial Services Marketing, Vol. 8, 314-326

Edwards, Kimberly D. (1996): Prospect Theory: A Literature Review, in: International Review of Financial Analysis, Vol. 5, 1, 19-38

Eickenberg, Volker (2009): Marketing für Versicherungsvermittler – Verkaufspotenziale entdecken, Neukunden finden, Bestandskunden binden, 2. Auflage, Karlsruhe

Einhorn, Hillel J.; Hogarth Robin (1985): Decision Making under Uncertainty in Probabilistic Inference, in: Psychological Review, Vol. 92, 4, 433-461

Einhorn, Hillel J.; Hogarth Robin (1990): Venture Theory: A model of decision weights, in: Management Science, Vol. 36, 7, 780-803

Einstein, Albert (1991): Mein Weltbild, 24. Auflage, Frankfurt

Eisenführ, Franz; Weber, Martin (2003): Rationales Entscheiden; 4. Auflage, Berlin-Heidelberg-New York

Ellsberg, Daniel (1961): Risk, Ambiguity, and the Savage Axioms, in: Quarterly Journal of Economics, Vol. 75, 643-669

Engel, James F.; Kollat, David T.; Blackwell, Roger (1968): Consumer Behavior, New York

Engelhardt, Werner H. (1990): Dienstleistungsorientiertes Marketing – Antwort auf die Heraus-forderung durch neue Technologien, in: Adam, Dietrich; Backhaus, Klaus; Meffert, Heribert; Wagner, Helmut : Integration und Flexibilität, Wiesbaden, 269-288

Esch, Franz-Rudolf; Herrmann, Andreas; Sattler, Henrik (2008): Marketing: Eine management-orientierte Einführung, 2. Auflage, München

Eskildsen, Jacob; Kristensen, Kai; Juhl, Jans Jorn; Ostergaard, Peder (2004): The drivers of customer satisfaction and loyalty. The case of Denmark 2000-2002, in: Total Quality Management, Vol. 15, 5-6, 859-68

Essler, Wilhelm K.; Labude, Joachim; Ucsny, Stefanie (2000): Theorie und Erfahrung: eine Einführung in die Wissenschaftstheorie, Freiburg

Farely, John U.; Lehmann; Donald R.; Winer, Russel S.; Katz, Jerrold P. (1982): Parameter Stability and „Carry Over-Effects“ in a Consumer-Decision-Process Model, in: Journal of Consumer Research, Vol. 8, 465-471

Farny, Dieter (1969): Grundfragen einer theoretischen Versicherungsbetriebslehre, in: Farny, Dieter; Bogs, Walter; Braess, Paul (Hrsg.): Wirtschaft und Recht der Versicherung, Festschrift für Paul Braess, Karlsruhe, 27 – 72

Farny, Dieter (1989): Versicherungsbetriebslehre, Karlsruhe

Farny, Dieter (2006): Versicherungsbetriebslehre, 4. Auflage, Karlsruhe

Feyerabend, Paul K. (1965): Wissenschaftstheorie; in: Handwörterbuch der Sozial-wissenschaften, Göttingen

Finn, Adam; Kayande, Ujwal (2004): Scale modification: alternative approaches and their consequences, in: Journal of Retailing, 80, 37-52

Finn, David W.; Lamb, Charles W. (1991): An Evaluation of the SERVQUAL Scales in a Retailing Setting, in: Advances in Consumer Research, 18, 483-490

Fishburn, Peter (1974): Lexicographic Orders, Utilities and Decision Rules: A Survey, in: Management Science, Vol. 20, 11, 1442-1470

Fornell, Claes; Wernerfelt, Birger (1987): Defensive marketing strategy by customer complaint management: A theoretical perspective, in: Journal of Marketing Research, Vol. 24, 237-346

Fornell, Claes (1992): A National Customer Satisfaction Barometer: The Swedish Experience; in: Journal of Marketing, Vol. 56; January, 6-21

Fornell, Claes; Johnson, Michael D.; Anderson, Eugen W; Cha, Jaesung; Bryant, Barbara E. (1996): The American Customer Satisfaction Index: Nature, Purpose, Finding; in: Journal of Marketing, Vol. 60, 7 - 18

Fournier, Susan; Mick, Glen David (1999): Rediscovering Satisfaction; in: Journal of Marketing, Vol. 63, 5-23

Frost, Frederick A; Kumar, Mukesh (2001): Service quality between internal customers and internal suppliers in an international airline, in: The International Journal of Quality & Reliability Management, Vol. 18, 4/5, 371-386

Frietzsche, Ursula (2001): Externe Faktoren in der Dienstleistungsproduktion – Ansätze zur Lösung von Erfassungs- und Bewertungsproblemen, Wiesbaden, Diss.

Garbarino, Ellen; Johnson, Mark S. (1999): The different Roles of Satisfaction, Trust and Commitment in Customer Relationships, in: Journal of Marketing, Vol. 63, 2, 70-87

Garvin, David A. (1984): What does „Product Quality" really mean?, in: Sloan Management Review, Vol. 26, 1, 25-43

Giering, Annette (2000): Der Zusammenhang zwischen Kundenzufriedenheit und Kundenloyalität: Eine Untersuchung der moderierenden Effekte, Wiesbaden

Giese, Joan L.; Cote, Joseph A. (2000): Defining Customer Satisfaction, in: Academy of Marketing Science Review, Vol. 1, 1-24

Glaser, Wilhelm R. (1979): Statistische Entscheidungsprozeduren über Hypothesen in den Sozialwissenschaften, in: Albert, Hans; Stapf, Kurt H. (Hrsg.): Theorie und Erfahrung, Beiträge zur Grundproblematik der Sozialwissenschaften, Stuttgart, 117-138

Gomberg, Leo (1978): Wissenschaft, Kunst und Praxis; in: Schweitzer, Marcell (Hrsg.): Auffassungen und Wissenschaftsziele der Betriebswirtschaftslehre, Darmstadt

Gómez, Miguel I.; McLaughlin, Edward W.; Wittink, Dick R. (2004): Customer satisfaction and retail sales performance: an empirical investigation, in: Journal of Retailing, Vol. 80, 265-278

Goodman, Paul S.; Fichman, Mark; Lerch, Javier, F.; Snyder, Pamela R. (1995): Customer-Firm Relationships, Involvement, and Customer Satisfaction, in: Academy of Management Journal, Vol. 38, 5, 1310-1324

Grönroos, Christian (1984): A Service Quality Model and its Marketing Implications, in: European Journal of Marketing, Vol. 18, 4, 36-44

Grönroos, Christian (2000): Service Reflection: Service Marketing Comes of Age, in: Swartz, Teresa A.; Iacobucci, Dawn (Hrsg.): Handbook of Services Marketing & Management, Thousand Oaks u.a., 13-20

Guo, Chiquan; Kumar, Anand; Jiraporn, Pornsit (2007): Customer satisfaction and profitability: is there a lagged effect, in: Journal of Strategic Marketing, Vol. 12, 3, 129-144

Haase, Michaela (2006): Wissenschaftstheoretische Begriffe wissenschaftlichen Fortschritts, in: Zelewski, Stephan; Akca, Naciye (Hrsg.): Erkenntnisfortschritt in der Betriebswirtschaftslehre durch eine Neukonzeption der Allgemeinen Betriebswirtschaftslehre, 49-84

Halstead, Diane; Hartman, David; Schmidt, Sandra L. (1994): Multisource Effects on the Satisfaction Formation Process, in: Journal of the Academy of Marketing Sciences, Vol. 22, 2, 114-129

Haller, Sabine (1998): Beurteilung von Dienstleistungsqualität – Dynamische Betrachtung des Qualitätsurteils im Weiterbildungsbereich, Wiesbaden, 2. Auflage

Haller, Sabine (2010): Dienstleistungsmanagement; Grundlagen-Konzepte-Instrumente; Wiesbaden, 4. Auflage

Hamer, Lawrence O. (2006): A confirmation perspective on perceived service quality; in: Journal of Services Marketing, Vol. 20, 4, 219-232.

*Hamer, Lawrence O.; Sudharshan, Ben; Shaw-Ching Liu D. (1999)***:** The Effects of Intraencounter Changes in Expectations on Perceived Service Quality Models, in: Journal of Service Research, Vol.1, 3, 275-289

Hartmann, Heinz (1970): Empirische Sozialforschung – Probleme und Entwicklungen, Claessens, Dieter (Hrsg.): Grundfragen der Soziologie, München, Band 2

Herk, Hester van; Poortinga, Ype, H; Verhallen Theo M.M. (2005): Equivalence of Survey Data: Relevance for International Marketing, in: European Journal of Marketing, Vol. 39, 3-4, 351-364

Hermann, Andreas; Bauer, Hans H. (1996): Ein Ansatz zur Preisbündelung auf der Basis der „prospect"-Theorie; in: zfbf, Vol. 48, 1996, 675-694

Hermann, Andreas; Huber, Frank; Braunstein, Christine (2000): Ein Erklärungsansatz der Kundenbindung unter Berücksichtigung der wahrgenommenen Handlungskontrolle, in: DBW, Vol. 60, 293-313

Hermann, Andreas; von Nitzsch, Rüdiger; Huber, Frank (1998): Referenzpunktbezogenheit, Verlustaversion und abnehmende Sensitivität bei Kundenzufriedenheitsurteilen; in: Zeitschrift für Betriebswirtschaft, Vol. 68, 1225-1244

Hermann, Andreas; Johnson, Michael D. (1999): Die Kundenzufriedenheit als Bestimmungsfaktor der Kundenbindung, in: Zeitschrift für betriebswirtschaftliche Forschung, Vol.51, 6, 549 – 598

Hershey, John; Schoemaker, Paul (1980a): Prospect Theory´s Reflection Hypothesis: A Critical Examination; in: Journal of Organizational Behavior and Human Performance, Vol. 25, 3, 395-418

Hershey, John; Schoemaker, Paul (1980b): Risk Taking and Problem Context in the Domain of Losses: An Expected Utility Analysis; in: Journal of Risk and Insurance, Vol. 47, 1, 111-132

Hilke, Wolfgang (1989): Dienstleistungs-Marketing – Banken und Versicherungen – freie Berufe – Handel und Transport – nicht erwerbswirtschaftlich orientierte Organisationen; Wiesbaden

Homburg, Christian; Giering, Annette (2001): Personal Characteristics as Moderators of the Relationship Between Customer Satisfaction and Loyalty – An Empirical Analysis, Vol. 18, 1, 43-66

Homburg, Christian; Rudolph, Bettina (1998): Theoretische Perspektiven der Kundenzufriedenheit, in: Simon, Hermann; Homburg, Christian (Hrsg.): Kundenzufriedenheit: Konzepte – Methoden – Erfah-rungen, 3. Auflage, Wiesbaden, 33-58

*Homburg, Christian; Rudolph, Bettina (2001***):** Customer satisfaction in industrial markets: dimensional and multiple role issues, in: Journal of Business Research, Vol. 52, 15-33

Homburg, Christian; Koschate, Nicole; Hoyer, Wayne D. (2005): Do Satisfied Customers really Pay More? A Study of the Relationship between Customer Satisfaction and Willingness to Pay, in: Journal of Marketing, Vol. 69, April, 84-96

Homburg, Christian; Stock, Ruth (2003): Theoretische Perspektiven zu Kundenzufriedenheit, in: Homburg, Christian (Hrsg.): Kundenzufriedenheit: Konzepte, Methoden, Erfahrungen, 5. Auflage, Gabler-Verlag, Wiesbaden, 17-52

Howard, John A.; Sheth, Jagdish N. (1969): The theory of buyer behavior, New York

*Hsee, Christopher K.; Zang, Jiao; Chen, Junsong (2008***):** Internal and Substantive Inconsistencies in Decision Making, in: Koehler, Derek J. (Hrsg.): Blackwell Handbook of Judgement & Decision Making, Mass, 360-378

Hume, David; Keulenkampf, Jens (1993): Eine Untersuchung über den menschlichen Verstand, Hamburg

Hunt, Keith H. (1977): CS/D: Overview and Future Research Directions, in: Hunt, Keith H. (Hrsg.): Conceptualizations and Measurement of Consumer Satisfaction and Dissatisfaction, Cambridge, 455-488

Hunt, Shelby D. (1982): Recent Developments in the Philosophy of Science; in: Bush, Ronald F.; Hunt, Shelby D. (Hrsg.): Marketing Theory: Philosophy of Science Perspectives, American Marketing, Chicago, 7-10

Hülst, Dirk (1975): Erfahrung-Gültigkeit-Erkenntnis – Zum Verhältnis von soziologischer Empirie und Theorie, Frankfurt, New York

Ishak, Ismail; Hasnah, Haron; Daing, Nasir Ibrahim; Salmi, Mohd Isa (2006): Service quality, client satisfaction and loyalty towards audit firms; in: Managerial Auditing Journal, Vol. 21, 7, 738-756

Irmak, Caglar; Block, Lauren G.; Fitzsimons, Gavan (2005): The Placebo Effect in Marketing: Sometimes You Just Have to Want It to Work, in: Journal of Marketing Research, Vol. XLII, 406-409

Jandl, Martin (2002): Die Verwandlung der Wissenschaft: Vorlesungen zur Jahrtausendwende, Hamburg

Janssen, Jürgen; Laatz, Wilfried (2010): Statistische Datenanalyse mit SPSS – Eine anwendungsorientierte Einführung in des Basissystem und das Modul Exakte Tests, 7. Auflage, Heidelberg

Johns, Nick; Avci, Turgay; Karatepe, Osman M. (2004): Measuring Service Quality of Travel Agents: Evidence from Northern Cyprus, in: The Service Industries Journal, Vol. 24, 3, 82-100

Johnson, Michael D; Anderson, Eugene W.; Fornell, Claes (1995): Rational and Adaptive Performance Expectations in a Customer Satisfaction Framework, in: Journal of Consumer Research, Vol. 21, March, 695-/07

Johnson, Linda l.; Dotson, Michael J.; Dunlop, B. J. (1988): Service Quality Determinants and Effectiveness in the Real Estate Brokerage Industry, in: The Journal of Real Estate Research, Vol. 3, 2, 21-36

Johnson, Michael D; Fornell, Claes (1991): A Framework for comparing customer satisfaction across individuals and product categories, in: Journal of Economic Psychology, Vol. 12, 2, 267-286

Johnson, Michael, D; Hermann, Andreas; Gustafsson, Anders (2002): Comparing Customer satisfaction across industries, in: Journal of Economic Psychology, Vol. 23, 749-769

Johnston, Robert (1995): The zone of tolerance - Exploring the relationship between service transactions and satisfaction with the overall service, in: International Journal of Service Industry Management, Vol. 6, 2, 46-61

Joseph, Mathew; Stone, George; Anderson, Krista (2003): Insurance customers' assessment of service quality: a critical evaluation, in: Journal of Small Business and Enterprise Development, Vol. 10, 1, 81-92

Kahneman, Daniel (1992): Reference Points, Anchors, Norms, and Mixed Feelings, in: Organizational Behavior and Human Decision Processes, *Vol. 51, 296-312*

Kahneman, Daniel; Amos Tversky (1979): Prospect Theory: An Analysis of Decision Making under Risk, in: Econometrica, Vol. 47, 2, 263-291

Kahneman, Daniel; Knetsch, Jack L.; Thaler, Richard H. (1991): Anomalies: The Endowment Effect, Loss Aversion and Status Quo Bias. In: Journal of Economic Perspectives, Vol.5, 1, 193-206

Kaiser, Marc-Oliver (2006): Kundenzufriedenheit kompakt. Leitfaden für dauerhafte Wettbewerbs-vorteile, Berlin

Kalamas, Maria; Laroche, Michel; Cézard, Adélaïde (2002): A model of the antecedents of should and will service expectations, in: Journal of Retailing and Consumer Services, Vol. 9, 291-308

Kettinger, William J.; Lee, Choong C. (2005): Zone of Tolerance: Alternative Scales for Measuring Information Systems Service Quality, in: MIS Quarterly, Vol. 29, 4, 607-623

Kopalle, Praveen K.; Lehmann, Donald R. (2001): Strategic Management of Expectations: The Role of Disconfirmation Sensitivity and Perfectionism, Vol. 38, 3, 386-394

Korte, F. H. (1977): Gutes Image ist Kapital, in: Versicherungsrundschau, Vol. 10, 305-317

Kriz, Jürgen; Lück, Helmut E; Heidbrink, Horst (1996): Wissenschaftstheorie und Erkenntnis-theorie, 3. Auflage, Opladen

Kroeber-Riel, Werner; Weinberg, Peter; Gröppel-Klein, Andrea (2009): Konsumenten-verhalten, München

Kromrey, Helmut (2009): Empirische Sozialforschung, Stuttgart

Kromschröder, Bernhard; Buchwieser, Susanne; Gründl, Helmut; Haindl, Albrecht (1992): Qualität und Qualitätsmanagement in der Versicherungswirtschaft, in: ZfB; Vol. 62, 1, 43-74

Kromschröder, Bernhard (1993): Qualitätsmanagement in der Versicherungswirtschaft, in: Albrecht, Peter; Lorenz, Egon (Hrsg.): Mannheimer Vorträge zur Versicherungswissenschaft, Vol. 58, Karlsruhe

Kuhn, Thomas S. (1988): Die Struktur wissenschaftlicher Revolutionen, 9. Auflage, Frankfurt am Main

Kumar, Piyush (2002): The impact of performance, cost and competitive considerations on the relationship between satisfaction and repurchase intent in business markets; in: Journal of Service Research, Vol. 5, 1, 55-68

Kuo, Hsing-Ping (2010): Fuzzy Comprehensive Evaluation Applied in the Performance Assessment of Service Quality of Insurance Companies in Taiwan, in: The Journal of American Academy of Business, Vol. 16, 1, 84-89

Küppers, Wendelin (2001): Modelle der Dienstleistungsqualität, in: Zollondz, Hans-Dieter (Hrsg.): Lexikon Qualitätsmanagement. Handbuch des modernen Managements auf der Basis des Qualitätsmanagements, München, Wien, 589-598

LaBarbera, Priscilla A; Mazursky, David (1983): A Longitudinal Assessment of Consumer Satisfaction/Dissatisfaction: The Dynamic Aspect of the Cognitive Standardization, in: Journal of Marketing Research, Vol. 20, November, 393 -304

Ladhari, Riadh (2009): Assessment of the psychometric properties of SERVQUAL in the Canadian banking industry; in: Journal of Financial Services Marketing, Vol. 14, 1, 70-82

Lahdelma, Risto; Salminen, Pekka (2009): Prospect theory and stochastic multicriteria acceptability analysis, in: International Journal of Management Science, Vol. 37, 5, 961-971

Laroche, Michel; Kalamas, Maria; Cheikhrouhou, Soumaya; Cézard, Adélaïde (2004): An Assessment of the Dimensionality of Should and Will Service Expectations, in: Canadian Journal of Administrative Sciences, Vol. 21, 4, 361-375

Laroche, Michel; Kalamas, Maria; Cleveland, Mark (2005): "I" versus "we" – How individualist and collectivists use information sources to formulate their service expectations, in: International Marketing Review, Vol. 22, 3, 279-308

Laroche, Michel; Kim, Chankon; Matsui, Takayoshi (2003): Which decision heuristic are used in consideration set formation?, in: The Journal of Consumer Marketing, Vol. 20, 3, 192-209

Lassar, Walfried M.; Manolis, Chris; Winsor, Robert D. (2000): Service quality perspectives and satisfaction in private banking; in: Journal of Services Marketing, Vol. 14, 3; 244-271

LaTour, Stephen A.; Peat, Nancy C. (1979): Conceptual and Methodological Issues in Consumer Satisfaction Research, in: Advances in Consumer Research, Vol. 6, 431-437

Laudan, Larry (1977): Progress and its problems – Towards a Theory of Scientific Growth; London

Laughhunn, Dan J.; Payne, John W.; Crum, Roy (1980a): Translation of Gambles and Aspiration Level Effects in Risky Choice Behavior, in: Management Science, Vol. 26, 10, 1039-1060

Laughhunn, Dan J.; Payne, John W.; Crum, Roy (1980b): Managerial Risk Preferences for Below-Target Returns, in: Management Science, Vol. 26, 12, 1238-1249

Laux, Helmut (2007): Entscheidungstheorie, 7. Auflage, Berlin-Heidelberg-New-York

Lee, Haksik; Lee, Yongki; Yoo, Dongkeun (2000): The determinants of perceived service quality and its relationship with satisfaction, in: Journal of Services Marketing, Vol. 14, 3, 217-231

Legcevic, Jelena; Strossmayer J. J. (2008): Measuring Customer Satisfaction and Service Quality: The Case of Croatia, in: The Journal of American Academy of Business, Vol. 14, 1, 2008

Levitt, Theodore (1981): Marketing intangible products and product intangibles, in: Harvard Business Review, May-June, 94-102

Libby, Robert; Fishburn, Peter C. (1977): Behavioral Models of Risk Taking in Business Decisions: A Survey and Evaluation, in: Journal of Accounting

Li, Y.N.; Tan, K. C.; Xie, M. (2002): Managing service quality applying utility theory in the prioritization of service attributes; in: Managing Service Quality, Vol. 20, 4, 417-435

Licata Jane W; Chakraborty, Goutam; Krishnan, Balaji C. (2008): The consumer´s expectation formation process over time, in: Journal of Services Marketing, Vol. 22, 3, 176-187

Liljander, Veronica; Strandvik, Tore (1997): Emotions in service satisfaction, in: International Journal of Service Industry Management, Vol. 8, 2, 148-169

Lin, Neng-Pai; Chiu, Hung-Chang; Hsieh, Yi.Ching (2001): Investigating the relationship between service providers' personality and customers' perceptions of service quality across gender, in: Total Quality Management, Vol. 12, 1, 57-67

Lovelock, Christopher H.; Writz, Jochen (2004): Services Marketing: people, technology, strategy; NY, 5. Auflage

Lutz, Richard J. (1989): Positivism, Naturalism and Pluralism in Consumer Research: Paradigms in Paradise, in: Advances in Consume Research, Vol.16, 1-8

MacCrimmon, Kenneth R.; Wehrung, Donald A; Stanbury, W. T. (1988): Taking risks – the management of uncertainty, New York

Maleri, Rudolph; Frietzsche, Ursula (2008): Grundlagen der Dienstleistungsproduktion, Berlin, 5. Auflage

Mao, James C. T. (1970): Survey of Capital Budgeting: Theory and Practice, in: The Journal of Finance, Vol. 25, 2, 349-360

Markowitz, Harry (1952): The Utility of Wealth; in: Journal of Political Economy, Vol. 60, 2, 151-158

Martínez, García J.; Martínez, Caro L. (2010): Rethinking perceived service quality: An alternative to hierarchical and multidimensional models; in: Total Quality Management & Business Excellence, Vol. 21, 1, 93-118

Masing, Walter; Pfeifer, Tilo (2007): Handbuch Qualitätsmanagement, München, 5. Auflage

Matos, Celso A.; Rossi, Carlos A. (2008): Word-of-mouth communications in marketing: review of the anteceedents and moderators, in: Journal of the Academy of Marketing Science, Vol. 36, 578-596

Mattila, Anna S. (1999): The role of culture in the service evaluation process, in: Journal of Service Research, Vol. 1, 250-261

Matzler, Kurt; Hinterhuber, Hans H.; Bailom, Franz; Sauerwein, Elmar (1996): How to delight your customers, in: Journal of Product & Brand Management, Vol. 5, 2, 6-18

Matzler, Kurt; Bailom, Franz; Hinterhuber, Hans H; Renzl, Birgit; Pichler, Johann (2004): The asymmetric relationship between attribute-level Performance and overall customer satisfaction. A reconsideration of the importance-performance analysis, in: Industrial Marketing Management, Vol. 33, 271 - 277

McGill, Ann; Iacobucci, Dawn (1992): The Role of Post-Experience Comparison Standards in the Evaluation of unfamiliar Services, 1992, in: Advances of Consumer Research, Vol. 19, 1, 570 – 578

MacKoy, Derrick V. (2009): Measuring the Utility of Institutional Reform in the Public Service, in: Social and Economic Studies, Vol. 58, 1, 11-41

Meffert, Heribert (1994): Marktorientierte Führung von Dienstleistungsunternehmen, in: Die Betriebswirtschaft, Vol. 54, 4, 519-541

Meffert, Heribert; Bruhn, Manfred (2009): Dienstleistungsmarketing – Grundlagen, Konzepte, Methoden, Wiesbaden, 6. Auflage.

Mehmet, Aga; Okan, Veli, Safakli (2007): An Empirical Investigation of Service Quality and Customer Satisfaction in Professional Accounting Firms: Evidence from North Cyprus, in: Problems and Perspectives in Management, Vol. 5, 3, 84-98

Mertens, Michael (1992): Kundentypologien im Versicherungsgeschäft mit Privatkunden, Bergisch Gladbach (u.a.), Diss.

Meyer, Anton (1991): Dienstleistungs-Marketing, in: Die Betriebswirtschaft, Vol. 51, 2, 195-209

Meyer, Anton; Mattmüller, Roland (1987): Qualität von Dienstleistungen - Entwurf eines praxisorientierten Qualitätsmodells, in: Marketing ZFP, Vol. 9, 3, 187-195

Mittal, Vikas; Ross, William T.; Baldasare, Patrick, M (1998): The asymmetric impact of negative and positive attribute-level performance on overall satisfaction and repurchase intentions, 1998, in: Journal of Marketing, Vol. 62, January, 33-47

Mooradian, Todd A.; Olver, James M. (1997): "I Can´t Get No Satisfaction": The impact of Personality and Emotion on Postpurchase Processes, in: Psychology & Marketing, Vol. 14, 4, 379-393

Morrison-Coulthard, Lisa J. (2004): Measuring service quality – A review and critique of research using SERVQUAL, in: International Journal of Market Research, Vol. 46, 4, 479 - 497

Möller, Sabine (2008): Gültigkeit der Charakteristika von Dienstleistungen – eine Frage des Bezugsobjektes; in: Benkenstein, Martin (Hrsg.): Neue Herausforderungen an das Dienstleistungsmarketing, Wiesbaden

Mras, Gabriele (o.J.): Theorie und Erfahrung – Zur Begründbarkeit von wissenschaftlichen Aussagen, Wirtschaftsuniversität Wien

Murmann, Britta (1999): Qualität mehrstufiger Dienstleistungsinteraktionen. Besonderheiten bei Dienstleistungsunternehmen mir direktem und indirektem Kundenkontakt, Wiesbaden, Diss.

Müller, Wolfgang (1994): Informationsökologische Grundalgen und empirische Überprüfung eines Beschreibungsmodells für Versicherungsprodukte, in: Schwebler, Robert; Deutscher Verein für Versicherungswissenschaft (Hrsg.): Dieter Farny und die Versicherungswissen-schaft, 363-379.

Nagao, Vargo; Morgan, He (2007): Satisfiers, Dissatisfiers, Criticals, and Neutrals: A Review of their Effects on Customer (Dissatisfaction), in: Academy of Marketing Science Review, Vol. 11, 2, 1-19

Nakamura, Yutaka (2002): Lexicographic quasilinear utility, in: Journal of Mathematical Economics, Vol. 37, 157-178

Nitsche, Michael (1996): Aspekte der Kundenzufriedenheit in der Versicherungswirtschaft, in: Mugler, Josef; Nitsche, Michael (Hrsg.): Versicherung, Risiko und Internationalisierung – Herausforderungen für Unternehmensführung und Politik, Festschrift für Heinrich Stremitzer zum 60. Geburtstag, 131-146

Ofir, Chezy; Simonson, Itamar (2001): In Search of Negative Customer Feedback: The Effect of Expecting to Evaluate on Satisfaction Evaluations, in: Journal of Marketing Research, Vol. XXXVIII; 170-182

Oliva, Terence A.; Oliver, Richard L.; MacMillan, Ian C. (1992): A Catastrophe Model for Developing Service Satisfaction Strategies, in: Journal of Marketing, Vol. 56, July, 83-95

Oliver, Richard L. (1977): Effect of Expectation and Disconfirmation on Postexposure Product Evaluations: An Alternative Interpretation, in: Journal of Applied Psychology, Vol. 62, 4, 480-486

Oliver, Richard L. (1980): A Cognitive Model of the Antecedents and Consequences of Satisfaction Decisions, in: Journal of Marketing Research, Vol. 17, November, 460-469

Oliver, Richard L. (1981): Measurement and Evaluation of Satisfaction Processes in Retail Settings, in: Journal of Retailing, Vol. 57, 3, 25-48

Oliver, Richard L. (1993): Cognitive, affective, and attribute bases of the satisfaction response, in: Journal of Consumer Research, Vol. 20, Fall, 418-430

Oliver, Richard L. (1994): Conceptual Issues in the Structural Analysis of Consumption Emotion, Satisfaction, and Quality: Evidence in a Service Setting, in: Advances in Consumer Research, Vol. 21, 1, 16-22

Oliver, Richard L. (1997): Satisfaction: A behavioural perspective on the consumer, New York

Oliver, Richard L.; DeSarbo, Wayne (1988): Response determinants in satisfaction judgements, in: Journal of Consumer Research, Vol. 14, 4, 495-507

Oliver, Richard L.; Rust, Roland T.; Varki, Sajeev (1997): Customer Delight: Foundations, findings and managerial insight, in: Journal of Retailing, Vol. 73, 3, 311-336

Ostrom, Amy; Iacobucci, Dawn (1995): Consumer Trade-Offs and the Evaluation of Services, in: Journal of Marketing, Vol. 59, 17-28

Paier, Dietmar (2010): Quantitative Sozialforschung - Eine Einführung, Wien

Parasuraman, A.; Berry, Leonard; Zeithaml, Valerie A. (1991): Refinement and Reassessment of the SERVQUAL Scale, in: Journal of Retailing, Vol. 67, Winter, 420-450

Parasuraman, A.; Berry, Leonard; Zeithaml, Valerie A. (1993): Research Note: More on Improving Service Quality Measurement, in: Journal of Retailing, Vol. 69, 1, 140-147

Parasuraman, A; Zeithaml, Valerie A.; Berry, Leonard (1985): A Conceptual Model of Service Quality and Its Implications for Future Research, in: Journal of Marketing, Vol. 49, Fall, 41-50

Parasuraman, A; Zeithaml, Valerie A; Berry, Leonard (1988): SERVQUAL: A Multiple-Item Scale for Measuring Consumer Perceptions of Service Quality, in: Journal of Retailing, Vol. 64, 1, 12-40

Parasuraman, A; Zeithaml, Valerie A; Berry, Leonard (1994a): Reassessment of Expectations as a Comparison Standard in Measuring Service Quality: Implications for Further Research, in: Journal of Marketing, Vol. 58, January, 111-124

Parasuraman, A; Zeithaml, Valerie A; Berry, Leonard (1994b): Alternative Scales for Measuring Service Quality: A Comparative Assessment Based on Psychometric and Diagnostic Criteria, in: Journal of Retailing, Vol. 70, 3, 201-230

Payne, John W.; Laughhunn, Dan J.; Crum, Roy (1980): Translation of Gambles and Aspiration Level Effects in Risky Choice Behavior, in: Management Science, Vol. 26, 10, 1039-1060

Peter, Paul J. (1982): Current Issues in the Philosophy of Science: Implications for Marketing-Theory – A Panel Discussion; in: Bush, Ronald F.; Hunt, Shelby D. (Hrsg.): Marketing Theory: Philosophy of Science Perspectives, Chicago

Peter, Paul J.; Churchill, Gilbert A. Jr.; Brown, Tom J. (1993): Caution in the Use of Difference Score in Consumer Research, in: Journal of Consumer Research, Vol. 19, 4, 655-676

Peterson, Robert A. (2001): On the use of College Students in Social Science Research: Insights from a Second-Order Meta analysis, in: Journal of Consumer Research, Vol. 28, 3, 450-461

Peterson, Robert A; Wilson, William R. (1992): Measuring customer satisfaction: Fact and artifact, in: Journal of the Academy of Marketing Science, Vol. 20, 1, 61-71

Petrick, Klaus; Reihlen, Helmut (1980): Begriffe und Normen, in: Masing, Walter (Hrsg): Handbuch der Qualitätssicherung, München-Wien, 29-48

Pfundtner, R. (2001): Geschichte des Qualitätsmanagements, in: Zollondz, Hans-Dieter: Lexikon Qualitätsmanagement, München-Wien, 294-299

Popper, Karl R. (1963): Conjectures and Refutations – the growth of scientific knowledge, London

Popper, Karl R. (1972): Naturgesetze und theoretische Systeme, in: Albert Hans (Hrsg.): Theorie und Realität – ausgewählte Aufsätze zur Wissenschaftslehre der Sozialwissenschaften, 2. Auflage, Tübingen

Popper, Karl R. (1989): Logik der Forschung, 9. Auflage, Tübingen

Popper, Karl R. (1994): Ausgangspunkte: Meine intellektuelle Entwicklung, 2. Auflage, Hamburg

Popper, Karl R. (2000): Das Abgrenzungsproblem, in: Miller, David (Hrsg.); Lesebuch – ausgewählte Texte zur Erkenntnistheorie, Philosophie der Naturwissenschaften, Metaphysik, Sozialphilosophie, Tübingen

Popper, Karl R. (2002a): Logik der Forschung, 10. Auflage, Hamburg

Popper, Karl R. (2002b): Conjectures and Refutations – the growth of scientific knowledge, London

Raffée, Hans (1993): Gegenstand, Methoden und Konzepte der Betriebswirtschaftstlehre, in: Bitz, Michael (Hrsg.): Vahlens Kompendium der Betriebswirtschaftslehre, München, Band 1; 3. Auflage; 1-46

Rao, Akshay R.; Monroe, Kent B. (1989): The Effect of Price, Brand Name, and Store Name on Buyers´ Perceptions of Product Quality: An Integrative Review, in: Journal of Marketing Research, Vol. XXVI, 351-357

Richins, Marsha L. (1983): Negative Word-of-Mouth by Dissatisfied Consumers: A Pilot Study, in: Journal of Marketing, Vol. Winter, 68-78

Rieger, Marc O.; Wang, Mei (2008): Prospect Theory for continuous distributions, in: Journal of Risk and Uncertainty, Vol. 36, 83-102

Russell, Bertrand (1967): Probleme der Philosophie, Frankfurt

Rust Roland T.; Zahorik, Anthony J.; (1993): Customer Satisfaction, Customer Retention, and Market Share, in: Journal of Retailing, Vol. 69, 2, 193-215

Rust Roland T.; Zahorik, Anthony J.; Kleiningham, Timothy L. (1995): Return on Quality (ROQ): Making Service Quality Financially Accountable, in: Journal of Marketing, Vol. 59, April, 58-70

Sachdev, Sheetal B.; Verma, Harsh V. (2004): Relative Importance of Service Quality Dimensions: A Multisectoral Study, in: Journal of Service Research, Vol. 4, 1, 93-16

Santos, Jessica; Boote, Jonathan (2003): A theoretical exploration and model of consumer expectations, post-purchase affective states and affective behaviour, in: Journal of Consumer Research, Vol. 3, 2, 142-156

Sauer, William J. (1982): Current Issues in Philosophy of Science: Implication for the Study of Marketing; in: Bush, Ronald F.; Hunt, Shelby D. (Hrsg.): Marketing Theory: Philosophy of Science Perspectives, American Marketing, Chicago, 17-21

Schanz, Günther (1975): Einführung in die Methodologie der Betriebswirtschaftslehre, Köln

Schanz, Günther (1976): Jenseits vom Empirismus$_1$: Eine Perspektive für die betriebswirtschaftliche Forschung; Köller, Richard (Hrsg.): Empirische und handlungstheoretische Forschungskonzeptionen in der Betriebswirtschaftslehre: Bericht über die Tagung in Aachen, Stuttgart

Schanz, Günther (1978): Pluralismus in der BWL, in: Schweitzer, Marcell (Hrsg.): Auffassungen und Wissenschaftsziele der Betriebswirtschaftslehre, Darmstadt

Schanz, Günther (1988a): Erkennen und Gestalten – Betriebswirtschaftslehre in kritisch-rationaler Absicht, Stuttgart

Schanz, Günther (1988b): Methodologie der Betriebswirte, Stuttgart, 2. Auflage

Scharnbacher, Kurt; Kiefer, Guido (2003): Kundenzufriedenheit: Analyse, Messbarkeit und Zertifizierung, in: Dorn, Dietmar; Fischbach, Rainer (Hrsg.): Managementwissen für Studium und Praxis; München, Wien. 3. Auflage

Schlesinger, Harris; Graf von der Schulenburg, J.-Matthias (1993): Consumer Information and Decisions to Switch Insurers, in: The Journal of Risk and Insurance, Vol. 60, 4, 591-615

Schmidt, Ulrich; Starmer, Chris; Sugden, Robert (2008): Third-generation prospect theory, in: Journal of Risk and Uncertainty, Vol. 36, 203-223

Schoemaker, Paul; Kunreuther, Howard (1979): An experimental Study of Insurance Decision; in: Journal of Risk and Insurance, Vol. 46, 603-618

Schweitzer, Marcell (1978): Auffassungen und Wissenschaftsziele der Betriebswirtschaftslehre, Darmstadt

Shadish, William R.; Cook, Thomas D.; Campbell, Donald T. (2010): Experimental and Quasi-Experimental Designs for generalized causal inference, Boston, New York

Shankar, Venkatesh; Smith, Amy K.; Rangaswamy, Arvind (2003): Customer satisfaction and loyalty in online and offline environments, in: International Journal of Research in Marketing, Vol. 20, 2, 153-175

Shiv, Baba; Carmon; Ziv; Ariely, Dan (2005): Placebo Effects of Marketing Actions: Consumer May Get What They For, in: Journal of Marketing Research, Vol. XLII, 383-393

Sirdeshmukh; Deepak; Singh, Jagdip; Sabol, Berry (2002): Consumer Trust, Value, and Loyalty in Relational Exchanges, in: Journal of Marketing, Vol. 66, 15-37

Slotegraaf, Rebecca J.; Inman, Jeffrey J. (2004): Longitudinal Shifts in the Drivers of Satisfaction with Product Quality: The Role of Attribute Resolvability, in: Journal of Marketing Research, Vol. XLI, August, 269-280

Slovic, Paul; Fischhoff, Baruch; Lichtenstein, Sarah; Corrigan, Bernard; Combs, Barbara (1977): Preferences for Insurance against Probable Small Losses: Insurance Implications; in: The Journal of Risk and Insurance, Vol. 44, 237-258

Smith, Amy; Bolton, Ruth N.; Wagner, Janet (1999): A model of customer satisfaction with service encounters involving failure and recovery, in: Journal of Marketing Research, Vol. 36, 356-372

Spreng; Richard A.; MacKenzie, Scoff B.; Olshavsky, Richard W. (1996): A reexamination of the Determinants of Consumer Satisfaction, in: Journal of Marketing, Vol. 60, July, 15-32

Spreng, Richard A.; Mackoy, Robert D. (1996): An Empirical Examination of a Model of Perceived Service Quality and Satisfaction, in: Journal of Retailing, Vol. 72, 2, 201-214

Spreng, Richard; Olshavsky, Richard W. (1993): A Desires Congruency Model of Consumer Satisfaction, in: Journal of the Academy of Marketing Science, Vol. 21, 169-177

Spreng, Richard; Shi, Linda Hui; Page, Thomas J. (2009): Service quality and satisfaction in business-to-business services, in: Journal of Business & Industrial Marketing, Vol. 24/6, 537-548

Spreng, Richard A.; Page, Thomas J. Jr. (2001): The Impact of Confidence in Expectations on Consumer Satisfaction, in: Psychology & Marketing, Vol. 18, 11, 1187-1204

Stafford, Marla R.; Stafford, Thomas F.; Wells, Brenda P. (1998): Determinants of service quality and satisfaction in the auto casualty claims process, in: Journal of Services Marketing, Vol. 12, 6, 426-440

Stan, Simona; Evans, Kenneth R.; Wood, Charles; Stinson, Jeffrey (2007): Segment differences in the asymmetric effects of service quality on business customer relationships; in: Journal of Services Marketing, Vol. 21, 5, 358-369

Stauss, Bernd (1992): Dienstleistungsqualität aus Kundensicht, in: Eichstätter Hochschulreden, Vol. 85, Regensburg

Stauss, Bernd (1999): Kundenzufriedenheit, in: Marketing-Zeitschrift für Forschung und Praxis, Vol 21,1, 5-24

Stegmüller, Wolfgang (1969): Hauptströmungen der Gegenwartsphilosophie, 4. Auflage, Stuttgart

Stegmüller, Wolfgang (1987): Hauptströmungen der Gegenwartsphilosophie, Band 3, 8. Auflage, Stuttgart

Sternthal, Brain; Tybout, Alice M.; Calder, Bobby J. (1996): Experimental Design: Generalization and Theoretical Explanation, in: Bagozzi, Richard P. (Hrsg.): Principles of Marketing Research, 1996, Blackwell Business, Cambridge Massachusetts, 195-223

Stoddard, James E.; Fern, Edward F. (2002): Buying group choice: The effect of Individual Group Member's Prior Decision Frame, in: Psychology & Marketing, Vol. 19, 1, 59-90

Stock, Ruth (2001): Der Zusammenhang zwischen Mitarbeiter- und Kundenzufriedenheit: Direkte, indirekte und moderierende Effekte, Univ. Mannheim, Diss.

Stremitzer, Heinrich; Ennsfellner, Karl C. (1994): Gedanken zur kundenorientierten Qualität von Versicherungsdienstleistungen, in: Hesberg, Dieter; Nell, Martin; Schott, Winfried (Hrsg.): Risiko, Versicherung, Markt – Festschrift für Walter Karten zur Vollendung des 60. Lebensjahres, Karlsruhe, 381-399

Streukens, Sandra; de Ruyter, Ko (2004): Reconsidering Nonlinearity and Asymmetry in Customer Satisfaction and Loyalty Models: An Empirical Study in Three Retail Service Settings, in: Marketing Letters, Vol. 15, 2 - 3, 99-111

Szymanski, David M; Henard, David H: (2001): Customer Satisfaction: A Meta-Analysis of the Empirical Evidence, in: Academy of Marketing Science, Vol. 29, 1, 16-35

Tadajewski, Mark (2004): The Philosophy of Marketing Theory: Historical and future Directions, in: The Marketing Review, Vol. 4, 307-340

Teas, Kenneth, R. (1993): Expectations, Performance, Evaluation and Consumers Perception of Quality, in: Journal of Marketing, Vol. 57, 4, 18-34

Teas, Kenneth, R. (1994): Expectations as a comparison standard in measuring service quality: An assessment of a reassessment, in: Journal of Marketing, Vol. 58, January, 132-139

Thaler, Richard H. (1985): Mental Accounting and Consumer Choice, in: Marketing Science, Vol. 4, 3, 199-214

Thaler, Richard H. (1994a): Quasi Rational Economics, New York

Thaler, Richard H. (1994b): Mental Accounting and Consumer Choice, in: Thaler, Richard H. (Hrsg.): Quasi Rational Economics, New York, 25-48

Theil, Michael (1997): Prospect Theory´s Approach to Insurance Decisions: Aspects and Challenges, Wien

Theil, Michael (2002): Versicherungsentscheidungen und Prospect Theory – Die Risikoeinschätzung der Versicherungsnehmer als Entscheidungsgrundlage, Springer, Wien, New York

Theil, Michael; Ferguson, William L. (2003): Risk Management as a Process: An International Perspective, in: Review of Business, 24, 3, 30-36

Ting, Shueh-Chin; Chen, Cheng-Nan (2002): The asymmetrical and non-linear effects of store quality attributes on customer satisfaction, in: Total Quality Management, Vol. 13, 4, 547-569

Torres, Edwin N.; Kline, Sheryl (2006): From satisfaction to delight: a model for the hotel industry, in: International Journal of Contemporary Hospitality Management, Vol. 18, 4, 290-301

Tsai, Hui-Hua; Lu, Iuan-Yuan (2006): An integrated framework for quality in education: Application of quality function deployment, interpretive structural modelling and path analysis, in: Information Sciences, Vo. 176, 6, 640-663

Tse, David K.; Wilton, Peter C. (1988): Models of Consumer Satisfaction Formation: An extension; in: Journal of Marketing Research, Vol. XXV, May, 204-212

Tsoukatos, Evangelos; Rand, Graham K. (2006): Path analysis of perceived service quality, satisfaction and loyalty in Greek insurance, in: Managing Service Quality, Vol. 16, 5, 501-519

Tversky, Amon; Kahneman, Daniel (1981): The Framing of Decisions and the Psychology of Choice; in: Science, Vol. 211, 453-458

Tversky, Amos; Kahneman, Daniel (1986): Rational Choice and the Framing of Decisions, in: Journal of Business, Vol. 59, 4, part 2, 251-278

Tversky, Amos; Kahneman, Daniel (1991): Loss Aversion in Riskless Choice: A Reference-Dependent Model; in: Quarterly Journal of Economics, Vol.106, 1039-1061

Tversky, Amos; Kahneman, Daniel (1992): Advances in Prospect Theory: Cumulative Representation of Uncertainty, in: Journal of Risk and Uncertainty, Vol. 5, 297-323

Ueltschy, Linda; Laroche, Michel; Axel Eggert; Uta Bindl (2007): Service quality and satisfaction: an international comparison of professional services perceptions, in: Journal of Services Marketing, Vol. 21, 6, 410-423

Van Dolen, Willemijn; Lemmink, Jos; Mattsson, Jan; Rhoen, Ingrid (2001): Affective consumer responses in service encounters: The emotional content in narratives of critical incidents, in: Journal of Economic Psychology, Vol. 22, 359-376

Van Doorn, Jenny (2008): Is There a Halo Effect in Satisfaction Formation in Business-to-Business Services?, in: Journal of Service Research, Vol. 11, 2, 124-141

Vargo, Stephen L.; Lusch, Robert F. (2004): The Four Service Marketing Myths – Remnants of a Goods-based, Manufacturing Model, in: Journal of Service Research, Vol. 6, 4; 324-336

Vargo, Stephen L.; Nagao, Kaori; He, Yi; Morgan, Fred W. (2007): Satisfiers, Dissatisfiers, Criticals, and Neutrals: A Review of Their Relative Effects on Customer (Dis)Satisfaction, in: Academy of Marketing Science, Vol. 11, 2, 1-19

Vilares, Manuel V.; Coelho, Pedro S. (2003): The employee-customer satisfaction chain in the ESCI-model, in: European Journal of Marketing, Vol. 37, 11/12, 1703-1725

Vinagre, Maria Helena; Neves, José (2008): The influence of service quality and patients´emotions on satisfaction, in: International Journal of Health Care Quality Assurance, in: Vol. 21, 1, 87-103

Voss; Glenn; Parasuraman, A.; Grewal, Dhruv (1998): The Roles of Price, Performance, and Expectations in Determining Satisfaction in Service Exchanges, in: Journal of Marketing, Vol. 62, October, 46-61

Waack, Klaus (1978): Hotel-Marketing, der Schlüssel zur erfolgreichen Hotelführung, Dissertation, Nürnberg

Wallner, Fritz G. (2002): Die Verwandlung der Wissenschaft – Vorlesungen zur Jahrtausendwende; Jandl, Martin J. (Hrsg.): Die Verwandlung der Wissenschaft – Vorlesungen zur Jahrtausendwende, Hamburg

Webster, Cynthia (1991): Influences upon consumer expectations of services, in: The Journal of Services Marketing, Vol. 5, 1, 5-17

Westbrook, Robert A. (1980): Intrapersonal Effective Influence on Consumer Satisfaction with Products, in: Journal of Consumer Research, Vol. 1, *June, 49-54*

Westbrook, Robert A. (1987): Product/Consumption-Based Affective Responses and Postpurchase Processes, in: Journal of Marketing Research, Vol. 24, August, 258-270

Westbrook, Robert A.; Oliver, Richard L. (1991): The Dimensionality of Consumption Emotion Patterns and Consumer Satisfaction; in: Journal of Consumer Research, Vol. 18, June, 84-91

Westbrook, Robert A.; Reilly, Michael D. (1983): Value-percept disparity. An alternative to the disconfirmation of expectations theory of consumer satisfaction; in: Advances in Consumer Research, Vol. 10, 1, 256-261

Wetzels, Martin; de Ruyter, Ko; Lemmink, Jos (2000): Antecedents and Consequences of Service Quality in Business-to-Business Services, in: Swartz, Teresa A.; Iacobucci, Dawn (Hrsg.): Handbook of Services Marketing & Management; Thousands Oaks, u.a.

White, Susan S.; Schneider, Benjamin (2000): Climbing the Commitment Ladder – The Role of Expectations Disconfirmation on Customers Behavioral Intentions; in: Journal of Service Research, Vol. 2, 3, 240-253

Wirtz, Jochen; Bateson, John E. (1995): An experimental investigation of halo effects in satisfaction measures of service attributes, in: International Journal of Service Industry Management, Vol. 6, 3, 84-102

Wisniewski, Mik (2001): Using SERVQUAL to assess customer satisfaction with public sector services, Vol. 11, 6, 380-388

Witkowski, Terrence H; Wolfinbarger, Mary F. (2002): Comparative Service Quality: German and American Ratings across Service Settings, in: Journal of Business Research, Vol. 55, 11, 875-881

Woodruff, Robert B; Cadotte, Ernest R; Jenkins, Roger L. (1983): Modelling Consumer Satisfaction Processes Using Experience-Based Norms, in: Journal of Marketing Research, Vol. XX, August, 96-304

Wu, George; Zhang, Jiao; Gonzalez, Richard (2007): Decision under Risk, in: Koehler, Derek J.; Harvey, Nigel (Hrsg.): Judgement & Decision Making, Cornwall, 399-423

Wyld, David C.; Jones, Coy A. (1997): An Empirical Loof at the Use of Managerial and Non-Managerial Student Subjects for Inquiries into Ethical Management, in: Management Research News, Vol. 20, 9, 18-30

Yi, Youjae; La, Suna (2003): The Moderating Role of Confidence in Expectations and the Asymmetric Influence of Disconfirmation on Customer Satisfaction, Vol. 23, 5, 20-47

Zelewski, Stephan (2006): Relativer Fortschritt von Theorien, in: Zelewski, Stephan; Akca, Naciye (Hrsg.): Erkenntnisfortschritt in der Betriebswirtschaftslehre durch eine Neukonzeption der Allgemeinen Betriebwirtschaftslehre, 217-333

Zeithaml, Valerie A.; Berry, Leonard L.; Parasuraman, A. (1988): Communication and Control in the Delivery of Service Quality, in: Journal of Marketing, Vol. 52, April, 35-48

Zeithaml, Valerie A.; Berry, Leonard L.; Parasuraman, A. (1991): The nature and determinants of customer expectations of service, in: Journal of the Academy of Marketing Science, Vol. 21, 1, 1-12

Zeithaml, Valerie A.; Berry, Leonard L.; Parasuraman, A. (1996): The Behavioural Consequences of Service Quality; in: Journal of Marketing, Vol. 60, April, 31-46

Zeithaml, Valerie A.; Bitner, Mary Jo; Gremler, Dwayne D. (2009): Services Marketing: Integrating Customer Focus Across the Firm, Boston [u.a]

Zeithaml, Valerie A.; Parasuraman, A.; Berry, Leonard L. (1992): Qualitätsservice – was Ihre Kunden erwarten – was Sie leisten müssen, Frankfurt am Main

Zollondz, Hans-Dieter (2006): Grundlagen Qualitätsmanagement, 2. Auflage, München-Wien

12. Anhang

Teil A

Stellen Sie sich bitte auf der Grundlage Ihrer Erfahrung als Kunde der Versicherungsbranche ein Unternehmen dieser Branche vor, dessen Serviceleistung von hervorragender Qualität wäre - ein Unternehmen bei dem Sie gern Kunde sein würden.

Bitte geben Sie an, in welchem Umfang ein Versicherungsunternehmen das Merkmal haben würde, das in den einzelnen Feststellungen beschrieben wird. Wenn Sie meinen, das Merkmal sei überhaupt **nicht wichtig** für ein nach Ihrer Vorstellung hervorragendes Versicherungsunternehmen, kreisen Sie die Zahl 1 ein, wenn Sie überzeugt sind, dass dieses Merkmal **absolut wesentlich** für eine hervorragende Firma der Versicherungsbranche ist, kreisen Sie die 7 ein. Ist Ihre Überzeugung weniger stark, kreisen Sie eine der dazwischen liegenden Zahlen ein. Dabei sind weder richtige oder falsche Einkreisungen möglich. Wichtig ist nur, dass Sie jene Zahl einkreisen, die Ihrer Überzeugung von Versicherungsunternehmen entspricht, die Service von hervorragender Qualität leisten würden.

„1" = absolut falsch „7" = absolut richtig

	1	2	3	4	5	6	7	
E1	☐	☐	☐	☐	☐	☐	☐	Zu hervorragenden Versicherungsunternehmen gehören modern aussehende Betriebs/Geschäftsausstattungen
E2	☐	☐	☐	☐	☐	☐	☐	Zu hervorragenden Versicherungsunternehmen gehören angenehm ins Auge fallende Einrichtungen
E3	☐	☐	☐	☐	☐	☐	☐	Zu hervorragenden Versicherungsunternehmen gehört, dass ihre Mitarbeiter adrett gekleidet sind
E4	☐	☐	☐	☐	☐	☐	☐	Zu hervorragenden Versicherungsunternehmen gehört eine gute Gestaltung ihrer Broschüren und sonstigen Mitteilungen für die Kundschaft

E5	☐	☐	☐	☐	☐	☐	☐	Wenn hervorragende Versicherungsunternehmen versprechen, etwas zu einem bestimmten Termin zu erledigen, wird der Termin eingehalten
E6	☐	☐	☐	☐	☐	☐	☐	Wenn ein Kunde ein Problem hat, lassen ihn hervorragende Versicherungsunternehmen ihr aufrichtiges Interesse erkennen, es zu lösen
E7	☐	☐	☐	☐	☐	☐	☐	Zu hervorragenden Versicherungsunternehmen gehört, dass sie den Service gleich beim ersten Mal richtig ausführen
E8	☐	☐	☐	☐	☐	☐	☐	Zu hervorragenden Versicherungsunternehmen gehört, dass sie ihre Dienste zu den versprochenen Terminen leisten
E9	☐	☐	☐	☐	☐	☐	☐	Zu hervorragenden Versicherungsunternehmen gehört, dass sie auf irrtumsfreie Belege für die Kunden bestehen

„1“ = absolut falsch „7“ = absolut richtig

	1	2	3	4	5	6	7	
E10	□	□	□	□	□	□	□	Mitarbeiter hervorragender Versicherungsunternehmen werden Kunden sagen, wann genau der Service geleistet wird
E11	□	□	□	□	□	□	□	Mitarbeiter hervorragender Versicherungsunternehmen werden Kunden prompt bedienen
E12	□	□	□	□	□	□	□	Zu hervorragenden Versicherungsunternehmen gehört, dass ihre Mitarbeiter stets bereit sind, Kunden zu helfen
E13	□	□	□	□	□	□	□	In hervorragenden Versicherungsunternehmen ist man nie zu beschäftigt, um auf Kundenanliegen einzugehen

E14	□	□	□	□	□	□	□	Zu hervorragenden Versicherungsunternehmen gehört ein Verhalten der Mitarbeiter, das Kunden Vertrauen einflößt
E15	□	□	□	□	□	□	□	Bei Transaktionen mit hervorragenden Versicherungsunter-nehmen fühlt man sich sicher
E16	□	□	□	□	□	□	□	Mitarbeiter hervorragender Versicherungsunternehmen sind stets gleichbleibend höflich zu den Kunden
E17	□	□	□	□	□	□	□	Mitarbeiter hervorragender Versicherungsunternehmen haben das Fachwissen zur Beantwortung der Kundenfragen

E18	□	□	□	□	□	□	□	Hervorragende Versicherungsunternehmen widmen jedem Kunden individuelle Aufmerksamkeit
E19	□	□	□	□	□	□	□	Zu hervorragenden Versicherungsunternehmen gehören Betriebszeiten, die allen ihren Kunden gerecht werden
E20	□	□	□	□	□	□	□	Zu hervorragenden Versicherungsunternehmen gehören Mitarbeiter, die sich den Kunden persönlich widmen
E21	□	□	□	□	□	□	□	Hervorragende Versicherungsunternehmen liegen die Interessen der Kunden am Herzen
E22	□	□	□	□	□	□	□	Die Mitarbeiter von hervorragenden Versicherungsunternehmen verstehen die spezifischen Servicebedürfnisse ihrer Kunden

Teil B

Ich nenne Ihnen fünf Hauptmerkmale, die sich auf Unternehmen der Versicherungsbranche und deren Dienstleistungen beziehen. Dabei ist von Interesse, wie wichtig **Ihnen** jedes dieser Merkmale bei der Bewertung der Servicequalität einer Firma der Versicherungsbranche ist. Bitte verteilen Sie insgesamt 100 Punkte auf die fünf Merkmale – je **wichtiger das Merkmal** für Sie ist, desto mehr Punkte sollten Sie ihm zuteilen, wobei die Summe 100 Punkte sein muss.

G1	Erscheinungsbild von Einrichtungen und Ausrüstungen sowie vom Personal und gedruckten Kommunikationsmitteln einer Firma der Versicherungsbranche	... Punkte
G2	Die Fähigkeit einer Firma der Versicherungsbranche, Service zuverlässig und präzise auszuführen	... Punkte
G3	Bereitschaft einer Firma der Versicherungsbranche, Kunden zu helfen und sie prompt zu bedienen	... Punkte
G4	Fachwissen und Zuvorkommenheit der Angestellten einer Firma der Versicherungsbranche sowie Fähigkeit der Angestellten, Vertrauen zu erwecken	... Punkte
G5	Fürsorgliche, individualisierte Aufmerksamkeit einer Firma der Versicherungs-Branche für ihre Kunden	... Punkte
	INSGESAMT	100 Punkte

Bitte tragen Sie hier jeweils dessen obige Nummer (G1-G5) ein.

M1	Welches der fünf Merkmale ist Ihnen am *wichtigsten*?	Nr. ...
M2	Welches der fünf Merkmale ist Ihnen am *zweitwichtigsten*?	Nr. ...
M3	Welches der fünf Merkmale ist Ihnen am *wenigsten wichtig*?	Nr. ...

Teil C

Die folgenden Feststellungen beziehen sich auf das Versicherungsunternehmen XYZ, bei der Sie eine KFZ-Versicherung abgeschlossen haben. Bitte zeigen Sie an, in welchem Ausmaß diese Firma das in der Aussage beschriebene Merkmal hat, indem Sie die entsprechende Zahl neben der Aussage einkreisen: die 1, wenn Sie die Aussage für **absolut falsch** halten, die 7 wenn Sie sie für **absolut richtig** halten, eine der Ziffern dazwischen, wenn Sie eine weniger ausgeprägte Meinung dazu haben. Dabei sind weder richtige oder falsche Einkreisungen möglich. Wichtig ist, dass Sie jene Zahl einkreisen, die Ihren Eindrücken vom Versicherungs-unternehmen XYZ entspricht.

„1" = absolut falsch „7" = absolut richtig

	1	2	3	4	5	6	7	
P1	☐	☐	☐	☐	☐	☐	☐	Firma XYZ hat modern aussehende Betriebs- und Geschäfts-ausstattungen
P2	☐	☐	☐	☐	☐	☐	☐	Firma XYZ hat angenehm ins Auge fallende Einrichtungen
P3	☐	☐	☐	☐	☐	☐	☐	Die Mitarbeiter der Firma XYZ sind adrett gekleidet
P4	☐	☐	☐	☐	☐	☐	☐	Broschüren und sonstige Mitteilungen der Firma XYZ für ihre Kunden sind gut gestaltet

P5	☐	☐	☐	☐	☐	☐	☐	Wenn Firma XYZ verspricht, etwas zu einem bestimmten Termin zu erledigen, hält sie den Termin ein
P6	☐	☐	☐	☐	☐	☐	☐	Wenn Sie ein Problem haben, ist man bei der Firma XYZ aufrichtig daran interessiert, es zu lösen
P7	☐	☐	☐	☐	☐	☐	☐	Firma XYZ führt den Service gleich beim ersten Mal richtig aus
P8	☐	☐	☐	☐	☐	☐	☐	Firma XYZ leistet ihre Dienste zu den versprochenen Terminen
P9	☐	☐	☐	☐	☐	☐	☐	Firma XYZ besteht auf irrtumsfreie Belege für die Kunden

„1" = absolut falsch „7" = absolut richtig

	1	2	3	4	5	6	7	
P10	☐	☐	☐	☐	☐	☐	☐	Mitarbeiter der Firma XYZ sagen Ihnen genau, wann der Service geleistet wird
P11	☐	☐	☐	☐	☐	☐	☐	Mitarbeiter der Firma XYZ bedienen Sie prompt
P12	☐	☐	☐	☐	☐	☐	☐	Mitarbeiter der Firma XYZ sind stets bereit, Ihnen zu helfen
P13	☐	☐	☐	☐	☐	☐	☐	In Firma XYZ ist man nie zu beschäftigt, um auf Ihre Wünsche einzugehen
P14	☐	☐	☐	☐	☐	☐	☐	Das Verhalten der Mitarbeiter von Firma XYZ flößt Ihnen Vertrauen ein
P15	☐	☐	☐	☐	☐	☐	☐	Bei Ihren Transaktionen mit Firma XYZ fühlen Sie sich sicher
P16	☐	☐	☐	☐	☐	☐	☐	Mitarbeiter der Firma XYZ sind zu Ihnen stets gleich bleibend höflich
P17	☐	☐	☐	☐	☐	☐	☐	Mitarbeiter der Firma XYZ haben das Fachwissen zur Beantwortung Ihrer Fragen
P18	☐	☐	☐	☐	☐	☐	☐	Die Firma XYZ widmet Ihnen individuelle Aufmerksamkeit
P19	☐	☐	☐	☐	☐	☐	☐	Firma XYZ hat Betriebszeiten, die allen Kunden gerecht werden
P20	☐	☐	☐	☐	☐	☐	☐	Firma XYZ hat Mitarbeiter, die sich Ihnen persönlich widmen
P21	☐	☐	☐	☐	☐	☐	☐	Firma XYZ liegen Ihre Interessen am Herzen
P22	☐	☐	☐	☐	☐	☐	☐	Die Mitarbeiter der Firma XYZ verstehen Ihren spezifischen Servicebedarf

Teil D

Die folgenden Beurteilungen beziehen sich auf Ihre Zufriedenheit des von Ihnen vorhin beurteilten Versicherungsunternehmens XYZ. Bitte zeigen Sie an, in welchem Ausmaß Ihre Zufriedenheit mit diesem Unternehmen zutrifft, indem Sie die entsprechende Zahl neben der Aussage einkreisen: die 1, wenn Sie mit dem Merkmal **absolut unzufrieden** sind, die 7 wenn Sie damit **absolut zufrieden** und eine der Ziffern dazwischen, wenn Sie eine weniger ausgeprägte Meinung haben. Dabei sind weder richtige oder falsche Einkreisungen möglich. Wichtig ist, dass Sie jene Zahl einkreisen, die Ihrer Zufriedenheit mit dem Versicherungsunternehmen XYZ entspricht.

„1" = absolut unzufrieden — „7" = absolut zufrieden

	1	2	3	4	5	6	7	
Z1	☐	☐	☐	☐	☐	☐	☐	Zufriedenheit mit der Erfüllung der Erwartung
Z2	☐	☐	☐	☐	☐	☐	☐	Gesamtzufriedenheit mit der KFZ-Versicherung
Z3	☐	☐	☐	☐	☐	☐	☐	Zufriedenheit mit Berücksichtigung individueller Anforderungen
Z4	☐	☐	☐	☐	☐	☐	☐	Zufriedenheit mit der Verständlichkeit (Transparenz) der Police
Z5	☐	☐	☐	☐	☐	☐	☐	Zufriedenheit mit dem Preis-Leistungsverhältnis
Z6	☐	☐	☐	☐	☐	☐	☐	Zufriedenheit mit der Beziehung zum Berater
Z7	☐	☐	☐	☐	☐	☐	☐	Zufriedenheit mit der Aufklärung durch den Berater
Z8	☐	☐	☐	☐	☐	☐	☐	Zufriedenheit mit dem Fachwissen des Beraters
Z9	☐	☐	☐	☐	☐	☐	☐	Zufriedenheit mit der Freundlichkeit des Beraters

X „1" = absolut unzufrieden	1	2	3	4	5	6	7	„7" = absolut zufrieden
Z10	☐	☐	☐	☐	☐	☐	☐	Zufriedenheit mit der Zuverlässigkeit der Verwaltung
Z11	☐	☐	☐	☐	☐	☐	☐	Zufriedenheit mit der Verständlichkeit der Schreiben
Z12	☐	☐	☐	☐	☐	☐	☐	Zufriedenheit mit der Wartezeit bis zur Zustellung der Police
Z13	☐	☐	☐	☐	☐	☐	☐	Zufriedenheit mit der Transparenz der Prämienabrechnung
Z14	☐	☐	☐	☐	☐	☐	☐	Zufriedenheit mit der Freundlichkeit des Verwaltungspersonals

Z15	☐	☐	☐	☐	☐	☐	☐	Allgemeine Einschätzung des Versicherungsunternehmens im Vergleich
Z16	☐	☐	☐	☐	☐	☐	☐	Einschätzung des Preis-Leistungsverhältnisses des Versicherungsunternehmen im Vergleich zur besten Alternative
Z17	☐	☐	☐	☐	☐	☐	☐	Einschätzung der Beratung beim Versicherungsunternehmen im Vergleich zur besten Alternative

Vielen Dank für Ihre Mithilfe!

Forschungsergebnisse der Wirtschaftsuniversität Wien

Herausgeber: Wirtschaftsuniversität Wien –
vertreten durch a.o. Univ. Prof. Dr. Barbara Sporn

INFORMATION UND KONTAKT:

WU (Wirtschaftsuniversität Wien)
Department of Finance, Accounting and Statistics
Institute for Finance, Banking and Insurance
Heiligenstädter Straße 46-48, 1190 Wien
Tel.: 0043-1-313 36/4556
Fax: 0043-1-313 36/904556
valentine.wendling@wu.ac.at
www.wu.ac.at/finance

Band 1 Stefan Felder: Frequenzallokation in der Telekommunikation. Ökonomische Analyse der Vergabe von Frequenzen unter besonderer Berücksichtigung der UMTS-Auktionen. 2004.

Band 2 Thomas Haller: Marketing im liberalisierten Strommarkt. Kommunikation und Produktplanung im Privatkundenmarkt. 2005.

Band 3 Alexander Stremitzer: Agency Theory: Methodology, Analysis. A Structured Approach to Writing Contracts. 2005.

Band 4 Günther Sedlacek: Analyse der Studiendauer und des Studienabbruch-Risikos. Unter Verwendung der statistischen Methoden der Ereignisanalyse. 2004.

Band 5 Monika Knassmüller: Unternehmensleitbilder im Vergleich. Sinn- und Bedeutungsrahmen deutschsprachiger Unternehmensleitbilder – Versuch einer empirischen (Re-)Konstruktion. 2005.

Band 6 Matthias Fink: Erfolgsfaktor Selbstverpflichtung bei vertrauensbasierten Kooperationen. Mit einem empirischen Befund. 2005.

Band 7 Michael Gerhard Kraft: Ökonomie zwischen Wissenschaft und Ethik. Eine dogmenhistorische Untersuchung von Léon M.E. Walras bis Milton Friedman. 2005.

Band 8 Ingrid Zechmeister: Mental Health Care Financing in the Process of Change. Challenges and Approaches for Austria. 2005.

Band 9 Sarah Meisenberger: Strukturierte Organisationen und Wissen. 2005.

Band 10 Anne-Katrin Neyer: Multinational teams in the European Commission and the European Parliament. 2005.

Band 11 Birgit Trukeschitz: Im Dienst Sozialer Dienste. Ökonomische Analyse der Beschäftigung in sozialen Dienstleistungseinrichtungen des Nonprofit Sektors. 2006

Band 12 Marcus Kölling: Interkulturelles Wissensmanagement. Deutschland Ost und West. 2006.

Band 13 Ulrich Berger: The Economics of Two-way Interconnection. 2006.

Band 14 Susanne Guth: Interoperability of DRM Systems. Exchanging and Processing XML-based Rights Expressions. 2006.

Band 15 Bernhard Klement: Ökonomische Kriterien und Anreizmechanismen für eine effiziente Förderung von industrieller Forschung und Innovation. Mit einer empirischen Quantifizierung der Hebeleffekte von F&E-Förderinstrumenten in Österreich. 2006.

Band 16 Markus Imgrund: Wege aus der Insolvenz. Eine Analyse der Fortführung und Sanierung insolventer Klein- und Mittelbetriebe unter besonderer Berücksichtigung des Konfigurationsansatzes. 2007.

Band 17 Nicolas Knotzer: Product Recommendations in E-Commerce Retailing Applications. 2008.

Band 18 Astrid Dickinger: Perceived Quality of Mobile Services. A Segment-Specific Analysis. 2007.

Band 19 Nadine Wiedermann-Ondrej: Hybride Finanzierungsinstrumente in der nationalen und internationalen Besteuerung der USA. 2008.

Band 20 Helmut Sorger: Entscheidungsorientiertes Risikomanagement in der Industrieunternehmung. 2008.

Band 21 Martin Rietsch: Messung und Analyse des ökonomischen Wechselkursrisikos aus Unternehmenssicht: Ein stochastischer Simulationsansatz. 2008.

Band 22 Hans Christian Mantler: Makroökonomische Effizienz des Finanzsektors. Herleitung eines theoretischen Modells und Schätzung der Wachstumsimplikationen für die Marktwirtschaften und Transformationsökonomien Europas. 2008.

Band 23 Youri Tacoun: La théorie de la valeur de Christian von Ehrenfels. 2008.

Band 24 Monika Koller: Longitudinale Betrachtung der Kognitiven Dissonanz. Eine Tagebuchstudie zur Reiseentscheidung. 2008.

Band 25 Marcus Scheiblecker: The Austrian Business Cycle in the European Context. 2008.

Band 26 Aida Numic: Multinational Teams in European and American Companies. 2008.

Band 27 Ulrike Bauernfeind: User Satisfaction with Personalised Internet Applications. 2008.

Band 28 Reinhold Schodl: Systematische Analyse und Bewertung komplexer Supply Chain Prozesse bei dynamischer Festlegung des Auftragsentkopplungspunkts. 2008.

Band 29 Bianca Gusenbauer: Öffentlich-private Finanzierung von Infrastruktur in Entwicklungsländern und deren Beitrag zur Armutsreduktion. Fallstudien in Vietnam und auf den Philippinen. 2009.

Band 30 Elisabeth Salomon: Hybrides Management in sino-österreichischen Joint Ventures in China aus österreichischer Perspektive. 2009.

Band 31 Katharina Mader: Gender Budgeting: Ein emanzipatorisches, finanzpolitisches und demokratiepolitisches Instrument. 2009.

Band 32 Michael Weber: Die Generierung von Empfehlungen für zwischenbetriebliche Transaktionen als gesamtwirtschaftliche Infrastrukturleistung. 2010.

Band 33 Lisa Gimpl-Heersink: Joint Pricing and Inventory Control under Reference Price Effects. 2009.

Band 34 Erscheint nicht.

Band 35 Dagmar Kiefer: Multicultural Work in Five United Nations Organisations. An Austrian Perspective. 2009.

Band 36 Gottfried Gruber: Multichannel Management. A Normative Model Towards Optimality. 2009.

Band 37 Rainer Quante: Management of Stochastic Demand in Make-to-Stock Manufacturing. 2009.

Band 38 Franz F. Eiffe: Auf den Spuren von Amartya Sen. Zur theoriegeschichtlichen Genese des Capability-Ansatzes und seinem Beitrag zur Armutsanalyse in der EU. 2010.

Band 39 Astrid Haider: Die Lohnhöhe und Lohnstreuung im Nonprofit-Sektor. Eine quantitative Analyse anhand österreichischer Arbeitnehmer-Arbeitgeber-Daten. 2010.

Band 40 Maureen Lenhart: Pflegekräftemigration nach Österreich. Eine empirische Analyse. 2010.

Band 41 Oliver Schwank: Linkages in South African Economic Development. Industrialisation without Diversification? 2010.

Band 42 Judith Kast-Aigner: A Corpus-Based Analysis of the Terminology of the European Union's Development Cooperation Policy, with the African, Caribbean and Pacific Group of States. 2010.

Band 43 Emel Arikan: Single Period Inventory Control and Pricing. An Empirical and Analytical Study of a Generalized Model. 2011.

Band 44 Gerhard Wohlgenannt: Learning Ontology Relations by Combining Corpus-Based Techniques and Reasoning on Data from Semantic Web Sources. 2011.

Band 45 Thomas Peschta: Der Einfluss von Kundenzufriedenheit auf die Kundenloyalität und die Wirkung der Wettbewerbsintensität am Beispiel der Gemeinschaftsverpflegungsgastronomie. 2011.

Band 46 Friederike Hehle: Die Anwendung des Convenience-Konzepts auf den Betriebstyp Vending. 2011.

Band 47 Thomas Herzog: Strategisches Management von Koopetition. Eine empirisch begründete Theorie im industriellen Kontext der zivilen Luftfahrt. 2011.

Band 48 Christian Weismayer: Statische und longitudinale Zufriedenheitsmessung. 2011.

Band 49 Johannes Fichtinger: The Single-Period Inventory Model with Spectral Risk Measures. 2011.

Band 50 Isabella R. Hatak: Kompetenz, Vertrauen und Kooperation. Eine experimentelle Studie. 2011.

Band 51 Birgit Gusenbauer: Der Beitrag der Prospect Theory zur Beschreibung und Erklärung von Servicequalitätsurteilen und Kundenzufriedenheit im Kontext von Versicherungsentscheidungen. 2012.

www.peterlang.de